水利旅游吸引系统研究

丘萍 张鹏 著

中国社会科学出版社

图书在版编目(CIP)数据

水利旅游吸引系统研究 / 丘萍, 张鹏著 . —北京：中国社会科学出版社, 2015.7

ISBN 978 - 7 - 5161 - 6623 - 9

Ⅰ.①水⋯　Ⅱ.①丘⋯②张⋯　Ⅲ.①水利工程 – 旅游资源 – 资源开发 – 研究 – 中国　Ⅳ.①F592.99

中国版本图书馆 CIP 数据核字(2015)第 167005 号

出 版 人	赵剑英
责任编辑	宫京蕾
特约编辑	大　乔
责任校对	季　静
责任印制	何　艳

出　　版	中国社会科学出版社
社　　址	北京鼓楼西大街甲 158 号
邮　　编	100720
网　　址	http：//www.csspw.cn
发 行 部	010 - 84083685
门 市 部	010 - 84029450
经　　销	新华书店及其他书店

印刷装订	北京市兴怀印刷厂
版　　次	2015 年 7 月第 1 版
印　　次	2015 年 7 月第 1 次印刷

开　　本	710×1000　1/16
印　　张	17.25
插　　页	2
字　　数	266 千字
定　　价	58.00 元

凡购买中国社会科学出版社图书，如有质量问题请与本社联系调换
电话：010 - 84083683
版权所有　侵权必究

前　言

20世纪80年代初，一些水利主管单位开始利用水利工程景观来发展旅游活动，这被看作是水利旅游出现的标志。经过近40年的发展，水利旅游的实践为理论界提供了大量素材，提炼素材总结经验，提出对策，指导水利旅游的后续发展，已经成为亟待解决的问题。

无吸引就无旅游，水利旅游吸引系统的研究是水利旅游的基础性研究。本书旨在回顾我国水利旅游发展历程的基础上，以水利旅游吸引力的研究为主线，对水利旅游展开系统研究。

水利旅游吸引系统研究的重点在水利旅游吸引系统的各要素测算。首先，对水利旅游吸引系统的构成要素，即水利旅游吸引力、吸引半径、吸引量、吸引对象进行概念界定、要素关系解析和测算说明。其次，分别对水利旅游吸引力、吸引半径、吸引量和吸引对象进行理论建模和实证分析；最后，根据这些实证测算的结果，提出了水利旅游吸引系统提升的措施。

通过水利旅游吸引系统研究，为丰富水利旅游的理论研究抛砖引玉。同时，本书通过实证分析指明了水利旅游吸引力的地区差异，使各区域明确各自的水利旅游竞争优势，明晰各区域水利旅游的影响范围（即水利旅游吸引半径），预测潜在客源群体，统计现实的客源群体和对象（即水利旅游吸引量和水利旅游吸引对象），为全国水利旅游的宏观布局，加快水利旅游的快速发展提供参考。

本书的创新点集中在水利旅游吸引系统的测算过程。

（1）构建了由吸引力、吸引半径、吸引量和吸引对象组成的水利旅游吸引系统。

（2）建立了水利旅游吸引力评价指标体系，将水产富饶指数、水利风景区地均指数等指标引入评价指标体系，并用AHP-PCA-Boarda

方法得出测算结果。

（3）推导了水利旅游吸引半径模型，对 2004 年和 2008 年的数据进行了实证分析。

（4）基于引力模型对水利旅游吸引量进行了测算。在引力模型的分母变量测试中，用距离、成本，或"距离+成本"进行了探讨，并引入了水产品产量、出游量等新指标进入引力模型。

（5）对江苏和浙江两地的水利旅游吸引对象进行了问卷调查，引入了吸引对象的水利工程熟悉程度、水利旅游停留时间等具体特征，并用参数检验和非参数检验的统计学方法进行假设检验。

目 录

第一章 绪论 …………………………………………………… （1）
  第一节 研究背景及意义 ………………………………………… （1）
    一 研究背景 …………………………………………………… （1）
    二 理论和实践意义 …………………………………………… （3）
  第二节 相关概念的界定 ………………………………………… （4）
    一 水利旅游概念 ……………………………………………… （5）
    二 旅游吸引力概念 …………………………………………… （6）
  第三节 国内外研究进展 ………………………………………… （7）
    一 水利旅游研究述评 ………………………………………… （7）
    二 旅游吸引力研究进展 …………………………………… （22）
  第四节 相关理论基础 ………………………………………… （29）
    一 旅游者行为理论 ………………………………………… （29）
    二 旅游地生命周期理论 …………………………………… （30）
    三 地理学的空间作用论 …………………………………… （31）
    四 经济学的供需论 ………………………………………… （33）
    五 水利经济基本理论 ……………………………………… （35）
  第五节 研究内容、技术路线及创新点 ……………………… （38）
    一 研究内容 ………………………………………………… （38）
    二 研究方法 ………………………………………………… （40）
    三 技术路线 ………………………………………………… （41）

第二章 水利旅游吸引系统的概念、内部关系和测算过程解析 … （42）
  第一节 水利旅游吸引系统相关概念解析 …………………… （43）
    一 水利旅游吸引物和吸引场的内涵分析 ………………… （43）
    二 水利旅游吸引对象和吸引力的内涵分析 ……………… （49）

三　水利旅游吸引半径和吸引量的内涵解析 …………… (53)
　　　四　水利旅游吸引系统解析 ………………………………… (55)
　第二节　水利旅游吸引系统内部关系解析 ……………………… (58)
　　　一　一主线三节点的关系 ………………………………… (59)
　　　二　相互影响又相对独立 ………………………………… (60)
　第三节　水利旅游吸引系统的测算过程解析 …………………… (62)
　　　一　水利旅游吸引系统中吸引力测算简析 ……………… (62)
　　　二　水利旅游吸引系统中吸引半径测算简析 …………… (63)
　　　三　水利旅游吸引系统中吸引量测算简析 ……………… (63)
　　　四　水利旅游吸引系统中吸引对象测算简析 …………… (63)
　本章小结 ……………………………………………………………… (64)
第三章　水利旅游吸引力理论模型和实证评价 …………………… (65)
　第一节　水利旅游吸引力产生 …………………………………… (65)
　　　一　旅游条件 ……………………………………………… (66)
　　　二　水利条件 ……………………………………………… (71)
　第二节　水利旅游吸引力测算指标体系 ………………………… (79)
　　　一　水利旅游吸引物的测定指标 ………………………… (80)
　　　二　水利旅游吸引场的测定指标 ………………………… (86)
　　　三　水利旅游吸引力评价指标体系 ……………………… (95)
　第三节　AHP-PCA-Boarda 组合评价过程 …………………… (96)
　　　一　AHP-PCA-Boarda 说明 …………………………… (97)
　　　二　AHP-PCA-Boarda 算法过程 ……………………… (99)
　第四节　中国水利旅游吸引力测算结果 ………………………… (110)
　　　一　不同地区的水利旅游吸引力测算结果 ……………… (111)
　　　二　不同时间的水利旅游吸引力评价 …………………… (114)
　本章小结 ……………………………………………………………… (121)
第四章　水利旅游吸引半径的理论模型和实证测算 ……………… (122)
　第一节　水利旅游吸引半径理论基础 …………………………… (122)
　　　一　吸引半径与距离衰减规律 …………………………… (122)
　　　二　吸引半径与效用论 …………………………………… (124)
　第二节　水利旅游吸引半径模型建立 …………………………… (125)

一　已有的吸引半径模型……………………………………（125）
　　二　水利旅游吸引半径模型…………………………………（128）
第三节　水利旅游吸引半径实证分析………………………………（133）
　　一　数据处理…………………………………………………（133）
　　二　结果分析…………………………………………………（135）
　　本章小结………………………………………………………（141）

第五章　水利旅游吸引量的理论模型和实证测算…………………（142）
第一节　水利旅游吸引量的分类和特征……………………………（142）
　　一　水利旅游吸引量的供求分类……………………………（142）
　　二　水利旅游供给吸引量的特征……………………………（144）
　　三　水利旅游需求吸引量的特征……………………………（148）
第二节　基于引力模型的水利旅游需求吸引量测算………………（160）
　　一　引力模型原理……………………………………………（161）
　　二　水利旅游需求吸引量的影响因素………………………（164）
　　三　基于引力模型的水利旅游需求吸引量测算……………（166）
第三节　中国水利旅游需求吸引量的测算…………………………（168）
　　一　样本选择…………………………………………………（168）
　　二　数据说明…………………………………………………（169）
　　三　分析过程…………………………………………………（169）
　　四　结果分析…………………………………………………（175）
　　本章小结………………………………………………………（179）

第六章　水利旅游吸引对象的理论模型和实证测算………………（181）
第一节　水利旅游吸引对象的感知分析……………………………（182）
　　一　感知过程分析……………………………………………（182）
　　二　感知假设提出……………………………………………（183）
第二节　基于假设检验的水利旅游吸引对象感知测算……………（186）
　　一　参数假设检验……………………………………………（187）
　　二　非参数假设检验…………………………………………（187）
　　三　假设检验模型……………………………………………（188）
第三节　水利旅游吸引对象感知测算案例分析……………………（189）
　　一　选择依据和案例概况……………………………………（189）

二　描述性分析 …………………………………………（194）
　　三　假设检验结果分析 …………………………………（204）
　本章小结 ……………………………………………………（210）

第七章　水利旅游吸引系统提升策略 ………………………（212）
　第一节　水利旅游吸引系统提升的解析 ……………………（212）
　　一　水利旅游吸引系统提升的界定 ……………………（213）
　　二　水利旅游吸引系统提升的意义 ……………………（213）
　　三　水利旅游吸引系统提升的原则 ……………………（217）
　　四　局部提升与整体提升 ………………………………（222）
　第二节　水利旅游吸引系统局部提升策略 …………………（222）
　　一　水利旅游吸引力提升策略 …………………………（222）
　　二　水利旅游吸引半径提升策略 ………………………（225）
　　三　水利旅游吸引量提升策略 …………………………（228）
　　四　水利旅游吸引对象感知提升策略 …………………（229）
　第三节　水利旅游吸引系统整体提升策略 …………………（231）
　　一　整体提升表现为水利旅游产业提升 ………………（231）
　　二　水利旅游产业链横向联动策略 ……………………（232）
　　三　水利旅游产业链纵向联动策略 ……………………（234）
　本章小结 ……………………………………………………（237）

第八章　总结与展望 …………………………………………（238）
　第一节　主要结论 …………………………………………（238）
　第二节　研究展望 …………………………………………（241）

附录 ……………………………………………………………（243）
　附录Ⅰ：AHP 评价算法的标准化值 ………………………（243）
　附录Ⅱ：PCA 评价算法的标准化值/模糊 Boarda 法的隶属度
　　　　　u_{ij} ……………………………………………………（245）
　附录Ⅲ：2004 年数据标准化值 ……………………………（247）
　附录Ⅳ：水利旅游吸引力调查问卷 ………………………（249）

参考文献 ……………………………………………………（253）

第一章 绪论

第一节 研究背景及意义

一 研究背景

新中国成立以后,我国建成了一大批水利工程:大、小型水库8.6万多座,水电站5万多座,水闸3万多座,累计加固、新建堤防26万多平方公里,机井、塘坝均以万计。这些水利工程设施形成了相当规模的水利风景资源,20世纪80年代初,一些水管单位尝试开发水利风景区资源,发展水利旅游[1]。90年代中期,一些单位在水利工程建设中注意统筹考虑对水利风景资源的开发利用,成就突出,并取得了一些成效,成为其他地区学习的样板,一时间水利景区建设开发呈快速发展之势。但因各地情况不一,认识各异,加之缺乏统一规划、正确指导,也出现了一些事与愿违的情况,例如水资源管理与旅游接待的矛盾[2]等,这也引起了相关主管部门的高度重视。

在1997年,水利部发出了《关于加强水利旅游工作的通知》,并印发《水利旅游区管理办法(试行)》[3]。在理论研究领域,从20世

---

[1] 水利部综合事业局、水利部水利风景区评审委员会办公室:《水利风景区建设与水生态环境保护》,《社区》2006年第5期。

[2] Rodrigo Maial and Andreas H. Schumann. DSS Application to the Development of Water Management Strategies in Ribera's do Algarve River Basin. *Water Resources Management*. 2007, 21 (5): 897-907.

[3] 水利部综合事业局、水利部水利风景区评审委员会办公室:《水利风景区管理办法》,《社区》2006年第7期。

纪90年代开始，水利方面和旅游方面的专家学者逐渐关注水利旅游和水利风景区的发展，在从水利旅游资源保护、水利旅游开发、水利风景区景观规划等方面，积累了一定的研究经验，这些都为水利旅游的良性发展奠定了基础。2001年，水利部正式发出《关于加强和建设水利风景区建设和管理的通知》（水综合［2001］609号），并于2001年7月正式成立了水利部水利风景区评审委员会。汪恕诚在2002年、2003年和2004年全国水利厅局长会议上三次提出了"将水利工程经营管理和水环境整合，积极开发水利风景区资源，开发水利特色产品，促进水利多种经营的发展"的重要讲话。2003年起至今，水利部景区办每年针对国家水利风景区管理层开办水利风景区建设与管理培训班，讲授开展水利旅游和水利风景区建设的管理经验，水利旅游事业的发展进入正轨。随后在总结水利风景区发展经验总结的基础上，水利部相继出台了《水利风景区管理办法》（水综合［2004］143号）及国家标准《水利风景区评价标准》[①]（SL300—2004）。2005年，水利部制定了《水利风景区发展纲要》（水综合［2005］125号），对各级水利风景区进行严格管理，使水利风景区资源开发利用逐步走上规范、健康的发展道路。随着水利风景区知名度的增加，水利旅游兴起，为进一步保护水资源、水生态环境和水工程的安全，2006年水利部又制定了《水利旅游项目管理办法》[②]（水综合［2006］102号），其中明确了国家级水利风景区中开展涉水旅游项目的报批程序。水利部副部长翟浩辉2004—2006年先后指出：一方面水利风景区建设一定要和水利工程建设相结合，一定要与水利发展大的规划和水利单项规划融合；另一方面还要警惕社会上的一些部门、单位乃至一些民营企业盯上水利风景区，肆意侵占、盲目开发甚至疯狂掠夺，致使水生态环境遭受破坏、水源被污染、影响工程安全运

---

① 水利部综合事业局、水利部水利风景区评审委员会办公室：《水利风景区评价方法》，《社区》2006年第8期。

② 水利部综合事业局、水利部水利风景区评审委员会办公室：《水利旅游项目管理办法》，《社区》2006年第7期。

行，甚至造成重大的事故。因此要正确处理好管理与开发利用的关系：第一，遵守自然规律，建立合理保护意识。不能有条件要上，没有条件创造条件也要上。第二，合理处理好开发与保护的关系。水利是国民经济和社会发展的基础，不能像风景名胜区一样开山取石、超量接待游客，致使水土流失，生态环境遭到破坏。第三，坚持统筹兼顾、合理规划的原则。使旅游开发与水工程建管有机结合。截至2010年，水利部审批公布了十批423个国家级水利风景区。据历年《全国水利统计公报》加总，1998—2007年十年间我国水利旅游收入达59.13亿元。

二 理论和实践意义

水利旅游作为一种新兴的旅游方式，无论在水利经济中还是旅游经济中研究都不多。水利旅游吸引系统研究的理论意义在于该研究能丰富和发展水利旅游的研究内容。无吸引就无旅游，关于吸引力的研究一直是旅游的基础性研究[1]，水利旅游吸引系统的研究也是水利旅游的基础性研究。水利旅游吸引系统可以解释水利旅游如何产生、发展和演变的过程。水利旅游已经被视为水利经济的新兴增长点，但是水利旅游如何开发，水利旅游吸引力如何，水利旅游能吸引多大范围内的旅游者，诸如此类问题都亟待理论界给予解释。因此有必要对水利旅游吸引力、吸引半径、吸引量及吸引对象等水利旅游吸引系统要素进行解释与说明，才能作为一种理论供水利旅游供给方和政府主管部门决策使用。

本书的实践意义在于：

（1）水利旅游吸引系统研究为水利旅游的后续发展提供指导。根据水利部编制的《水利风景区发展规划纲要》，在2010年，我国国家级水利风景区数目要超过500家，在2020年要达到1000家。国家级水利风景区是水利旅游最重要的旅游资源，国家级水利风景区的发展的规模和质量决定着水利旅游对潜在旅游者

---

[1] 王海鸿：《旅游吸引力分析及理论模型》，《科学·经济·社会》2003年第21期。

的吸引力状况。但是在资源有限、水利旅游竞争力已经形成地区格局的情况下，如何正确布局这1000家国家级水利风景区，仍然需要理论依据和现实考察。

水利旅游吸引系统的研究有助于水利风景区的合理布局安排，在水利旅游吸引力强、吸引量大的地区，如果增加国家级水利风景区的数量，能形成水利旅游的集聚效应，进一步增强水利旅游地的吸引力，吸引到更多的旅游者，获得更大的水利旅游效益，效率比较高。在水利旅游吸引力弱、吸引量小的地区，如果继续增加当地的国家级水利风景区的数量，能够弥补当地水利旅游的不足，体现公平原则。我国每年评定国家级水利风景区时，都会考虑到国家级水利风景区在全国各省的公平分配问题。在社会主义市场经济条件下，强调市场对资源的合理配置作用，效率优先兼顾公平的原则，从这个意义上看，水利风景区是水利旅游的重要识别特征，水利风景区的后续发展决定了水利旅游发展轨迹。

水利旅游吸引系统的研究对水利风景区的合理布局有指导作用，同时水利旅游吸引半径、吸引量的测算和吸引对象的研究等，都对水利旅游后续发展有重要的指导作用。

（2）在一定程度上，各地区水利旅游吸引力强弱、吸引半径大小、吸引量多少和吸引对象感知等，这些问题若能通过理论分析和实证调研回答，就可以为水利旅游供给方寻找目标客源市场、预测水利旅游发展前景提供依据，同时也可以为政府合理规划水利旅游资源开发提供参考。同时，这也是对过去十余年的水利风景区开发水利旅游经验的部分总结，更是对未来国家和省级水利风景区在旅游开发模式策略探索上的有益尝试。

第二节 相关概念的界定

为了研究需要，对水利旅游、旅游吸引力概念进行整理和界定。

一 水利旅游概念

杨静[①]：我国的水利旅游是国家水利部水利管理司于1997年正式提出，水利旅游是指"社会各界（包括外商）利用水利行业管理范围内的水域，水工程及水文化景观开展的旅游、娱乐、度假或进行科学、文化、教育等活动的总称"。

查阅了相关文献，发现1997年8月31日发布的是《水利旅游区管理办法（试行）》（水管［1997］349号），原文为"……本办法（《水利旅游区管理办法》（［1997］349号））所称水利旅游区，是指利用水利部门管理范围内的水域、水工程及水文化景观开展旅游、娱乐、度假或进行科学、文化、教育活动的场所"。此办法在2004年已废止，取而代之的是《水利风景区管理办法》（水综合［2004］143号）。在之后的《水利旅游项目管理办法》（2006）中也有类似内容："……第二条 凡利用江、河、湖、库水域（水体）及相关联的岸地、岛屿、林草、建筑等风景资源，组织开展旅游、观光、娱乐、休闲、度假或科学、文化、教育等活动的涉水旅游项目……"已经将水利旅游区替换成了水利风景区，并根据《水利风景区评价标准》（SL300—2004）得分150以上（总分200）的评定为国家级，得分在120—149的评定为省级。水利旅游的提法概念界定仍然模糊。

琚胜利[②]：水利旅游是指以具有自然美学特征和历史文化内涵的水利工程景观为吸引物，组织接待旅游者进行参观游览、娱乐、休闲、度假、科考、学习水利知识、接受水利精神教育和放松身心、增加阅历的旅游活动。

王会战[③]：水利旅游是指以水域（体）或水利工程及相关联的岸

---

① 杨静、张世满：《山西水利旅游发展现状及其思考》，《山西科技》2006年第2期。
② 琚胜利、陆林：《水利旅游开发研究——以淠史杭灌区为例》，《资源开发与市场》2007年第10期。
③ 王会战：《我国水利风景区旅游开发存在的问题及对策》，《经济与社会发展》2007年第1期。

地、岛屿、林草、建筑等自然景观和人文景观为主体吸引物的一种旅游产品形式。水利风景资源是指江河湖海、涧溪泉瀑、水库湿地等水域及相关联的水利工程、周边环境等能对人产生吸引力的自然景观和人文景观。

以上关于水利旅游的界定,都强调了水利风景资源的重要性,也强调了水利资源的审美特征是水利旅游吸引物。

为了研究方便,水利旅游界定为非定居者在水利风景资源所在地的暂时停留而引起的现象、关系和活动的综合。从定义可见:(1)水利旅游的主体是非定居者,确定了旅行成本的存在。(2)水利旅游的主要客体是水利风景资源,如观赏水利防洪蓄水设施,在水利风景区内开展亲水活动。(3)引起的相关现象是以水利旅游为核心,包括供给方和需求方的行为和心理动机等方面的现象。

二 旅游吸引力概念

达利·杰·蒂莫西(Dallen J. Timothy)[①]认为客源地与目的地的文化、历史遗迹及生活方式与旅游目的地不同,这种差异性就形成了人们内心向往的作用力,推动人们到达向往的旅游目的地,这种吸引力被称为"推力"。王海鸿[②]认为旅游吸引力是指在旅游者感知过程以后,由旅游需求推动产生的旅游吸引力,即旅游需求引力,它的唯一决定因素是旅游者的感知度,这是因为在影响旅游需求引力的诸多因素中,旅游者感知度是最易发生改变的因素。而其他因素,例如旅游者可支配性收入、闲暇时间、年龄、职业、文化修养、消费观念及方式等,在短期内是可以假定不动的。这类似于经济学中的需求、价格之间的关系,引起商品需求量发生变动的因素很多,商品价格、替代品价格、商品质量、居民收入水平、季节(时间)以及人们的预期等,但除了商品价格,经济分析中可以假定其他因素短期内不发生

---

① Dallen J. Timothy, Political boundaries and tourism: borders as tourist attractions, *Tourism uanagement*, 1995, 16 (7).

② 王海鸿:《旅游吸引力分析及理论模型》,《科学·经济·社会》2003年第4期。

变动，因而仅分析需求与价格的关系。

廖爱军[①]认为旅游吸引力是吸引物、吸引对象与载体之间相互作用所发生的函数或结果。

旅游吸引力是旅游研究中一个使用较多但又很模糊的概念，许多旅游事物或现象往往与旅游吸引力联系起来，综合来看旅游吸引力是吸引物和吸引场之间的相互作用在吸引对象中产生的一种作用力，这种作用力有抽象的，例如旅游者的心理动机，或者表现为具体的吸引对象行为。但究竟为何产生吸引力，吸引力的强度、方向、水平、动态变化和速率如何衡量，以及吸引力作用机制原理等问题都需要进一步讨论。

第三节 国内外研究进展

目前直接研究水利旅游吸引力的文献不多，为了研究需要，从水利旅游和旅游吸引力两个方面进行文献检索。

一 水利旅游研究述评

水利旅游研究的成果集中在四个方面：水利旅游开发、水利旅游管理、水利旅游规划以及江河湖库的旅游研究。水利旅游吸引物是水利工程及其所辖水域、动植物等自然景观、历史人文遗迹等，水利旅游吸引物必须经过开发，达到一定规模，形成景区才会有规模效应，开发水利旅游才是经济的。在文献回顾中发现，目前关于水利旅游的研究大多都与水利风景区研究相结合，或者直接把水利风景区作为水利旅游吸引物，同时考虑到水体景观主要以江河湖库形式出现，因此，在文献检索时也将水利风景区的研究和江河湖库旅游进行回顾，作为水利旅游吸引力研究的借鉴。

---

① 廖爱军：《旅游吸引力及引力模型研究》，北京林业大学园林系硕士论文，2005年，第22页。

（一）水利旅游开发

吴殿廷[①]总结了水利旅游开发的特殊性：（1）以水为主体，以水文化为主题；水不美，水量不大，水利工程在行业内不突出，就只是水利资源而非水利旅游资源，水利风景区也有名无实。保护水，保护水生态，是水利旅游资源开发的前提，是水利风景区的立身之本。（2）水利旅游开发必须与水利工程相辅相成。在大坝、溢洪道上不能建房，在大坝内坡不得修建码头，凡危害工程安全的旅游设施都要一律无条件拆除（佘国云[②]）。（3）所有权、经营权、使用权等关系复杂；一般说来，水体部分通过征地已变成国有土地，由水务部门管理；陆地部分是农村集体所有，经营和使用由农民说了算（刘玉龙[③]）。因此，在水利旅游开发时不同利益主体间的协调，减少多头管理、争夺利益的事件发生。（4）空间关系复杂多变。由于水体的流动性，使水利风景区与周边山地联为一体，与上游集雨区域联为一体；由于水体的下渗性，使水体又与地下的一定空间联为一体，这些将使水利风景区的旅游开发变得更加复杂。

黄显勇[④]、周玲强[⑤]、刘静江[⑥]提出了水利生态旅游资源的定义、类型及开发模式。水利生态旅游资源是在水工程管理范围内以原始自然景物和人文景物为吸引力，可为旅游业开发利用，并可产生经济、社会和环境效益的各种事物和因素。水利生态旅游资源可以划分为三

[①] 吴殿廷、周伟、戎鑫、邢军伟：《水利风景区的旅游开发和规划若干问题》，《水利经济》2006年第5期。

[②] 佘国云：《坚持科学发展观开发水利风景资源》，《中国水利》2004年第19期。

[③] 刘玉龙、甘泓、王慧峰：《水资源流域管理与区域管理模式浅析》，《中国水利水电科学研究院学报》2003年第1期。

[④] 黄显勇、毛明海：《运用层次分析法对水利旅游资源进行定量评价》，《浙江大学学报》（理学版）2001年第1期。

[⑤] 周玲强、林巧：《湖泊旅游开发模式与21世纪发展趋势研究》，《经济地理》2003年第1期。

[⑥] 刘静江：《探析江西省水利生态旅游开发模式》，《科技广场》2007年第12期。

种类型：①自然景观资源——在水工程管理范围内以地文景观（名山、奇景等）、水域景观（风景河段、泉等水域风光）、生物景观（树种、奇花异草以及野生动物栖息地等）为主的旅游资源。②人文景观资源——在水工程管理范围内以古迹和建筑类（文化古迹以及其他建筑等）、休闲和健身类（人造景观、娱乐设施等）、购物类为主的旅游资源。③综合景观资源——在水工程管理范围内自然景观和人文景观各具特色且难以分清主次的旅游资源。

根据水利旅游资源的不同特点提出了不同的开发模式。这些开发模式有以下四种：①综合旅游开发模式。充分挖掘湖泊的各类旅游资源，集观光、休闲、度假、运动、修疗养等功能为一体的开发模式。②度假旅游及休养开发模式。利用湖泊舒适的气候条件，水面开阔、水质优良或附近拥有特殊的有益物质，如温泉、冷泉等，开展度假旅游和各类休养项目。③水上体育运动开发模式。利用湖泊水面开阔、深度适合的特点，开展各种水上运动和岸上运动。这一类型的湖泊，既包括自然形成的湖泊，也包括为了蓄水发电、防洪、养殖、水上游乐等而挖掘的人工湖泊。④探险旅游开发模式。利用湖泊拥有的特殊的湖底构造，或特殊的水生物，或异常的现象发生，开展探险考察旅游。

樊志勇[1]论述了水利旅游与水利风景区的互动关系，建议达到一定规模具备相应接待条件的水利风景区，与旅行社合作加入生态旅游线路，扩大辐射半径，实现水利事业与旅游事业的双赢。黄松[2]说明了湖北省清江高坝洲库区开发水利旅游的详细方案，包括申报国家水利风景区、主攻高端休闲商务度假市场和引入旅游房地产项目等旅游开发项目。随着西部地区水利建设的加快，出现了库区移民整体搬迁的村镇，这些村镇自身符合发展乡村旅游的条件，同时也具有库区水资源、水景观丰富等优势，这些客观因素促使了一种新的旅游模式的

---

[1] 樊志勇、孙建超：《水利与水利旅游区建设的互动关系研究》，《科技进步与对策》2003年第12期。

[2] 黄松：《清江高坝洲库区水利旅游开发构想》，《人民长江》2005年第36期。

产生，它可以作为乡村旅游的补充，也可以作为水利旅游发展的新模式，就是将乡村旅游与水利旅游结合起来，形成了"水利乡村旅游"。吕青川①以铜仁思南文家店镇作为模板，探讨了水利乡村旅游这种新模式。王烨②研究了水利旅游的发展对策。冯联宏③研究了漳泽水库旅游的现状。

金革穆④从工程特性、自然环境、旅游资源、人文环境、开发状况等五个方面构建了水利旅游环境质量评价体系，并以此对湖南省益阳市鱼形山水利旅游区进行评价，结果表明鱼形山旅游环境质量较好，达到申报省级水利风景区条件，但知名度较低。

皮尔兹（J. A. Perez）⑤用德尔菲法（Delphi method）来确定水的经济价值，19位专家两轮意见反馈发现除了水的灌溉、饮用经济价值外，河流水库的旅游和游憩经济价值也很高，开发水利旅游具有经济效益。

纳尔（S. Null）⑥研究了拆除旧金山 O'shaughnessy 大坝对供水、旅游的影响。O'Shaughnessy 大坝和其他几个水库为旧金山供水，研究表明拆除 O'Shaughnessy 大坝，供水量影响不大但会失去水电发电的效益，会付出额外的水处理成本，但可以寻找替代效益，例如开发山谷和遗留的水利设施发展娱乐和旅游业。

---

① 吕青川：《水利旅游开发的乡村旅游模式探微——以库区整体搬迁的思南文家店镇为例》，《贵州大学学报》2005年第6期。

② 王烨、马辉：《册田水库发展水利旅游的对策思考》，《山西水利》2006年第10期。

③ 冯联宏：《漳泽水库旅游风景区建设现状及前景展望》，《山西水利》2007年第1期。

④ 金革穆：《水利旅游环境质量评价体系研究》，河海大学水资源环境学院，2003年，硕士论文第3页。

⑤ Perez, J. A.; Naranjo, M. E., Water economic value estimated using Delphi Method A case study: Chama River upper watershed, Merida, Venezuela World Water and Environmental Resources Congress 2003: 3097 – 3103.

⑥ Null, S., Lund, J. R., Water supply implications of removing O'Shaughnessy Dam. Proceedings of the 2004 World Water and Envirometal Resources Congress: Critical Transitions in Water and Envirometal Resources Management 2004: 3219 – 3228.

塔凡吉亚沙（C. Tafangenyasha）[①]论述了津巴布韦纳瑞州大坝国家公园（Benji Dam in the Gonarezhou National Park, Zimbabwe）发展水利旅游的效益和成本。罗斯（M. S. Ross）[②]、戴维·G. 埃赛比（David G. ilsbee）[③]论述了国家公园中水资源的管理模式。

就研究方法上，国内文献注重水利旅游和水利风景区开发的经验总结，偏定性。国外文献注重某一景区的实证研究，但推广性不强。由于体制不同，国外并无国家水利风景区（National water park）的提法，而是统一称为国家公园（National park），单独研究水利旅游的文献不多，更多是以国家公园中的河流、湖泊为吸引物进行研究，或单独研究大坝旅游、水库旅游等，因此后文有必要对滨水、水库、湖泊、河流风景区进行文献检索，以此作为补充。

（二）水利旅游管理

宋建平[④]对黄河小浪底水利工程的旅游管理机制和模式，安全应急管理和营销管理进行重点研究。管理模式上提出实行小浪底风景区管理委员会统一管理，在安全管理方面提出建立完善的安全管理组织机构，明确规范的安全管理职责，认真落实公共突发事件的安全岗位责任制。在营销管理方面，提出根据距离远近划分三级国内市场。黄卫东[⑤]从省级水管部门（江苏灌溉总渠）的角度，以江苏淮安水利枢纽国家水利风景区为例探讨旅游开发过程，强调水利旅游不得影响水利工程运行，不占用工程水域和管理保护范围。水利旅游必须以水利工程管理单位为开发主体，主管部门必须是水行政主管部门，必须纳

[①] C. Tafangenyasha Should Benji Dam be dredged? A preliminary impact assessment to dredging a water reservoir in an African national park *The Environmentalist*. 1997, 17 (3): 191-195.

[②] M. S. Ross, D. L. Reed, J. P. Sah, P. L. Ruiz and M. T. Lewin. Vegetation: environment relationships and water management in Shark Slough, Everglades National Park. *Wetlands Ecology and Management*. 2003, (10): 291-303.

[③] David G. Silsbee1 and Gary L. Larson. Bacterial water quality: Springs and streams in the Great Smoky Mountains National Park. *Environmental Management*. 1982, 6 (4): 353-359

[④] 宋建平：《小浪底水利枢纽工程旅游开发与管理研究》，河海大学商学院硕士论文，2007年，第2—3页。

[⑤] 黄卫东：《对淮安水利枢纽旅游开发的思考》，《水利经济》2007年第2期。

入地方旅游事业的总体规划，确定水利风景特色，与南水北调工程有机结合。廉艳萍[①]、田海军[②]和张志国[③]总结了管理水利旅游和水利风景区的经验：①在开发水利旅游过程中，政府及水行政主管部门应加强对水源保护和旅游接待设施建设方面的引导。②提高水利旅游社会知名度，注重水利风景区的广告宣传工作。③注意水利旅游的生态、社会和经济效益统一。④提倡水利旅游市场化运作，协调水利及其他部门关系，鼓励在一定范围内利用社会力量融资。

许志英[④]从水利旅游供给方的角度出发，认为水利风景区所在地经济相对落后，旅游需求相对小，加之旅游业起步晚，水利旅游资源整合不完整，经营规模较小，产权不清，景区管理人力资源配备不合理，这些都使水利旅游还没有形成明确的战略目标和详细发展规划，水利风景区管理水平也有待进一步提高。刘洪波[⑤]从水利旅游混合制企业的角度，以浙江千岛湖（原新安江水库）、江西新余仙女湖国家水利风景区（原江口水库）等优秀水利旅游企业为例，介绍了生态水利旅游的开发思路：景区政府主导，引入民间资本，所辖景区内实行一票通行制，为保护水资源免受污染，游船不设餐饮，生活垃圾运出景区外处理，水质保持在国家三级饮用水标准以上，水库内鱼类资源定位高档绿色食品，实行品牌连锁专卖等。苗德志[⑥]总结了水利风景区旅游管理的十忌：水

[①] 廉艳萍、傅华、李贵宝：《水利风景区资源综合开发利用与保护》，《中国农村水利水电》2007年第1期。

[②] 田海军、田英军：《关于包头市水利风景区建设管理的思考》，《阴山学刊》2007年第9期。

[③] 张志国、宋绪国、姚秀英等：《国家级水利公园的建设与管理》，《海峡科学》2007年第9期。

[④] 许志英、巢建平：《发展水利旅游盘活水利资产》，《湖北水利水电》2006年第3期。

[⑤] 洪波：《看齐名牌旅游企业　加速水利旅游发展》，《湖南水利水电》2006年第1期。

[⑥] 苗德志、李松梧、徐瑶：《水利风景区建设与管理十忌》，《水利发展研究》2007年第6期。

利风景区应以保护水生态环境和维护水工程安全为主,忌完全以旅游开发为主;水利风景区忌只重视水利自然景观而忽视水利人文景观,包括水利人的精神;忌只重水利景观观赏而忽视水利教育等。

塔迪斯·乔斯（Tundisi Jose）[①]研究了南美洲巴西水库的多种功能一体化管理。在过去50年,这些大型水库已经建设成了人工生态系统,除了水力发电发展生产外,现在还增加了蓄水供公众使用、渔业和水产养殖业、休闲、旅游和灌溉等功能,提出了统筹兼顾多元发展的模式,水利旅游业仅是水库生产方式的一种。冈德森（Gunderson）、伦斯·H.（Lance H.）[②]研究了湿地国家公园的水资源密集管理情况,在我国由水利设施修建形成的人工湿地也属于水利旅游资源范畴。

国内外水利风景区多以水库或水利工程为依托,为保证水资源安全,基本上是水利工程管理单位作为水利旅游的开发主体,但水利管理单位旅游管理经验不足,关于旅游营销策划方面文献较少,关于景区内水资源空间分配、渔业水产养殖的文献较丰富。国外将已废弃的水库设施进行改造,形成水利旅游景区,由于不再承担水安全责任,因此普遍以自由职业经理人管理为主,也取得了较好效益,这种模式值得国内借鉴。

（三）水利旅游规划

水利旅游规划主要以景区规划建设来体现,省市级的水利旅游规划文献较少,这表明水利旅游规划还处在起步阶段,这阶段仍然以水利旅游各独立个体完善内部规划为主,水利旅游个体中水利风景区的规划最多,已有不少学者对具体的水利风景区规划建设进行了总结:

[①] Tundisi Jose; Galizia, Matsumura—Tundisi Takako Integration of research and management in optimizing multiple uses of reservoirs: The experience in South America and Brazilian case studies *Hydrobiologia* 2003: (1): 231-242.

[②] Gunderson, Lance H. Spatial and temporal dynamics in the Everglades ecosystem with implications for water deliveries to Everglades National Park. *University of Florida. Biology, Ecology*: 1992: 1-14.

李邦军[①]、谢祥财[②]、乐付桃[③]分别以山东省昌乐县仙月湖、安徽蚌埠闸、江苏盐城通榆河等国家水利风景区为例，详细介绍了水利风景区规划与建设的详细方案、现实做法。林松熙[④]总结了福建省水利风景区建设管理的经验，提出要探索创新水利风景区建设与管理的体制和机制，要把水利风景区建设与发展纳入各地经济社会发展长远规划和年度计划，保证政府对水利风景资源、水土资源、水生态环境保护的主渠道投入，严肃水利风景区规划设计单位及设计人员资质的认定、管理审查，根据条件内联外合宣传，提高水利风景区的社会知名度。康明宇[⑤]在对河南云台山国家水利风景区、安康赢湖国家水利风景区实地考察的基础上，提出水利风景区的景观设计是水生态环境保护的有效途径之一，进一步分析了水利景观设计的现状和深层原因，论述了水体景观、水工建筑物和绿化景观的设计方法。吴殿廷[⑥]、杨福喜[⑦]详细论述了水利风景区总体规划和修建性详细规划的内容和应该注意的细节问题。赵敏[⑧]研究了水库水利风景区建设，认为水库型水利风景区建设极为重要。截至2005年年底，水库型景区129个，占国家水利风景区的67%，水库型水利风景区建设应以水利设施或水体等自然旅游资源为特色，并科学合理地调查库区内的水利风景资

[①] 李邦军、胡廷清：《昌乐县仙月湖水利风景区规划与建设的做法》，《世界地理研究》2003年第4期。

[②] 谢祥财：《蚌埠闸水利风景区总体规划方案》，《水利经济》2007年第3期。

[③] 乐付桃、张海兵、丁曰霞：《通榆河枢纽水利风景区建设与管理的探索》，《中国水利》2007年第6期。

[④] 林松熙：《福建省水利风景区建设与管理探讨》，《亚热带水土保持》2007年第2期。

[⑤] 康明宇：《水利水电工程景观设计研究》，《西安建筑科技大学环境学院》2007年版，第3页。

[⑥] 吴殿廷、周伟、戎鑫、邢军伟：《水利风景区的旅游开发和规划若干问题》，《水利经济》2006年第5期。

[⑦] 杨福喜：《山西水利风景区发展现状及对策》，《山西水利》2007年第6期。

[⑧] 赵敏：《关于库区发展水利风景区的若干问题探讨》，《生态经济》2007年第12期。

源，编制合理的水利风景规划。王新祝[1]论述了水电旅游城建设的特殊规律，如水电旅游经济政府主导开发、产业的非均衡协调发展规律和水电旅游城产业发展模式，即优先发展水电产业、水电配套产业、载电体工业、电器制造业以及水电工程旅游、生态观光旅游、历史文化旅游、旅游商品和文化产业开发等特色产业。

水安全备受关注，一些学者着重探讨了水利旅游生态环境建设的内容。田海军[2]指出作为水利旅游景观的水利工程必须与周边环境相协调，营造洁净简朴的水环境。王世岩[3]在水利旅游开发过程中，由于大量游客涌入，出现了湿地水环境污染、生物多样性减少、景观格局变化、湿地生态与环境功能退化等问题，水利旅游开发过程中注重生态环境保护，实现水利旅游可持续发展，尤其加强湿地管理，分清权属、重点保护，开展相关科研活动等水利风景区湿地生态与环境保护的对策。苗晓芳[4]认为水利风景区应该划分旅游区和非旅游区两部分，并设置明显的安全标识，明确游客活动区域以及允许进行的旅游活动项目，具备水利工程运行同旅游活动冲突时及时采取的安全预警措施。塔迪斯·乔斯（Tundisi Jose）[5]从水库管理方的角度，研究了水利活动与旅游活动的协调管理。特平·J.（Turpie J.）[6]分析了非洲南部克鲁格国家公园（Kruger National Park）的河流水质改变对当

---

[1] 王新祝：《水电旅游城发展模式研究》，华中科技大学管理学院，博士论文，2004年，第3页。

[2] 田海军、田英军：《关于包头市水利风景区建设管理的思考》，《阴山学刊》2007年第9期。

[3] 王世岩、彭文启、周怀东：《浅析水利风景区湿地保护对策》，《中国水利》2006年第13期。

[4] 苗晓芳、蒋琳、李乃文：《聊城市河道型水利风景区规划之管见》，《山东水利》2006年第8期。

[5] Tundisi Jose; Galizia, Matsumura—Tundisi Takako Integration of research and management in optimizing multiple uses of reservoirs: The experience in South America and Brazilian case studies *Hydrobiologia*. 2003; (1): 231-242.

[6] Turpie J.; Joubert, A Estimating potential impacts of a change in river quality on the tourism value of Kruger National Park: An application of travel cost, contingent and conjoint valuation methods *Water SA 2001*, 27 (3): 387-398.

地旅游业的影响,文中旅游价值估算采用旅行费用法(visitors' on-site and off-site expenditure)和联合评估法(conjoint valuation approach),所得结果表明:如果河流被破坏,水鸟多样性减少,水生动植物群落萎缩,河岸生态系统遭到破坏,旅游吸引力转弱,旅游需求将会下降近30%。石强(Shi Qiang)[1]优化前人的水质评价模型,以张家界国家公园为实证地点,论证了减少排放来源和废水量,是实现公园水景观的可持续发展的条件之一。赫里·西尔谢尔福拉(Herrera-Silveira)[2]墨西哥尤卡坦半岛沿岸的水生态系统正遭受越来越多的人为压力,诸如娱乐、旅游、港口发展、过度捕捞、水产养殖,以及人口的增长。人们对滨海、临水的生态环境期望越来越高,要求环保立法为旅游水域提供质量标准。威利斯·R.P.(Willis R. P.)[3],乔纳森(Jagannatha)等[4]利用遥感技术,从城市水体、旅游、野生动物、渔业、娱乐和农业方面,进行了生态恢复评估研究。

关于水利旅游规划的内容被划进了水利风景区的规划建设文献中,而且比较丰富,从原先只注重水利工程的实用性,到现在注重水利工程与景观设计相结合;从原先单一的水利工程作为水利旅游吸引物,到现在出现水利旅游城,提供水利文化与工程相结合的全程水利旅游服务;从单纯负责水工程安全,到现在注重水利旅游区的功能分区,定时进行水利旅游环境影响评估等,这些都是水利旅游规划和水

---

[1] Shi, Qiang; Zheng, Qun-ming; Zhong, Lin-sheng Integrated evaluation of recreation development effects on water quality - Take Zhangjiajie National Forestry Park as a study case *Acta Scientiarum Naturalium Universitatis Normalis Hunanensis*. 2002, 25 (12): 88 – 92.

[2] Herrera-Silveira, J. A.; Medina-Gomez, I.; Aranda-Cirerol, N.; Zaldivar, A.; Ramirez, J.; Trejo, J. Trophic status in coastal waters of the Yucatan Peninsula (SE, Mexico) using water quality indicators [J] *Environmental Studies Abbreviated*. 2002, (8): 351 – 359.

[3] Willis, R. P.; Martin, J. C.; Ridout, K. J. Water quality improvements for estuaries and coastal waters, north Devon, England *Water Science and Technology*. 1992, 25 (12): 13 – 22.

[4] Jagannatha, Er V.; Chandala, D. N. Planning environmentally sound lake restoration-A case study of Mysore, India *Italy: Remediation of Contaminated Sediments – 2003: Proceedings of the Second International Conference on Remediation of Contaminated Sediment*. 2004: 101 – 108.

利风景区建设的进步。但关于地区性全局性的水利旅游规划文献不多，水利风景区各自为政的规划不利于水利旅游地区性品牌的脱颖而出。具体的水利旅游规划内容雷同，水利旅游产品设计追求大而全，例如文本规划中"集观光旅游、文化旅游、休闲旅游、节庆旅游和商贸旅游于一体的水利旅游产品结构"，这样的旅游产品结构设计水利文化内涵挖掘不深，没有结合具体的水利工程特色。又例如规划中经常出现的"加强海外旅游市场的营销"，大部分的水利旅游区（例如国家级水利风景区）属于新兴旅游产品，知名度还处于上升阶段，对于首次到访的远距离旅游者而言，吸引力是很小的，当地标志性的旅游景点才是旅游重心，例如桂林山水、西安兵马俑、北京故宫、苏州园林等，因此近期水利旅游目标客源市场规划重心应放在近距离的周边城市。

（四）江河湖库旅游

在水利旅游名称提出前，水利旅游依托的水利工程、水域风光就已经有学者进行了研究。因此，对河流、滨水、水库、湖泊旅游方面的研究是水利旅游的借鉴。陈南江[①]对2000年以前的滨水旅游研究进行了总结；徐锐、阂新奇、张小弼、孙卫军、徐晓音、洪世华等都从湖泊、水库旅游资源的开发利用方面进行了探讨。主要内容可以划分定性和定量两方面。定性方面重点研究了湖泊水库的水环境、防洪、水资源管理、周围旅游资源与水库旅游的关系；定量方面重点在建立湖泊水库旅游开发价值或工程经济评价指标体系方面。梁鹏（1988）指出水库旅游的主要污染源为厕所及其他生活污水的排放、供水水域的游泳、游艇、厕所生活污水的排放、机动游艇的排油和排气、开辟道路和修建游泳设施造成的水土流失等。为此，需采取保护措施，例如污水收集、处置及排放，垃圾处置要不污染当地水体，另外要采取种树、护坡、导流、衬砌及排水等措施，加强对野营、游泳、划船等各项

---

① 陈南江：《滨水度假区旅游规划创新研究》，华东师范大学与环境学院博士论文，2005年，第22页。

游乐活动的管理。而且要对水库饮用水源保护区、旅游生态容量做出规定，限制江河湖库的旅游活动。

  J. P. 卡和姆（J. P. Cárcomo）[①]等以印度滨海旅游地 Goa 为例，探讨了滨海地区满足旅游供给和需求要求的具体措施，如滨海旅游成本最小化、滨海生态保护等具体规划。达林·泰森·钱（Darin Tyson-Chan）[②]研究表明，水上主题公园（water theme park、water park）的投资回报率高于其他类型的主题公园，因此麦格理休闲投资集团（Macquarie Leisure Trust Group），在昆士兰州的黄金海岸（Queensland's Gold Coast）建设水上公园（water park），预计其投资收益率在16%—20%之间，与原先的梦想世界（Dreamworld）主题公园实行通票制，利用其管理和旅游营销经验和资源，实现水上公园与梦想世界在交通规划、市场规划、管理模式的对接，实现主题公园资源优化。莎菲娅·亚当·D.（Saphier Adam D.）[③]分析了滨海旅游业的游客活动、娱乐设施排放物污染对珊瑚礁的影响。皮尔亚·J. A.（Perez J. A.）[④]研究了大堡礁海洋公园（the Great Barrier Reef Marine Park，世界遗产）的荆棘海星现象对旅游和娱乐的影响。20年的历史经验，科研和管理结合的科学管理虽然已经有所发展但尚未发育完全。尼高·尤沙米（Nagao Yoshimi）[⑤]分析了在美国西弗吉尼亚州海滨旅游的特征，用因素分析和聚类分析法研究了海洋综合开发区项目效益，

  [①] J. P. Cárcomo Lobo Ferreira, Maria da Conceio Cunha, A. G. Chachadi. Aquifer development planning to supply a seaside resort: a case study in Goa, India. *Hydrogeology Journal*. 2007, 15 (6): 1147–1155.

  [②] Darin Tyson-Chan Water park whets investor interest *Money Management*. 2005, (8): 7–8.

  [③] Saphier Adam D.; Hoffmann, Tegan C Forecasting models to quantify three anthropogenic stresses on coral reefs from marine recreation: Anchor damage, diver contact and copper emission from antifouling paint *Marine Pollution Bulletin*. 2005, 51: 590–598.

  [④] Perez, J. A.; Naranjo, M E Water economic value estimated using Delphi Method A case study: Chama River upper watershed, Merida, Venezuela *World Water and Environmental Resources Congress*. 2003: 3097–3103.

  [⑤] Nagao, Yoshimi; Magoon, Orville T Coastlines of Japan II *Coastal Zone: Proceedings of the Symposium on Coastal and Ocean Management*. 1993, (1): 19–23.

讨论的议题包括：环境基础设施、商业、渔业和依赖水的娱乐业协调发展。

宏观层面的涉水旅游研究。2002年纳米比亚准备修改水需求管理政策（Water Demand Management Act，WDMA），其中涉及如何将水需求管理政策纳入旅游业中。纳米比亚是典型的农业国，旅游业是其第四大产业，1998年贡献了7%的当地GDP，其旅游业分布在景观优美的湖泊水库区域，克萝蒂亚（Klaudia）指出提高旅游业的用水效率，使可用水资源可持续发展[1]。宁保英（Ning Baoying）等[2]指出近年来旅游业污染水质的问题无论在水资源缺乏还是水资源丰富的地区都时有发生，例如云南丽江的案例，提出了两个对策：一方面进行环境伦理教育；另一方面是限制旅游规模，保护水资源。S. 戈斯林（S. Gossling）[3]在研究坦桑尼亚水资源发展的过程中，发现近年来当地旅游业快速膨胀，为满足游客用水而过量开采地下水，导致河流水平面下降，长此以往旅游业必然会对当地经济、人口和环境产生副作用，必须实施水资源保护措施。许峰[4]认为湖泊旅游应摒弃全年利用，旅游无淡季的开发模式，给予湖泊水库等休养生息、生态恢复、水利设施加固的时间。艾学山等建立了水库生态调度综合利用效益最大化目标函数，将发电、航运、旅游、河口压咸和应急用水作为约束条件，进行定量研究。A. 杜里（A. Durie）[5]介绍了苏格兰的温泉旅游历史。

国外江河湖库旅游研究中关于环境、商业、渔业对旅游业影响的研究较多；运用数学模型也比较广泛，例如因素分析、聚类分析和多元回归等。而国内江河湖库旅游的研究更重视水库风景区，从保护水

---

[1] 杨淑琼：《水利旅游的SWOT分析及发展战略》，《经济管理》2007年第5期。

[2] Ning Baoying, He Yuanqing. Tourism Development and Water Pollution: Case Study in Lijiang Ancient Town: China Population, *Resources and Environment*. 2007, 17 (5): 123 – 127.

[3] S. Gossling The consequences of tourism for sustainable water use on a tropical island: Zanzibar, Tanzania. *Journal of Environmental Management*. 2001, 61: 179 – 191.

[4] 许峰：《可持续旅游开发多中心管理模式研究——以湖泊旅游为例》，《旅游学刊》2006年第10期。

[5] A. Durie. John Donald, Edinburgh. Water is Best: The Hydros and Health Tourism in Scotland, 1840 – 1940. *tourman*. 2007, (11): 8.

资源角度展开，以层次分析法为主建立指标进行评价。由于景区提供旅游方面数据不全，因此实际江河湖库旅游开展状况不够明朗，值得在收集旅游人次和旅游收入等数据后深入研究。

综上所述，从水利旅游开发、水利旅游管理、水利旅游规划以及江河湖库旅游等四个方面，对我国水利旅游近几年的理论研究进行了回顾。由文献内容来看，在以下四个方面取得了一定的共识：（1）水利设施众多，水文化浓厚，水利旅游资源丰富，水利风景区开发基础好，距离目标客源市场较近，水利工程建设与水利旅游开发相结合是可行的。（2）水利旅游资源需要与其他旅游资源有机结合。水利风景区旅游开发要重视与周边旅游景点、地方旅行社的联动和配合，积累水利旅游管理和开发当年经验[1]。（3）水利旅游投资多元化。国家允许在适当的条件下水利设施建设多元化融资，为水利旅游服务的餐饮、住宿、交通、购物等设施和服务的供给，可以遵循谁投资谁受益的原则，解决水利设施所在地居民就业问题。（4）重视水利旅游营销推广工作，加强水利风景区的管理。

水利旅游中也涌现出新的问题：（1）水利旅游吸引物雷同。水利工程基本上都由大坝、水闸、涵洞、堤防等水利配件组成，水利文化图片展示馆是唯一表现水利文化的载体，各水利风景区千篇一律景观雷同。造成这种景观雷同的原因，除了水利工程的实用性功能外，水利旅游规划是主要原因[2]。水利旅游规划照搬一般性旅游规划内容，对水利工程文化理解挖掘不够，缺乏让旅游者亲身体验的水利文化设施。水利旅游规划仍然不规范，缺乏对景区设计单位的认定和管理标准。（2）缺乏水利旅游与生态环境相互影响的动态性、长远性研究，例如水库水位变化对水利旅游的影响[3]，例如水利旅游的开展对水利工程产生的湿地生态系统的影响。（3）水利旅游产品开发不能完全

---

[1] 杨淑琼：《水利旅游的 SWOT 分析及发展战略》，《经济管理》2007 年第 5 期。

[2] 艾学山、范文涛：《水库生态调度模型及算法研究》，《长江流域资源与环境》2008 年第 3 期。

[3] 何玉婷：《四川发展水利旅游的 SWOT 分析》，《科技前沿》2007 年第 2 期。

适应现代旅游市场的需求。景区内水利旅游项目和内容单一，只是在可利用的水面上开发了游船和垂钓项目，一些传统水利文化却被摒弃。运河和堤坝是最古老的水利设施，当时纤夫借助水的浮力拉运土石开凿堆砌而成，这种展示古代劳动人民水利文化的水利旅游产品却极少出现在旅游者眼中。旅游者对水利的感知不够深刻，水利旅游回头客增加就较缓慢，水利旅游吸引力快速增长就不现实。（4）一些具有垄断特征的水利旅游资源，由于开发深度不够、配套程度差、缺乏核心竞争力。水利旅游景区交通不畅，使游客难以成行。比如山西省水利工程大都修建在交通不便的山区，水利景点与交通干线或旅游专线公路的连接仍然是一个较难解决的问题。水利风景区交通条件不能满足游客的需求，使水利旅游产品难以形成水利旅游商品。（5）水利旅游景点资源的整合程度较差。水利旅游景点各自为阵，不能形成统一、规范的旅游体系和品牌，不能突出水利旅游的连贯性、独特性，也会降低对游客的吸引力[1]。水利旅游资源在地域形态上，往往呈线状和面状延展，多隶属于几个相邻行政区，管理主体难以确定，各地方政府部门在利益驱动下也会积极参与管理，从而造成"多头管理"，表现为各自为政、独自开发、缺少协调统一性[2]。（6）水利旅游对水利工程及附近生态环境的影响。水利旅游活动吸引的游客量越多，带来经济效益和社会效益的同时，是否会对生态环境和当地居民现有利益造成损害，例如生活垃圾污染、旅游者与当地居民争夺资源造成的当地物价水平上涨、噪声、治安等一系列问题。

正是这些问题指明了今后的研究方向。（1）以水利旅游者为视

---

[1] 王会战：《水库型水利风景区旅游可持续发展指标体系及其评价模型——小浪底水利风景区的实证研究》，《三门峡职业技术学院学报》2008年第6期。

[2] A. Durie. John Donald, Edinburgh. Water is Best: The Hydros and Health Tourism in Scotland, 1840 – 1940. *tourman*. 2007, (11): 8; 艾学山、范文涛：《水库生态调度模型及算法研究》，《长江流域资源与环境》2008年第3期；何玉婷：《四川发展水利旅游的SWOT分析》，《科技前沿》2007年第2期；王会战：《水库型水利风景区旅游可持续发展指标体系及其评价模型—小浪底水利风景区的实证研究》，《三门峡职业技术学院学报》2008年第6期。

角。已有文献多以水利风景区各级管理部门为视角，关于水利风景区管理的文献丰富，关于水利旅游管理的文献不多，其中又多为旅游供给的文献较突出，而关于旅游需求的研究还没有得到恰当的解释和描述，因此如何研究水利旅游者对水利风景区的感知度、吸引力强度及偏好，是今后研究工作的一个重点。（2）对水利旅游吸引物的分析。水利旅游吸引物并不等同于水利风景区。（3）定量实证研究。在实证研究中，对模型的设定和变量的选取非常重要，直接影响到实证分析的最终结果，然而较多的文献都缺乏理论模型的支持和水利风景区的相关具体数据支撑。因此，进行实证对比分析显得尤为重要。

二 旅游吸引力研究进展

国内外关于旅游吸引力的研究比较丰富，代表人物是廖爱军，在其硕士论文《旅游吸引力及引力模型研究》[①]中，已对2004年以前的旅游吸引力研究进行过详细综述，因此，下文在此研究的基础上，从旅游吸引物、旅游吸引力测算模型及旅游吸引力管理三个方面进行补充。

（一）旅游吸引力系统要素

陈岩英[②]认为旅游地的吸引力是一种由旅游资源吸引力、服务吸引力和环境吸引力组合成的结构性吸引力系统，构建了旅游地吸引力系统的演变趋势模型。在旅游地发展的初期，由于旅游地的规划、开发等管理行为的施加使旅游资源的价值更为凸显，因此它的吸引力会不断上升。但是，这个上升会有幅度的限制，因为旅游资源本身的性质、价值定位往往是相对固定的。同时，旅游资源吸引力的大小在很大程度上是随着旅游者的兴趣爱好和消费意愿的变化而变化。当旅游时尚潮流不断波动时，旅游资源在旅游者心中的吸引力也会发生相应的波动，而且这种波动会随着

---

① 廖爱军：《旅游吸引力及引力模型研究》，北京林业大学园林系硕士论文，2005年，第28—36页。

② 陈岩英：《旅游地的吸引力系统及其管理研究》，《旅游科学》2004年第3期。

旅游发展的延续而延续。换言之,旅游资源吸引力的波动是一个常态。旅游服务吸引力则有所不同,由于其提高的关键和重点是旅游服务功能的提高以及服务文化内涵的深层挖掘,而这两方面都可以通过对旅游地服务的硬件设施和软件资源进行改进、创新来实现,因此,旅游服务吸引力将呈不断上升的趋势。旅游资源吸引力的强化及波动式发展、旅游服务吸引力的强化与旅游环境吸引力的弱化过程是同时并行发展的,任一时间截面的三种吸引力总和代表旅游地在这一时间截面的结构性吸引力。

王海鸿[①]总结了旅游吸引力的概况:(1)旅游吸引力概念以及旅游吸引力的产生和作用机制的研究存在欠缺。(2)目前研究中往往将旅游资源吸引力等同于旅游吸引力,显得过于狭窄。(3)旅游吸引力必须要更多地考虑旅游者属性以及属性的动态变化。(4)旅游吸引力的衡量问题。不能认为没有客流就没有吸引力,客流量反映的是实际产生的旅游吸引力,未来客流量则反映潜在的旅游吸引力。(5)旅游吸引力是一个动态变化的因素。旅游地的生命周期是由其旅游吸引力决定的。各项旅游规划、开发和投资活动,其目的也是为增强自身的旅游吸引力。(6)应该摒弃旅游吸引力仅是一个供给因素的观点。旅游活动发生的深度和广度不仅取决于旅游地资源拉力,而且取决于旅游者需求的推力。因此,对旅游吸引力的分析应该纳入到一个更大的理论框架中进行。把旅游区域的整体吸引力称为"显性吸引力",而把旅游资源的吸引力称为"隐性吸引力"。张凌云认为旅游供给引力范围若达不到经济利益要求的门槛范围的话,那么旅游供给就是不经济的。

刘滨谊[②]认为吸引力基础是磁体和磁场,旅游目的地是磁体,旅游者、开发商、专业技术人才和资金流是被吸引的磁性物,提出了以AVC三力提升为目标作用的旅游规划理论、依据与评判体系,即

---

① 王海鸿:《旅游吸引力分析及理论模型》,《科学·经济·社会》2003年第4期。
② 刘滨谊:《旅游哲学观与规划方法论——旅游·旅游资源·旅游规划》,《桂林旅游高等专科学校学报》2003年第3期。

AVC 三力理论。AVC 三力指一个旅游地的吸引力（attraction）、生命力（validity）和承载力（capacity），简称 AVC。

马玥（2004）在研究影响旅游吸引力的因素时，指出影响旅游吸引力的因素很多，但可以归纳为旅游吸引物、旅游吸引对象和载体三方面，并将其划分为主、客观两层次，包括地脉、史脉、文脉等 14 项要素。

谌贻庆[1]旅游吸引力的本质是旅游资源子系统与旅游客源市场子系统之间在自然、经济、文化等方面的差异，在旅游资源与开发系统中，并不只存在旅游吸引力，还存在着许多其他的作用力，在这些作用力中，有一些推动旅游的实现，另一些阻碍旅游的实现。根据对旅游吸引力和其他作用力的分析，建立了一个旅游目的地的最大可能旅游吸引量的理论模型。

国外的研究倾向于研究影响旅游吸引力的直接因素，例如卡可蒙（Caccomo）（2005）认为停留时间是划分旅游吸引力大小的最先要素。蒙马特格鲁·U.（Mehmetogl U.）[2]，佩波奇·N.（Peypoch N.）[3] 等认为旅游吸引力要素可以分为两类："D-attraction" 和 "E-attraction"。如果旅游者在景区是被动地接受观光游览，那景区对其吸引力是非常小的，这就是消极被动的 "D-attraction"。如果旅游者发现了某一特殊的旅游资源，积极地延长旅游时间，这时旅游吸引力就出现了拐点，进入积极主动的 "E-attraction"。沃恩金斯（Vaugeois）等[4]通过对范库弗峰岛（Vancouver Island）旅游从业人员的调查研究中发现，旅游吸引力也存在拉力和推力（push-pull）或者两者合一，并找到了将旅游供给吸引力转化成直接动机（motive）的 8

---

[1] 谌贻庆：《旅游吸引力分析模型》，《企业经济》2005 年第 6 期。

[2] Mehmetoglu M., Abelsen B. Examining the visitor attraction product: a case study. *Tourism Analysis*, 2005, (9): 269–284.

[3] Peypoch N., Robinot E., Solonandrasana B. Which sustainable development perspectives for an E-attraction destination? An overview of the economic impacts. *Tourism and Hospitality Planning & Development*. 2005. (2): 207–212.

[4] Vaugeois, Nicole L. Mobility into tourism employment in a region experiencing economic transition. *Michigan State University*. 2003: 12.

项要素，其中最本质的因素就是个人生活方式（lifestyle）。

旅游吸引力的研究比较成熟，但以上研究更近似于旅游地吸引力，而不是单项旅游的吸引力研究，没有形成旅游吸引力研究系统。水利旅游吸引力研究可以借鉴其研究方法，针对水利旅游特殊性展开研究。

(二) 旅游吸引力测算模型

廖爱军[1]对2003年以前的国内旅游吸引力文献进行了总结：保继刚（1986）、张凌云（1986）、马耀峰（1998）等旅游学者都曾给出含有不同参数但又形式基本相同的旅游引力模型。该模型是在借鉴区位论中空间相互作用模型的基础上建立的，而后者则又完全借鉴了物理学中的万有引力理论。模型本身并不能解释模型中所含各种变量之间的因果关系，由于影响旅游吸引力的因素很多，因此对某个地区适用的旅游引力模型并不一定能适用于其他地区。给出了旅游者感知度的模糊数学公式，并将显性吸引力引入旅游供给引力研究中。张友兰（2000）等将旅游引力模型和多元回归模型、时间序列模型进行对比，研究河北入境游客量，结果表明旅游引力模型与实际值最接近。张凌云（1992）在引力模型研究中，将引力模型与门槛理论分析结合起来，推导了门槛半径、门槛范围的计算方程。门槛范围是指供应一定量的旅游产品所需的最低限度人口所在的地理空间大小。如果旅游地的实际吸引范围小于门槛范围，那么，该旅游地是不经济的，也可以认为是缺乏吸引力的。旅游地的吸引力是带有很大程度的主观性个人偏好和不稳定性，因而可以看成是一种随机现象。因此，自20世纪70年代后，利用马尔科夫链来处理旅游地随机动态吸引旅游者的过程。

(三) 旅游吸引力模型

车裕斌模型[2]以旅游目的地系统的组成与结构分析为基础，分析

---

[1] 廖爱军：《旅游吸引力及引力模型研究》，北京林业大学园林系硕士论文，2005年，第28—36页。

[2] 车裕斌：《旅游目的地系统吸引力分析》，《咸宁师专对学报》2001年第6期。

总结出旅游目的地系统的三大功能：客流、信息流和收益流。影响旅游目的地系统（供给）吸引力的因素包括旅游资源与旅游产品、旅游设施、旅游企业、旅游政策环境，目的地旅游资源与旅游产品系统是旅游目的地系统吸引力产生的根源，在旅游目的地唯一且不考虑旅游客源地的影响情况下，旅游目的地系统的吸引力可表达为：

$$R = B \times \sum_{j=1}^{n} A_j \times M^{-d_{ij}} \qquad (1.1)$$

其中：A_j为客源地j的居民收入决定的潜在旅游者总数；B是旅游目的地系统综合修正指数；有旅游设施、旅游企业形象、目的地政策环境等因素决定；$M^{-d_{ij}}$是距离指数。

车裕斌[1]再次修正了其旅游目的地系统吸引力模型，在《湖北省统计年鉴（2002年）》和样本调查的基础上，进行实证研究，结果表明咸宁对周边旅游目的地的吸引力，呈现距离衰减特征，而旅游政策的环境吸引力基本无差异。

廖爱军在车裕斌研究的基础上进行改进，用旅游者和旅游交通两要素替代了旅游设施要素，但并未进行实证分析。

杨玲等[2]也提出了旅游市场吸引力因子模型$T_{at} = S \times R \times E \times A \div D$，$T_{at}$旅游市场吸引力，$S$接待设施子因子，$R$旅游资源子因子，$E$经济发展子因子，$A$旅游感知子因子。对安徽淮北进行实证研究，结果表明淮北的每一项指标都低于安徽平均因子值，旅游资源并不丰富，旅游设施和旅游地感知子因子落后，导致淮北总的吸引力因子远低于安徽的平均吸引力因子。

尼古拉斯·佩波奇（Nicolas Peypoch）[3]认为旅游目的地对游客的吸引力越大，停留时间就越长，并对法国某海滨度假地进行问卷调

---

[1] 车裕斌、黄晚意：《区域旅游系统吸引力预测研究——以鄂东南地区旅游系统为例》，《世界地理研究》2003年第4期。

[2] 杨玲、胡小纯、冯学钢：《旅游地吸引力因子分析法及其数学模型》，《桂林旅游高等专科学校学报》2004年第1期。

[3] Nicolas Peypoch, Bernardin Solonandrasana. On "E-Attraction" Tourism Destination -Extension and Application. America: Physica-Verlag HD, 2001: 293 – 306.

查，得出了面板数据回归模型：

$$\Delta BNI_t = \beta_1 \Delta ARV_r + \beta_2 (BNI_{t-1\hat{a}_1} ARV_{t-1} - \hat{\alpha}_2) + c. \quad (1.2)$$

其中，$BNIG$ 过夜人数；ARV 停留时间。

游富相[1]等提出了一种基于互联网的新型旅游吸引力测算方法，通过对某旅游资源介绍网站的访问者的 IP 地址进行统计和测定，计算其旅游资源吸引力的空间和时间分布。

旅游引力模型形式丰富，有车裕斌等为代表的综合吸引力模型，也有杨玲等为代表的旅游需求吸引力模型，还有尼古拉斯等[2]为代表的某因素旅游吸引力模型，除了这些以实际旅游人数为基础的旅游吸引力模型外，还有以游富相等为代表的虚拟旅游引力模型。这些模型对水利风景区旅游吸引力研究很有借鉴意义，但是却不能完全套用，主要因为这些模型都没有经过严密的逻辑证明、公式推理或理论依据，而且也没有结合水利旅游的特殊性结合进行考虑。

（四）旅游吸引力管理

即使旅游资源丰富，但旅游品牌不明确、旅游客源市场定位不准确、旅游规划滞后、投资结构不合理、旅游服务管理水平落后、旅游交通障碍等，都会造成旅游吸引力过低，从这些方面可以找到提高旅游吸引力的对策（祝诚[3]，沃尔·G.（Wall·G.）[4]）。牟红[5]认为旅游吸引具有客观属性、社会属性和象征属性三种，从象征属性方面看，旅游吸引力就是一种符号和象征，因此将景区吸引力进行符号化策划，对景区进行人为的主题设计，对游客进行有意识的引导。与上

---

[1] 游富相、吴三忙：《基于互联网的旅游吸引力分析方法研究》，《经济问题探索》2006 年第 11 期。

[2] Nicolas Peypoch, Bernardin Solonandrasana. On "E-Attraction" Tourism Destination -Extension and Application. America：Physica-Verlag HD, 2001：293 – 306.

[3] 祝诚、陈启跃：《提高镇江旅游吸引力的对策研究》，《镇江高专学报》2001 年第 3 期。

[4] Wall. G. Tourism attractions：Points, lines and areas. Annals of tourism research, 1997. 24, 240 – 243.

[5] 牟红：《旅游景区吸引力的符号化策划方法及实案研究》，《重庆工学院学报》2005 年第 6 期。

述学者从整体的角度看待旅游吸引力不同，郑耀星[①]从个体的角度看待旅游吸引力，考察了福建人脉文脉旅游资源对台湾旅游者的吸引力的开发管理，邸明慧[②]从微观具体的景点出发，在问卷调查基础上探讨了宁夏沙坡头景点吸引游客的差异性。李沐纯[③]从主题公园自身的特点探讨了主题公园与都市旅游目的地吸引力之间的良性互动关系。宋国琴[④]、刘静艳[⑤]选择了可能影响旅游目的地吸引力的指标，并以浙江海岛和南澳岛为例作实证研究。迈克尔·G. 索赖斯（Michael G. Sorice）[⑥]、安德鲁·M. 特纳（Andrew M. Turner）[⑦]、奥拉姆斯·MB（Orams MB）[⑧]论述了保护水栖濒危动物的措施，以提高河流风景区的吸引力。

综上所述，从旅游吸引力系统要素、测算模型及吸引力管理三个方面，进行文献梳理，发现该领域文献较丰富，在一些方面已形成共识：（1）存在旅游吸引力。旅游吸引力是旅游地旅游发展水平的总体表现，作为一种旅游者的综合感知，对旅游者决策起决定作用，旅游者总是选择具较有强吸引力的旅游地，舍弃弱吸引力的旅游地以求得旅游体验最满意、旅游消费效果最大化。（2）距离、旅游人次是

---

① 郑耀星：《打名人文化牌》，《加大两岸"五缘"旅游吸引力》，《经济地理》2003年第1期。

② 邸明慧、广新菊：《差异形成旅游产品吸引力研究——以宁夏沙坡头市场营销为例》，《地理与地理信息科学》2004年第6期。

③ 李沐纯：《浅析主题公园与都市旅游目的地吸引力的互动》，《商业时代》2006年第18期。

④ 宋国琴：《海岛型旅游目的地吸引力影响因素探析》，《企业经济》2006年第5期。

⑤ 刘静艳：《旅游目的地吸引力及其影响因素研究——以南澳岛为例》，《生态环境》2006年第2期。

⑥ Michael G. Sorice, C. Scott Shafer, Robert B. Ditton. Managing Endangered Species Within the Use-Preservation Paradox: The Florida Manatee (Trichechus manatus latirostris) as a Tourism Attraction. *Environmental Management*. 37, (1): 69 – 83.

⑦ Andrew M. Turner, Nathan Ruhl. Phosphorus Loadings Associated with a Park Tourist Attraction: Limnological Consequences of Feeding the Fish. *Environ Manage*. 2007. 39: 526 – 533.

⑧ Orams MB Feeding wildlife as a tourism attraction: A review of issues and impacts. *Tourism Manage*. 2002 23: 281 – 293.

影响旅游吸引力的重要因素。以保继刚[1]等为代表的旅游引力模型，虽然不断改进，但旅游吸引力随距离衰减的规律得到普遍认可。旅游人次多寡已成为现实各旅游目的地和旅游景区吸引力大小的统计指标。

但仍存在一些问题没有得到解决，正是这些问题指明了今后的研究方向。（1）旅游吸引物不清晰。以陈岩英[2]等为代表的观点，研究的是旅游目的地的整体旅游吸引力，不宜用在水利旅游这样独立的吸引物上，因此尼古拉斯[3]等国外学者倾向于用少数几个直接影响因素测定旅游吸引力，但选取影响因素的依据有待理论推导和实证阐明。（2）供需旅游吸引力不清晰。以廖爱军[4]等为代表的观点，倾向于建立包括政治、经济、文化等要素的旅游吸引力系统，细化成指标进行评价。某些要素虽然对旅游吸引力有影响，但影响并不显著，而且对供给方和需求方的吸引力大小不均衡。例如，政治环境中水行政主管部门的支持和规制行为，对水利旅游供给吸引力大小会产生影响，但对水利旅游需求吸引力而言影响甚微。因此，需要进一步将供需旅游吸引力进行独立研究，突出竞争态势、区位优势的分析，才能得到与事实相符的结论。

第四节 相关理论基础

一 旅游者行为理论

旅游者行为理论的意义和内容。随着旅游地竞争的激烈，针对旅

---

[1] 保继刚、郑海燕、戴光全：《桂林国内客源市场的空间结构演变》，《地理学报》2002年第1期。

[2] 陈岩英：《旅游地的吸引力系统及其管理研究》，《旅游科学》2004年第3期。

[3] Nicolas Peypoch, Bernardin Solonandrasana. On "E-Attraction" Tourism Destination -Extension and Application. *America*: *Physica-Verlag HD*, 2001: 293 - 306.

[4] 顾丽娜：《水利水电工程经济效益风险分析方法研究》，《水利水电技术》2005年第4期。

游者行为特征和偏好进行目标管理,已经成为旅游地竞争取胜的关键。旅游者行为理论包括游客满意度研究[1]、旅游者决策行为研究[2]、旅游流空间转移规律研究[3]、旅游者消费行为研究,等等[4]。

在旅游者行为理论中,距离衰减规律有着重要地位。距离衰减规律是指前往旅游地的游客人数随旅行距离增大而减小的现象,距离衰减特征是确定和推测旅游地吸引力辐射范围和外推趋势的重要手段[5]。随着旅行距离的增加,交通成本、时间成本上升,同类型景点出现的可能性也增加,可替代性旅游吸引物出现,距离越远,联系越弱,旅客和货物的交流量也越小。王海江对2006年的全国铁路、航空的客运班期和距离关系进行了实证分析,结果表明,铁路客运量60%—90%的客流集中在700公里—2000公里范围内;航空客运距离较长,60%—90%的客流集中在1300公里—2000公里范围内;公路客运相对较短,60%—90%的客流集中在150公里—300公里之间,之后客运量都缓慢减少[6]。这说明了地域都有一定的半径,吸引人流、物流和信息流,超过吸引半径,距离衰减规律就会发生作用,随着距离的增加,吸引的人流、物流和信息流锐减。旅游距离衰减规律的本质是旅游吸引力的弱化。

二 旅游地生命周期理论

旅游地生命周期理论阐释了旅游地的发展演化规律,加拿大学者巴勒

---

[1] 余向洋、沙润、胡善风等:《基于旅游者行为的游客满意度实证研究》,《消费经济》2008年第4期。

[2] 徐菊凤:《度假旅游者需求与行为特征分析——以中、俄赴三亚旅游者为例》,《旅游学刊》2007年第12期。

[3] 杨国良、张捷、刘波:《旅游流规模结构的Zipf特征与差异度对比研究》,《南京大学学报》(自然科学)2007年第3期。

[4] 王玉明、白莹:《城镇居民旅游消费特征分析——以太原市为例》,《经济问题》2007年第9期。

[5] 李山:《旅游圈形成的基本理论及其地理计算研究》,华东师范大学商学院博士论文,2006年,第50页。

[6] 王海江、苗长虹:《我国客运交通联系的距离衰减规律》,《经济地理》2008年第2期。

特根据产品周期的概念,提出了旅游地生命周期从探查到复苏或衰落的6个阶段。根据生命周期理论,旅游吸引力会从成长到衰落,经过再开发有可能会复苏也有可能会继续衰落。比起山水游、古迹游、乡村游等旅游形式,水利旅游属于新兴旅游,水利旅游经过宣传开发,会刺激旅游者的出游动机,旅游吸引力由弱渐强,当旅游者厌倦水利旅游时,旅游吸引力又会由强转弱,直至衰落。关于生命周期理论也存在质疑,20世纪90年代,提出了一些反对的声音,其中包括海伍德(Haywood)的观点,他对旅游地生命周期概念的经营和规划功能持怀疑态度,他建议旅游地规划者和经营者应根据旅游地发展的政治、经济等因素拓宽对旅游地发展的思路,但同时也支持旅游地最后"终将衰落"的假说[1][2]。拉弗尔·萨达(Rafael Sardá)[3]研究了旅游业生命周期复苏的举措。按照生命周期理论,水利旅游吸引力也会经过从成长到衰落的过程,水利风景等各项景区资源吸引游客前来旅游,这种对需求方产生的吸引力逐渐由弱渐强,再由强转弱,国家级水利风景区相对于国家级自然保护区和国家级森林公园仍然算是新兴旅游吸引物,国家级水利风景区旅游需求吸引力增长速度较快,但总量较小。例如,2003年长沙新增水利旅游景点3个,总收入1895万元,比上年增长8%。[4] 例如2003年陕西省全省水利旅游收入达9500万元,实现利润2650万元,同比增长5%以上。

三 地理学的空间作用论

地理学中关于空间分析的理论比较成熟,空间分析中有著名的4种类型空间理论,包括空间相互作用和空间扩散、中心地理论。

---

[1] Mark D. Mackenzie, Ryan Briggs. Modelling and Simulation - A Profitable Tool for all Phases of the Lifecycle. *Springer London*. 2008:691-699.

[2] 陈亮:《中国4A级旅游景区(点)的区域差异及其标准化建设路径研究》,华东师范大学商学院博士论文,2005年,第10页。

[3] Rafael Sardá, Joan Mora and Conxita Avila. Tourism development in the Costa Brava (Girona, Spain) - how integrated coastal zone management may rejuvenate its lifecycle. *German*: Springer Berlin Heidelberg. 2005. 291-314.

[4] 长沙统计局,国家统计局长沙调查总队.《长沙统计年鉴(2004年)》.中国统计出版社2004年版,第146页。

空间相互作用理论：①任何一个事物都不可能孤立地存在，事物之间，事物与环境之间总是不断地进行着物质、能量、人员与信息的交换，这种交换作用在地理上称为空间相互作用（Spatial Interaction），空间相互作用的模式包括引力模式和潜力模式，旅游吸引力就属于空间相互作用过程中引力模式的一种①。②空间扩散（Spatial Diffusion）和空间相互作用又有区别和联系，空间扩散的基本形式是传染扩散、等级扩散和重新区位扩散。国家级水利风景区从水资源丰富的地区密集分布，再向周边扩散，例如江苏淮安市有三河闸水利风景区、淮安水利枢纽风景区、淮安市古运河水利风景区共三座国家级水利风景区，往长江方向，与淮安接壤的盐城市、江都市都有国家级水利风景区分布。泰州市有泰州引江河风景区、泰州市凤凰河水利风景区两家国家级水利风景区，与其相邻的扬州市、江都市、常州市、盐城市和姜堰市都有国家级水利风景区分布。空间扩散中著名的理论就是距离衰减理论，即某一现象的空间扩散会随距离的增加而衰减。当空间扩散遇到障碍等阻力的情况下，扩散方向会发生改变。③核心-边缘理论。首先有 R. 纳克塞（R. Nurkse）为代表提出了均衡增长论，认为在经济中多部门平衡投资，可以使各部门提高劳动生产率，进而提高收入和购买力，扩大需求和生产，他认为均衡生产是提高增长速度的工具。而以 A. O. 赫斯曼（A. O. Hirschman）为代表的不均衡增长理论认为，对不发达地区，多部门多元发展是不现实的，应该在各部门之间保持某种比例的不均衡增长，不均衡就有压力，压力本身推动发展，而且不均衡过程中需要政府干预，支持某些私人资本不愿意投资的薄弱部门（许学强）。而后法国经济学家 F. 皮罗伊卡（F. Perroiix）将这一理论引入了地理学中，按照他的理论，国家级水利风景区在空间上呈点状分布，并按各种途径传播，会对整个国家的水利风景区发展产生不同影响，这些呈聚集状态的点，比如河南和山东国家级水利风景区极丰富，就是具有成长以及空间聚集意义的生长极。按照皮罗伊卡观点，生长极需要有发动性，即通过极化或者扩散作用，能使周

---

① 许学强、周一星、宁越敏：《城市地理学》，高等教育出版社 2004 年版，第 149—193 页。

边基础较好的水利风景区迅速发展,形成高度的空间集中倾向。有学者认为,核心—边缘理论的关系可能是一种控制和依赖的关系。按照这一观点,省级或未评级的水利风景区依赖于区位近的国家级水利风景区或者有示范效应的国家级水利风景区,借鉴国家级水利风景区在评定建设、旅游管理、日常保护方面的经验和做法等。

中心地理论(Central Place Theory)是由德国城市地理学家W. Christaller、德国经济学家A. Losch分别于1933年和1940年提出来的,被认为20世纪人文地理学最重要的贡献之一。但进入20世纪60年代也有学者对中心地学说进行了发展、验证以及评价,其中主要代表人物是B·J·L·贝里(B. J. L. Berry)和W·L·卡里森(W. L. Garrison)。贝里认为落后的交通条件将增加距离的摩擦作用,从而会促进各个级别中心地的发展,相反,便利、快速、低成本的交通将减少低级中心地的重要性。根据中心地理论,例如水利部管辖的河南黄河小浪底水利枢纽(国家级水利风景区)、河南修武县的云台山水利风景区(国家级水利风景区)都已经成为当地旅游业的支柱,从2003年的国庆黄金周期间起,云台山景区接待就超过22万,实现门票收入1240.58万元,而且逐年上升[①]。

四 经济学的供需论

1780年,自亚当·斯密(Adma smith)在《国民财富的性质与原因的研究》(简称《国富论》)中提到供给与需求,又提出了供给价格定理和需求价格定理,以及供需价格定理。在经济学中,所谓供给量和需求量的变动是指在影响供给和需求的其他因素不变时,商品本身价格的变动所引起的需求量和供给量的变动,各点在供给和需求曲线上移动。当国家级水利风景区门票价格上升时,旅游供给吸引力会上升,而旅游需求吸引力则会下降。国家级水利风景区具有垄断性的旅游资源,属于准公共产品,门票价格需要经过物价部门审批,因此

---

① 河南省水利万多种经营办公室.更新观念、开拓创新努力提高水利风景区建设管理水平,http://slfjq.mwr.gov.cn/tssj/sjyj/20/01/t20110119-252326.html.2003-12-29.

在一定时期内国家级水利风景区门票具有刚性。而且国家级水利风景区审批过程需要经过申报—评定—公示—公布等一系列考核阶段，因此国家级水利风景区实际上的旅游供给弹性（也就是国家级水利风景区供给吸引力增长速度）要小于旅游需求弹性（国家级水利风景区旅游需求吸引力增长速度）。若长此以往会演变成收敛型蛛网模型。

　　在自由市场中的供给和需求曲线总是不停地变动，但现实中的水利旅游供给在一段时期内，比如一年以内，国家级水利风景区供给总量变化很小，相应地国家级水利风景区供给吸引力变化也很小。因为国家级水利风景区一年评定一次，平均每个省一年评定的数量仅2—3座，同一个城市国家级水利风景区数量增加得较缓慢。而且国家级景区的门票价格实行管制，近年来变化不大，因此实际供给量不大。而需求是一种微观心理的变化，易受到外界的刺激发生波动。但是，供给更多的受宏观因素的影响，而需求更多的受微观因素的影响。供给和需求共同决定了价格，也就是说影响供给和需求的因素同时影响着国家级水利风景区。而反过来，影响国家级水利风景区的因素同时影响着供给和需求。

　　在经济学中重视均衡问题的研究，是为了使由需方、供方以及供需对象所组成的系统中的资源得到充分利用，这也正是经济学所追求的本源目标。实际上，经济系统中的均衡状态就是经济系统的一种稳定状态。由系统科学可知：稳定是系统存在的依据。经济系统的存在要以均衡为依据，而经济系统的发展则一定要选择一个合适的时期在某处破坏其均衡，并使不均衡波及整个系统，最后使系统达到一个新质状态下的均衡。可见，一个系统的存在与发展都与均衡有着密不可分的联系，在经济学中研究均衡是有着重大意义。威廉·佩第（William Petty，1623—1687）、弗朗科斯·魁奈（Francois Quesnay，1694—1774）、亚当·斯密（Adma Smith，1723—1790）、大卫·李嘉图（Dvaid Ricardo，1772—1823）等古典经济学家初步提出了"均衡"的概念。经过近代经济学家马歇尔（Alfred Marshall，1842—1924）的局部均衡理论、莱昂·瓦尔拉（Le'on Walrs，1834—1910）

的一般均衡论、约翰·凯恩斯（John Keynes，1886—1946）的国家干预理论以及保罗·萨缪尔森（Pual Samuelson，1915—）对均衡理论的进一步贡献，真正的建立了供给与需求的均衡理论①。

五　水利经济基本理论

从经济形势看，水利经济是多年水利产业投入积累形成的一种经济活动形式，是与开发利用、控制和保护水的各种部门的组合，是从事水灾治理与水资源开发利用的经济活动的统称。水利经济从经济内容上看，包括防洪经济、除涝经济、供水经济、水电经济、渔业经济、旅游经济等内容。水利旅游属于水利经济中的第三产业，水利经济中的一些基本理论对理解水利旅游大有裨益。水利经济基本理论包括水利经济作用、水利经济的投入产出等。

（1）水利经济的作用

水利经济能提供清洁水源、改善水质、改良土壤、美化环境、改善地区小气候，减小自然灾害造成的经济损失，这些都为人们提供了稳定的生产和生活环境。具体而言，即治理水旱灾害，为国民经济创造良好环境；兴修农田水利、增强农业生产基础；增强工业及城镇供水能力，保证工业及城镇经济发展；合理开发利用水资源，发展水电业。水利事业已经在农业灌溉、除涝、防洪、水土保持、水力发电等方面形成较大规模，并形成了各自经济体系②③。水利经济从产业结构上已经从原来单一的农田水利经济产业结构模式，转化成了现在的社会效益和经济效益并重的多种经营的综合产业结构模式，并向生态水利、经济水利、综合水利的目标迈进。

（2）水利经济的投入与产出

新中国成立初期，水利经济的投入以国家投资为主，地方投资为

---

① 吴文征：《交通运输供给与需求均衡的理论研究与实证分析》，长安大学交通学院硕士论文，2005年，第7—10页。

② 余文学、赵敏、胡维松：《水利经济学——基本理论与政策》，河海大学出版社1995年版，第6—38页。

③ 王建英：《发展水利经济之路》，黑龙江人民出版社1997年版，第1—25页。

辅。国家"七五"计划后，逐渐转变成为国家、地方、企业、群众多层次的投资体系。进入20世纪90年代后国家投资重点倾向于大江大河的治理和大中型水利水电项目，地方工程和配套工程由地方投资[①]。

水利经济中的社会效益如防洪、排涝的效益无法准确估算，但水电、供水、渔业、航运、旅游方面的水利经济效益能准确估算。另外，水资源的经济价值定价问题由于长时间以来缺乏统一的资产估算公式，在一定程度上也造成了水资源价值的低估和浪费。

（3）水利经济的管理

水利经济的显著特点是社会效益大，外部性特点显著，而本部门的综合效益尤其是经济效益相对较小，而且存在较严重的多头管理问题。多头管理的原因在于水利产业的客体被分割，产业部门不完善。例如，水利经济中的水电业，大型水电站多数被电力工业垄断，城镇供水则被列入城市公用事业名下等。水利经济中的水利旅游业也存在多头管理现象，如新中国成立初期建成的一些大型人工水库，现在衍生成内陆湖泊，是城镇水源地也是当地重要的旅游资源，由于存在显著的经济效益，供水、环保、园林、旅游、水利等部门存在多头管理、利益相争问题，影响了人工湖库的后续发展。

（4）水利经济的产业构成

水利经济的产业构成分为兴利和除害两类。兴利类包括灌溉、供水、水电、航运、渔业、水利旅游以及水利综合经营等。除害类包括防洪、除涝、防潮等。水利的兴利和除害两个方面是相对统一的，不能截然分开，水利经济是一个包含多种经济的产业体系[②]。

（5）水利经济的特点和经济规律

水利经济产业的特点是：水利功能的基础性、水利行业效益的社

---

① 余文学、赵敏、胡维松：《水利经济学——基本理论与政策》，河海大学出版社1995年版，第6—38页。

② 余文学、赵敏、胡维松：《水利经济学——基本理论与政策》，河海大学出版社1995年版，第6—38页；王建英：《发展水利经济之路》，黑龙江人民出版社1997年版，第1—25页；陆孝平、赵广和、王淑筠：《建国四十年水利经济效益》，河海大学出版社1993年版，第1—25页。

会性、水利运行的协调性、水利建设的长期性、水利发展的超前性和水利经营的垄断性。朱卫东[①]对市场体制下水资源的经济特征进行了分析,认为水资源的特征包括产权不可专有、使用价值多样性、供给不确定性和规模效益、用水外部效应的普遍性、需求多边性五个特征。水的娱乐、美学、生态用水和废物处理用水一样,近似于公共物品,因为享受水景并不排斥他人使用,但具有可拥挤物品的特点(超过容量限制时,增加额外使用者的边际成本趋于无穷大的物品称为可拥挤物品)。

水利经济产业的特点决定了水利经济的基本规律:①不是所有水利产业的部门都能形成具有独立经济自主权的市场主体。水利旅游业虽然是盈利性水利经济的一部分,但是由于前期的行政沿革以及利益分配问题,一些水利风景区仍然没有成为独立自主、自负盈亏的企业模式。②水利经济更需要国家宏观调控。水利经济涉及水利枢纽设施及水资源的安全性,决定了水利经济仍需要宏观调控,避免经济效益凌驾于社会效益和生态效益之上。③水利经济不能形成全国统一的、开放的、竞争的市场体系[②]。由于水利旅游资源的独特性和垄断性,以及水利枢纽所依赖的自然风景的自然价值难以准确估算,也决定了水利旅游业根据其水利旅游资源特色和垄断程度,不可能形成完全竞争的局面。④水利经济需要与社会经济协调,实现可持续发展。随着我国城市化进程的加快,城市人口的增加,防汛抗洪、供水、排污的要求越来越高,水利设施担负的任务也越来越重[③]。因此关于水利与

---

① 朱卫东:《综合利用水利工程经济特征分析及管理体制研究》,河海大学2004年版,第26—38页。

② 余文学、赵敏、胡维松:《水利经济学——基本理论与政策》,河海大学出版社1995年版,第6—38页;王建英:《发展水利经济之路》,黑龙江人民出版社1997年版,第1—25页;陆孝平、赵广和、王淑筠:《建国四十年水利经济效益》,河海大学出版社1993年版,第1—25页;朱卫东:《综合利用水利工程经济特征分析及管理体制研究》,河海大学商学院博士论文,2004年,第26—38页;胡维松:《水利经济研究》,河海大学出版社1995年版,第17—45页。

③ 杨志英:《社会经济可持续发展对水利需求的理论与实践》,河海大学2002年版,第39—45页。

经济协调发展的文献较丰富,例如任贺靖[1]研究了长三角水利与经济协调发展。水利经济评估文献也比较丰富,主要有黄建文[2]、肖建红[3]、顾丽娜[4]和K.约翰·霍姆斯(K. John Holmes)[5]等。王博[6]利用柯布—道格拉斯生产函数对湖北省科技进步对水利经济增长贡献率进行了测算和分析。

第五节 研究内容、技术路线及创新点

一 研究内容

全书共八章,围绕四个部分展开:

第一部分(第一章):全书的研究基础。第一章说明了研究背景、选题意义,对相关概念进行了界定,包括水利旅游、旅游吸引力。阐述了国内外研究现状,介绍了研究方案、研究内容与创新点。

第二部分(第二章):全书的理论框架。第二章论述了水利旅游吸引系统的概念、内部关系和系统测算的基本思路。首先,界定了在水利旅游吸引系统中七个相关名词概念;其次,阐述了水利旅游吸引系统中一主线三节点的关系;最后,简要说明了水利旅游系统中水利

---

[1] 任贺靖:《长三角地区城市水利与经济协调发展研究》河海大学商学院博士论文,2007年,第10页。

[2] 黄建文、周宜红、李建林:《水利工程项目综合经济评价模型》,《中国农村水利水电》2007年第5期。

[3] 肖建红、施国庆、毛春梅:《水利工程对河流生态系统服务功能影响经济价值评价》,《水利经济》2008年第6期。

[4] 顾丽娜:《水利水电工程经济效益风险分析方法研究》,《水利水电技术》2005年第4期。

[5] Early Development of Systems Analysis in Natural Resources Management from Man and Nature to the Water Conservancy Project. *Environmental Management*, 2001, 27 (2): 68–78.

[6] 王博、严冬、吴宏伟:《科技进步对水利经济增长速度贡献率的测算》,《中国农村水利水电》2006年第7期。

旅游吸引力、水利旅游吸引半径、水利旅游吸引量和水利旅游吸引对象这四个方面的测算思路。

第三部分（第三章、第四章、第五章、第六章）：全书的核心内容。第三部分围绕水利旅游吸引系统的测算过程展开，这一部分依次对水利旅游吸引力、吸引半径、吸引量和吸引对象进行理论建模和实证分析。

第三章是水利旅游吸引力理论模型和实证测算。首先，从水利和旅游条件两方面，回顾总结1998—2011年我国水利旅游的发展，说明水利旅游吸引力产生的过程，同时旨在引出水利旅游吸引物和吸引场的存在。其次，分别从水利旅游吸引物和水利旅游吸引场的角度，构建了由31个指标组成的水利旅游吸引力评价指标体系，运用AHP-PCA-Boarda主客观综合评价法建立评价模型；最后，依据评价模型对2004年和2008年我国31个省市自治区直辖市水利旅游吸引力进行了实证研究，发现水利旅游吸引力区域发展不平衡，并从指标的角度分析了水利旅游吸引力地区差异的原因。

第四章是水利旅游吸引半径的理论模型和实证测算。首先，以地理学的距离衰减规律和经济学的效用论作为理论基础，从水利旅游吸引力、旅游成本和距离三个因素出发，按照成本最小、效用最大的经济人原则，逐步推导了水利旅游吸引半径模型；其次，分别计算出2004年和2008年全国水利旅游吸引半径的平均值，再计算出31个省市自治区的水利旅游吸引半径值，得到31个省市自治区水利旅游吸引半径近年来变化的趋势。最后，由此结果推算出适宜开发水利旅游长线型、中线型和短线型的不同区域，由此为政府从宏观上对水利旅游的长、中、短线型空间布局提供参考。

第五章是水利旅游吸引量的理论模型和实证测算。首先，从供给和需求两个角度，分析水利旅游吸引量的特征。其次，重点从需求角度展开理论分析，借鉴引力模型的形式，考虑水利旅游吸引力、吸引半径范围等供给和需求要素，构建水利旅游吸引量模型；最后，对全国31个省市自治区直辖市进行定量评价，预测各省市的水利旅游吸引量规模；至此，完成了我国水利旅游吸引系统在力度、广度、深度方面的探讨。

第六章是水利旅游吸引对象的理论模型和实证测算。前述实证分析，都是宏观角度，为了完善研究内容，从微观角度，对水利旅游吸引对象在吸引系统中的感知过程进行理论分析。基于此感知过程，提出了人口学特征、旅行特征、水利常识特征和水利旅游特征等四个特征，假设此四个特征对水利旅游吸引对象的感知过程有影响，设计了吸引对象对水利旅游感知的调查问卷，选择水利旅游活跃的江浙两省进行问卷调查和个人访谈。共发放了600份问卷，将问卷统计数据，引入参数检验和非参数检验的方法进行假设检验分析，结果表明水利常识等水利特征对水利旅游者的感知有显著性影响，而旅行特征则对水利旅游者的感知影响不显著。

第四部分（第七章和第八章）：全书的对策和总结。第四部分对前文研究结论进行总结，并在此基础上提出水利旅游吸引系统的提升策略。

第七章是水利旅游吸引系统提升策略。根据前面的实证结果，将31省市自治区直辖市划分为水利旅游强盛区、活跃区、休眠期三个区域，指明各省市自治区的水利旅游在全国水利旅游中的相对与绝对的竞争地位及优劣势所在，并指出其主要吸引方向，针对水利旅游吸引半径范围内的目标客源市场进行促销，实现水利旅游的高效开发。各地区水利旅游吸引系统的提升可从硬件（如积极申报国家级水利风景区，提升景区质量等）和软件（如增强水利旅游形象品牌宣传等）方面展开。要促进水利旅游吸引系统的整体提升，还需要加强水利旅游产业的联动。

第八章：全书回顾总结，指出进一步研究的方向。

二 研究方法

在研究中运用几种方法进行分析和论述，以求从多方面、多角度来分析这一命题，主要有以下几种基本研究方法：

（1）比较研究的方法。对于水利旅游吸引系统，通过时间跨度和地区跨度进行比较，反映出随着时间变化水利旅游吸引力的发展趋势和空间上的地区发展不平衡。

（2）定量分析和定性分析相结合的方法。综合运用经济学、地理学、管理学、统计学、系统科学等多学科相关理论，在定性理论研究的基础上，通过数据搜集工作，分析水利旅游吸引系统的数量特征及客观现状。

（3）规范分析与实证分析相结合的方法。通过实证对水利旅游活动的客观现象、经济行为及其发展趋势进行客观分析，从宏观层面和微观层面得出一些规律性结论。

（4）具体方法是问卷调查法、专家访谈法及数学建模法。主要数学建模法中包括竞争态模型、定量分析法包括 AHP-PCA-Boarda 主客观综合评价模型、旅游吸引半径模型、引力模型、参数检验和非参数检验。

三 技术路线

本书的技术路线如图 1-1 所示：

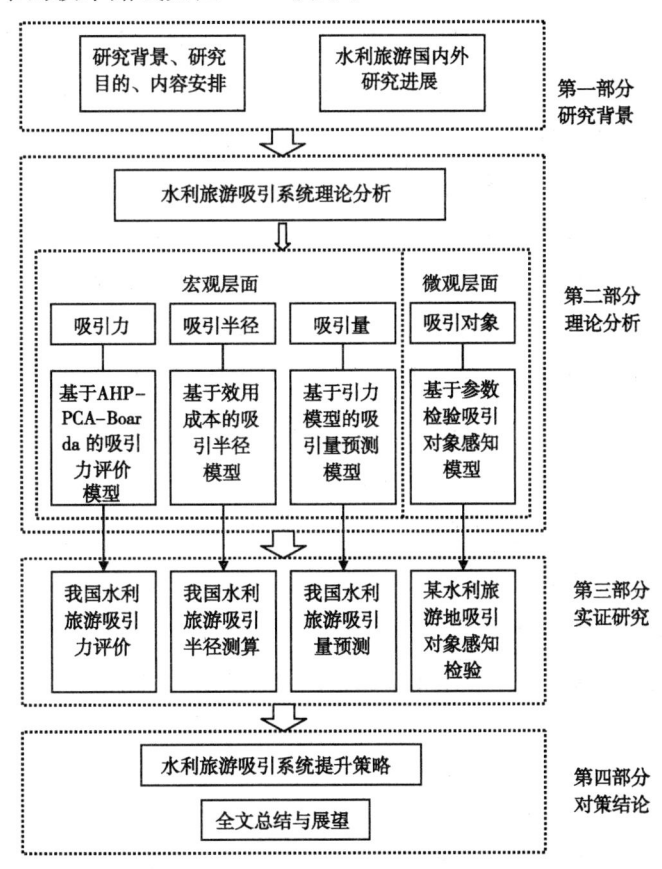

图 1-1 技术路线图

第二章 水利旅游吸引系统的概念、内部关系和测算过程解析

我国江河纵横，水库堤防众多，这些丰富的水景观、水利风景资源，为水利旅游的发展和建设，奠定了一定的基础条件，自20世纪80年代起一些水管单位在体制改革中摸索出一条发挥水利资源综合效益的有效途径——在保护水生态环境的前提下，科学合理地发展水利旅游，进一步带动经济发展[1]。与此同时，随着我国人民生活水平的提高，交通条件改善，黄金周制度化，旅游休闲逐渐成为人们放松身心的重要选择，水利旅游捷报频传，据不完全统计，2004年黑龙江省水利风景区全年接待旅游达71万人次，年创产值619万元，利润62万元[2]；同年，陕西省水利旅游收入达9500万元，实现利润2650万元，同比增长5%以上[3]。如果说以上现象是市场这只"看不见的手"操纵的水利风景区在微观层面上的蓬勃发展，那么为了规范水利旅游活动，国家水利部十多年来不断出台各类相关政策，如《水利旅游项目管理办法》，《水利风景区管理办法》等，对水利旅游进行调控，是政府"看得见的手"进行行政规制。水利旅游开发过程中，许多经验需要总结，一些问题需要实践检验和理论探讨，水利旅游研究也在不断深入。

无吸引就无旅游[4]，水利旅游吸引力属于水利旅游的基础内容，

---

[1] 水利部综合事业局、水利部水利风景区评审委员会办公室：《水利风景区建设与水生态环境保护》，《社区》2006年第10期。

[2] 黑龙江省统计局：《2005年黑龙江统计年鉴》，中国统计出版社2005年版，第187页。

[3] 粟志：《2004黄河年鉴》，黄河年鉴社2005年版，第99页。

[4] 王海鸿：《旅游吸引力分析及理论模型》，《科学·经济·社会》2003年第4期。

第二章　水利旅游吸引系统的概念、内部关系和测算过程解析　　43

对水利旅游的实践有重要指导意义。本章是后续章节的基础，建立一个水利旅游吸引系统研究框架，旨在阐述水利旅游吸引系统的概念、各个组成部分的内部关系和测算过程。

第一节　水利旅游吸引系统相关概念解析

水利旅游是水利部原水利管理司于 1997 年正式提出的，它是指社会各界（包括外商）"利用水利行业管理范围内的水域、水工程及水文化景观开展旅游、娱乐、度假或进行科学、文化、教育等活动"的总称[①]。为了论述清楚，按照由个体到整体的顺序，先对水利旅游吸引物、吸引场、吸引力、吸引半径等各个名词进行界定，然后再对这些部分组成的整体——水利旅游吸引系统的概念进行界定。

一　水利旅游吸引物和吸引场的内涵分析

旅游吸引物一直被认为是旅游业各相关方面的核心，是吸引旅游者到访的原因。格雷格·里查兹（Greg Richards）[②] 在 1999—2000 年对 6012 名旅游者进行了问卷调查，旨在找出旅游吸引物、旅游标识（tourism markers）和动机之间的关系。在水利旅游地中，具有号召力的典型水利旅游资源是吸引旅游者的重要吸引物，但是如果没有辅助水利旅游资源的各项设施和服务，水利旅游活动也无法实现。与水利旅游资源相匹配的辅助设施或服务是水利旅游吸引场，水利旅游吸引场和吸引物是相辅相成的，虽有主次之分却缺一不可。

（一）水利旅游吸引物解析

由文献检索可知，关于水利旅游吸引物的文献不多，但谈到旅游吸引物的文献却非常丰富，进行归纳后大致可以分为两类：即吸引物的"资源论"和"价值论"，结合水利旅游的特点进行讨论。

---

① 李娟：《发挥优势做好水利旅游大文章》，《陕西水利》2002 年第 6 期。

② Greg Richards. TOURISM ATTRACTION SYSTEMS Exploring Cultural Behavior. *Annals of Tourism Research*, Vol. 29, No. 4, pp. 1048 – 1064, 2002.

"资源论"认为产生旅游吸引力的是旅游资源,在外文文献中通常将旅游资源作为旅游吸引物①,旅游资源的英文单词是 tourism attraction。就此而言,水利旅游资源就是产生水利旅游吸引力的吸引物,2004年国家水利部修订的《水利风景区评价标准》(水利部标准SL 300—2004)中就有涉及水利旅游资源部分的评价,水利旅游资源包括水利文化、水利工程景观、水景观、水中或临水的生物景观、与水有关的气象天文景观等。2003年国家质量监督检验检疫总局发布了由国家旅游局起草的《旅游资源分类、调查与评价》(国家标准GB/T 18972—2003)中,对旅游资源划分成了八大主类(一级指标):地文景观、水域风光、生物景观、天象与气候景观、遗址遗迹、建筑与设施、旅游商品、人文活动;并在此基础上细分成了31个亚类(二级指标)和155个基本类型(三级指标)。比较《旅游资源分类、调查与评价》和《水利风景区评价标准》中关于旅游资源的部分,可知,在《水利风景区评价标准》中对水利旅游资源的界定方面,保留了《旅游资源分类、调查与评价》中的前四项外,增加了水利工程和水利文化的内容,集中反映水利旅游资源的特色。如大禹治水、三峡典故、黄河治理、京杭大运河等都是有深厚文化底蕴的水利文化,是重要的水利旅游吸引物。

但是"资源论"存在讨论的地方:(1)"资源论"主要从旅游者的角度讨论旅游吸引力,但水利旅游的吸引对象并不仅仅包括旅游者,还包括旅行社等水利旅游辅助供给角色,与水利旅游资源相比,水利旅游效益才是真正的水利旅游吸引物。水利旅游吸引对象是被水利旅游效益所吸引的。旅游者(需求方)被水利旅游审美效益和娱乐效益所吸引,水利旅游官方组织被水利旅游产生的良好社会效益和生态效益(如解决就业、水利资源闲置)所吸引,水利旅游商业组织(供给方)被水利旅游的经济效益(如门票收入、餐饮收入等)所吸引。(2)"资源论"推论不成立。从资源论进行推想,如果水利

---

① Philip Feifan Xiea, Halifu Osumareb, Awad Ibrahim. Gazing the hood: Hip-Hop as tourism attraction. *Tourism Management*. 2007, 28: 452 – 460.

旅游资源是水利旅游吸引物，那么在其他条件都不变的情况下，水利旅游资源越优，水利旅游吸引力就越大。但事实上并不完全如此，假设存在两个水利风景区，分别是国家级和省级，旅游者进行决策时，并不因为水利旅游资源等级高而选择国家级水利风景区，更重要的是看旅游者能获得的效用大小。如果旅游者去水利旅游资源更高的国家级水利风景区，但是要经过长途旅行花费500元，而观赏次一级的省级水利风景区，只需要短途旅行花费50元，大部分旅游者在对比成本和效益之后，会选择次一级的省级水利风景区。从这个意义上来说，水利旅游吸引物在本质上并不只是水利旅游资源，而是水利旅游减去成本后所获得的效益或效用。

关于旅游吸引物"价值论"的讨论。如陈岩英[1]认为资源的个体吸引力，是指资源本身的性质、状态、组成、形成与演化、旅游价值等因素中的部分或全部对旅游者产生的心理上的拉动作用。按照"价值论"，水利旅游资源的美学观赏价值、社会历史文化的价值等就是水利旅游吸引物。

但是"价值论"也存在不足："价值论"是资源论的抽象化，但由于旅游价值比旅游资源范围更窄，涉及主观感受范畴更强烈，主观评价难以定量把握，因此仍然以"资源论"为主流。

廖爱军对旅游吸引物的含义进行了梳理：旅游吸引物是对旅游者具有基本吸引作用的自然因素、社会因素以及其他任何因素；廖爱军也给出了自己的观点：旅游吸引物是指在旅游吸引场中起积极主导作用，可以汇集旅游吸引对象，激发旅游动机的诸多因素之和[2]。

因此，将"价值论"和"资源论"综合起来，水利旅游吸引物的核心是水利旅游能为吸引对象带来的满足感或效用量。但这种满足感或效用量仅仅是一种主观状态，需要客观载体。笔者认为：

水利旅游吸引物是指能为吸引对象带来水利旅游满足感或效用量

---

[1] 陈岩英：《旅游地的吸引力系统及其管理研究》，《旅游科学》2004年第3期。
[2] 廖爱军：《旅游吸引力及引力模型研究》，北京林业大学园林系硕士论文，2005年，第28—36页。

的载体，并且在水利旅游场中占主导地位。

（1）"载体"包括物质和抽象载体，如水利风景区、水利文化等。水利旅游吸引物离不开规模宏大的水利工程，包括水库、水电站、泄洪闸等。这些水利工程由水利行业行政机构管辖。在成为水利旅游资源、水利旅游吸引物之前，这些水利工程首先是水利行业的办公区域，如果没有一系列审批和改造（如进行绿化改造、水利工程观景点设计等），成为能向普通人全面或部分开放的水利风景区之前，是限制或部分限制进入的。同时，单纯的水利工程要成为水利旅游吸引物仍是无竞争优势的，需要进一步开发水利工程本身或周边地区的文脉、风景资源等，这是对水利旅游资源的进一步开发，根据水利部《水利风景区评价标准》的界定："水利风景区是以水域（水体）或水利工程为依托，具有一定规模和质量的风景资源与环境条件，可以开展观光、娱乐、休闲、度假或科学、文化、教育活动的区域。"这样水利风景区成为水利旅游吸引物，一般水利风景区都设有管理委员会，负责水利旅游的接洽、宣传、财务等日常经营管理活动。旅游业注重垄断性，讲究旅游特色，力求"人无我有，人有我优，人优我廉"的状态，水利风景区紧紧扣住水利特色，申报成省级、国家级景区，是在各类景区中脱颖而出的关键。

（2）紧扣吸引对象和效用。不同吸引对象从水利旅游吸引物中要得到的效用或效益是不同的。水利旅游能够为吸引对象带来效益，这些效益包括经济效益、环境效益、社会效益和心理效益。通过水利旅游活动，旅游者得到的一次经历，其中大部分是心理效益和社会效益，例如放松身心、增长见识、改善与家人或亲朋好友的人际关系等。水利旅游供给方更注重的是水利旅游经济效益、环境效益和生态效益，例如开展亲水娱乐活动获得经济效益；通过旅游者的口碑传播使水利工程扩大知名度从而获得社会效益等；一些水利风景区担负着重点水利设施的安全和水文水质测量等环保任务，政府部门更注重它的社会效益和环境效益，例如，以南京外秦淮河、泰州引江河为代表的城市河湖型国家级水利风景区（2008年城市河湖型占全部国家级水利风景区的9.24%），基本上是公益性的滨江市民休闲公园，提升了市民生活质量，降低了旅游者成本，体现了一种以人为本的社会效益，同时具有防洪、除涝、供水等环境效益。

（二）水利旅游吸引场解析

廖爱军认为旅游吸引场是指由旅游吸引物（旅游地）与旅游吸引对象（旅游者等诸多被吸引物）之间相互作用形成的一个场域，其大小也就是两者相互作用的范围[①]。

按此观点，客源地和旅游地都在旅游吸引场之中，这是旅游吸引场的广义定义。笔者认为：（1）旅游吸引物和旅游地的差异。在旅游地中并不是所有的主客观事物都能成为旅游吸引物的，除去了旅游吸引物外，剩下的直接或间接为旅游服务的主客观事物也存在旅游地之中，例如旅游交通，很少有旅游者会被旅游大巴而吸引到旅游地的，旅游交通是直接为旅游者服务的运输工具，这些不能因为在旅游地而被称为旅游吸引物。（2）旅游吸引场和客源地的差异。旅游吸引物之所以能成为旅游吸引物，说明其具有旅游魅力，能吸引到所在旅游地市民的游憩行为，也能吸引到旅游者的度假行为，通常会按行政中心来划分客源地（或者也因为地理条件阻隔），就造成了客源地是散落在旅游地周围的现象，例如位于青藏高原黄河上游的龙羊峡水电站旅游区，位于青藏高原，是黄河上游的第一座大型梯级水电站，以2610米的坝顶高海拔、247亿立方米的高库容量，被称为黄河第一坝，距离青海省恰卜恰镇65公里、日月山60公里、西宁市区146公里[②]，恰卜恰镇、日月山和西宁这3个客源地散落在距离龙羊峡不等的范围内，与其说是客源地散落在以龙羊峡为中心的旅游场中，不如说是客源地分布在以龙羊峡为中心的不同的吸引半径上，这样比旅游场更加明确。

这里采用吸引场的狭义定义来界定水利旅游吸引场：

---

① 廖爱军：《旅游吸引力及引力模型研究》，北京林业大学园林系硕士论文，2005年，第28—36页。

② 李建伟、崔琰、刘兴昌：《龙羊峡旅游资源评价与发展规划初探》，《唐都学刊》2004年第6期。

水利旅游吸引场是水利旅游的基础和发展环境，是水利旅游吸引物以及为旅游者服务的交通、住宿、餐饮等旅游服务企业和设施的所在地或水利文化氛围。水利旅游吸引物和吸引场都位于水利旅游地之中，水利旅游地以外的客源地都处在不同的水利旅游吸引半径之内。

对概念进一步解释：

（1）水利旅游吸引场是水利旅游的环境，包括水利旅游的社会环境、经济环境和水利环境等，是旅游者在参加水利旅游活动时，能感受和体验到的水利环境氛围。水利旅游吸引场在水利旅游地内，而不是在从客源地到水利旅游地的线路中。例如，旅游者到河南黄河三门峡大坝风景区旅游时，属于水利旅游活动。三门峡大坝1957年开工建设，是新中国成立后在黄河上兴建的第一座大型水利枢纽工程，主体大坝高达106米，长达713.2米[①]。在三门峡市这样一个见证了黄河水利发展历史，感受黄河大合唱的激昂澎湃，已经与黄河风土融为一体了的水利文化。包含这种水利文化的环境对旅游者有独特的吸引力，对同类景区有显著的竞争力。简而言之，三门峡水利枢纽是水利旅游吸引物，除去三门峡水利枢纽剩下的水利文化氛围、旅游服务设施等水利旅游的基础环境是水利旅游吸引场。

（2）从水利旅游吸引场的构成来看，水利旅游吸引场是水利旅游吸引物的基础。水利旅游吸引场除了有水利文化氛围这样的虚拟事物组成外，还由具体的与水利相关的事物组成。由于它们还承担着其他功能，或者开发还不够成熟等原因，所以还无法像水利风景区那样特色鲜明，容易吸引到旅游者。因此，作为水利旅游吸引场，单独吸引游客比较困难。水利旅游吸引场的事物也是水利旅游吸引物的潜在基础。例如，水库、淡水产品产量在不远的将来有可能成为新的水利旅游吸引物。同时作为水利旅游吸引场因素的水利经济劳动生产率提高，劳动力资源得到有效改善，也会对水利旅游产生影响。

（三）水利旅游吸引物和吸引场的关系

水利旅游吸引物和吸引场是相互依存。水利旅游吸引场是依赖于

---

① 粟志：《2004黄河年鉴》，黄河年鉴社2005年版，第180页。

水利旅游吸引物而存在的，水利旅游吸引物是吸引旅游者前来的关键性因素，水利风景区是水利旅游吸引物的客观载体，水利风景区内面积和功能有限，除了提供水利旅游审美功能外，只能承担部分的食宿功能，其余大部分食、住、行、购、娱的服务和产品都由水利旅游吸引场中的企业提供。水利旅游吸引场是旅游吸引场中的一部分，旅游吸引场是为一个地区旅游业提供各项水利旅游服务的环境。

水利旅游吸引物和吸引场相互作用形成了水利旅游吸引力。水利旅游吸引物和吸引场存在一定地域中，有一定的行政边界，例如以区、市、省等为行政边界。水利旅游吸引物和吸引场共同为水利旅游者服务，形成一个地区的水利旅游特色，演变成水利旅游地。吸引对象能感知到这种水利旅游特色，水利旅游吸引力通过水利旅游特色来表现，水利旅游特色越强，水利旅游地品牌越明确，水利旅游吸引力也就越强。

水利旅游吸引物和吸引场的衡量可以通过细化各自的指标来实现。如前者可以通过水利风景区的数量多寡和质量好坏来衡量，后者可以通过水利旅游餐饮、交通、酒店等服务和产品的质量和数量来衡量。两者共同决定了水利旅游吸引力的强弱状态。

二 水利旅游吸引对象和吸引力的内涵分析

水利旅游吸引对象和吸引力是感知与被感知，影响与被影响的关系，即水利旅游吸引对象被水利旅游吸引力影响，如影响吸引对象是否决定出游；吸引对象能感知到水利旅游吸引力从而受到影响。水利旅游吸引力通过影响吸引对象来实现其本身的价值，水利旅游吸引力越强，吸引对象感知水利旅游就越深刻。

（一）水利旅游吸引对象解析

水利旅游吸引力作用的对象，或者说被水利旅游吸引物吸引的对象，就是水利旅游吸引对象。

水利旅游发展的过程，不可避免地受到政府和市场的影响。广义上水利旅游吸引对象可以分为三个方面：水利旅游需求方、供给方和水利行政主管方。狭义上仅包括水利旅游需求方，主要是旅游者。

水利旅游需求方是主要的水利旅游吸引对象。旅游者是水利旅游的需求方，是水利旅游吸引力作用的对象，在水利旅游文献中也经常出现，因此是水利旅游的主要吸引对象。旅游者被水利风景资源所吸引，产生审美休闲需求，被吸引到水利风景区进行水利旅游，这些参加水利旅游的旅游者，简称水利旅游者。水利旅游需求极易受到内外因素的影响而发生变化，这些因素包括闲暇时间、可自由支配收入、旅行社促销推介、黄金周到来、商务会展等。

关于水利旅游供给方是否是水利旅游吸引对象的说明。如第一章所述，我国的水利旅游开始于在20世纪80年代社会主义市场经济体制开始活跃的阶段，一些水利主管单位依靠水利工程、库区居民的农家乐，开展最初的旅游接待活动。他们决定水利风景区的门票价格、最大适宜游览量、水面旅游活动，开始出现水利旅游的雏形。到现在水利旅游供给方已涉及食、住、行、游、购、娱各个方面，包括水利风景区、酒店等，对水利旅游产品供给数量拥有初始控制权。可以认为水利旅游供给方是受水利旅游产生的经济效益而吸引的。但是水利旅游供给方一般不被认为是水利旅游吸引对象，这主要是因为有可能造成吸引物和吸引对象的混淆。水利旅游供给方本来就在水利旅游地，而不是被吸引由远处到达水利旅游地，所以大部分的研究都不认为旅游吸引对象包括旅游供给方，而是将旅游供给方划入旅游吸引物中。需要说明的是：吸引对象和吸引物是不同的两个概念。（1）吸引物是能对旅游者产生吸引力的、有形或无形的旅游资源、旅游产品或旅游商品。吸引物一定是具有被审美元素的。而吸引对象本身没有可供观赏或欣赏的审美元素，只能感知到吸引物的美感，被吸引物和吸引场吸引过来，即吸引对象本身不能产生旅游吸引力。（2）吸引物本身可以是有生命的或者无生命的；但吸引对象一定是有生命的，否则无法被吸引到水利旅游地进行旅游活动。（3）吸引物属于供给方的内容；吸引对象包括供给方和需求方，但大多数情况下，或者狭义上吸引对象是指需求方即旅游者。（4）吸引物的集合称为集聚，吸引对象的集合称为吸引量；集聚是一种物质状态，吸引量是一种数量关系。

（二）水利旅游吸引力解析

冈恩（Gunn）（1988）提出吸引物会产生一种磁性作用于旅游者，对旅游者产生吸引的力，即旅游吸引力，它包括旅游者偏好或兴趣、旅游吸引物的设计、发展或运作（the design, development and preferences of the tourist/visitor）①。而利珀·N.（Leiper N.）② 提出旅游吸引力是存在于旅游者、景点和（旅游）标识之间一种现实的关系和行为（He defined an attraction as "an empirical relationship between a tourist, a sight, and a marker-a piece of information about a sight"），认为旅游吸引物诱发旅游者的出游心理动机，形成一种推动旅游者接近旅游吸引物，转化成现实旅游活动的作用力，并将此称为旅游吸引力的作用机制。格雷格·理查兹③认为旅游标识或信息是旅游吸引力的重要组成部分。L. 安德里斯（L. Andries）④则认为文化才是旅游吸引力形成的主要原因。佛德尼斯（Fodnes）⑤ 等的研究中发现旅游信息和停留时间与旅游吸引力存在正相关关系。谌贻庆⑥认为，旅游吸引力的本质是旅游资源子系统与旅游客源市场之间在自然、经济、文化等方面的差异。由这些差异而产生的相互作用，就表现为目的地对旅游客源市场的旅游吸引力。旅游吸引力就是人们对挑战、冒险之渴望，或满足自尊、被承认的期望，或逃避现实、消除压力的欲望等内在"推力"与独特的旅游景观、新奇旅游活动项目、优质的旅游设施和旅游服务等外在"拉力"共同形成合力的结果。

---

① Leiper, N. . Tourist Attraction Systems. *Annals of Tourism Research*. 1990, 17: 367 – 384.

② Leiper, N. Big Success, Big Mistake, at Big Banana, Marketing Strategies in Roadside-Attractions and Theme Parks. *Journal of Travel and Tourism Marketing*. 1997, (6): 103 – 110.

③ Greg Richards. Tourism attraction systems: Exploring Cultural Behavior. *Annals of Tourism Research*. 2002, (4): 1048 – 1064.

④ L. Andries van der Ark, Greg Richards. Attractiveness of cultural activities in European cities: A latent class approach. *Tourism Management*, 2006, (6): 1408 – 1413.

⑤ Fodness, D., and B. Murray. Tourist Information Search. *Annals of Tourism Research*. 1997, 24: 503 – 523.

⑥ 谌贻庆：《旅游吸引力分析模型》，《企业经济》2005 年第 6 期。

无疑，旅游吸引力是抽象的，现实中可以沿用一段时间内的旅游人次、旅游花费，或者旅游停留时间来表示水利旅游吸引力。我国各省历年都统计了当地当年旅游人次和旅游花费，一般某旅游地旅游人次越多，该旅游地旅游吸引力越大，旅游花费越多，该旅游地旅游经济效益越好。除此以外，20世纪初，卡可蒙·J.L（Caccomo. J. L）提出用停留时间来表示旅游吸引力，因为旅游者到达旅游目的地后，如果满意度提高就会愿意在往后的假期中继续停留，此时代表该地对旅游者的吸引力上升[1]。同时得出了经验表达式：

$$\Delta BNI_t = \gamma_1 \Delta BNI_{t-1} + \beta_1 \Delta ARV_t + \gamma_2 \Delta ARV_{t-1} + \hat{\beta_2 \varepsilon_{t-1}} + c + u_t \qquad (2.1)$$

其中，BNI 是停留天数（bed-nights），ARV 是到访量（arrivals）。得到的经验值，分别是 $c \in [-0.002, 0.001]$，$\gamma_1 \in [-0.15, 0.2]$，$\beta_1 \in [1.06, 1.67]$，$\gamma_2 \in [-0.15, 0.36]$，$\varepsilon_{t-1} \in [-1.25, -0.45]$。

可以推想如果人们对水利旅游信息了解得越多，水利旅游吸引力有可能越大，旅游者在水利旅游地游览的时间有可能就越长；如果得到的水利旅游信息越能满足水利旅游者偏好，水利旅游对旅游者的吸引力越大，例如，旅游者正考虑或正面临饥饿和休息需要，若得到水利风景区附近有特色的餐馆或酒店的信息，此时满意度会提升，水利旅游吸引力增大（关于这个推想，将在第六章中进行假设检验）。

综上所述，笔者认为：

水利旅游是一种体验和经历，能让吸引对象获得身心满足的心理效益；水利旅游也是一种经济活动，通过提供各项旅游服务及商品，供给方可以获得经济效益，提供工作岗位；水利旅游更是一种社会交往的活动，增进人与人之间、不同地域文化之间的交流，水利旅游通过交流也能带来社会效益。这些心理效益、经济效益和社会效益是把人们卷入水利旅游的最终动力，因此水利旅游效益是水利旅游的核心吸引物。被卷入水利旅游中的人们，就成为水利旅游的吸引对象，换

---

[1] Caccomo. J. L., Solonandrasana B. L'innovation dans l'industrie touristique：enjeux et strat'egies, Paris, L'harmattan Journal of Evolutionary Economics. 2001, (2)：57-67.

第二章 水利旅游吸引系统的概念、内部关系和测算过程解析　　53

句话说就是吸引对象受到水利旅游效益的感召，形成一种推动力（从不同方向看又被称为"推—拉作用力"），产生一系列的活动。这种作用力这里称为吸引力，从需求方看，水利旅游吸引力会使人们萌发水利旅游需求，受到成本等主客观条件限制，水利旅游分成了三种层次和类型：游憩型、短线型、长线型。从供给方看，水利旅游吸引力会使水利主管部门、旅游管理机构从事水利旅游的资源开发、线路设计、宣传推介等活动，形成一系列的水利旅游供给活动。

为研究方便将水利旅游吸引力进行界定：

水利旅游吸引力包含了推拉两个方面的作用力，推力是指旅游者对水利旅游体验的心理动机，包括观赏水利工程景观、了解水利文化等的审美动机，这种审美动机推动旅游者向水利旅游地靠近；拉力是水利旅游地表现出来的水利旅游魅力，这种魅力向水利旅游地之外扩散，拉动旅游者来实现水利旅游活动。

三　水利旅游吸引半径和吸引量的内涵解析

在水利旅游吸引系统中，吸引半径和吸引量是相辅相成的，吸引半径越大，可以作为目标客源市场的区域越多，吸引量可能越高。

（一）水利旅游吸引半径解析

吸引半径与系统科学中的吸引域有相似的含义。吸引域是在空间中吸引子在自己周围划分出一定的势力范围，凡是以这个范围内的点为初态而开始的轨道都趋向于该吸引子，空间中这样的点集合，称为吸引子的吸引域（a domain of attraction）[1]。

吸引半径也与城市地理学中的城市吸引区有相同的意义。城市吸引区（an attractive aera）是指城市发展需要周围地域提供物质和能量等各种要素的交流，与城市关系最密切的区域即吸引区[2]。

在旅游研究中，吸引半径（attraction radiu）又经常被称为客源吸

---

[1] 许国志：《系统科学》，上海科技教育出版社2000年版，第63页。
[2] 尹虹潘：《城市规模、空间距离与城市经济吸引区——一个简单的经济地理模型》，《南开经济研究》2006年第5期。

引半径[1]、游客出游半径[2]和吸引范围等，通常是指某个旅游地的游客分布的范围。

以上关于吸引半径的表述，有吸引域、吸引区和吸引范围等，在本书中对这些同义词不加区分。吸引半径表述中强调了两方面意义：一是有吸引中心。这个吸引中心可以是吸引子、城市等明确的物质。二是吸引中心与吸引半径有密切关系，强调吸引力与距离、吸引范围不是松散关系，例如距离衰减、吸引中心的竞争对吸引半径影响等。

水利旅游吸引半径是指以水利旅游地为中心，能够吸引到旅游者前来进行水利旅游活动的平均距离。

这里强调了平均距离，而不是最远距离。因为根据距离衰减规律，随着距离的增加，水利旅游吸引力会衰减，在离水利旅游地较远的区域，虽然仍可能吸引到旅游者，但吸引到的旅游者数量已经不多，旅游者付出的交通等旅行成本较大，旅游者出游意愿较低。对于旅游供给方而言，由于对水利旅游目的地不熟悉，对这些较远区域的潜在旅游者进行宣传促销，成本较大，因此对水利旅游供需双方都已不经济。具体解析见后续第四章。

（二）水利旅游吸引量解析

"吸引量"的提法是受到王海鸿[3]的"旅游吸引力的量"的提法启发，将旅游吸引的量运用到水利旅游中，即探讨水利旅游吸引力能吸引到的量，在不引起混淆的情况下，下文简称水利旅游吸引量。水利旅游吸引量界定为：

水利旅游吸引量是水利旅游吸引力的衡量，受水利旅游的效用吸引，参与水利旅游供给或需求活动的潜在和现实吸引对象的集合。

但是，上述关于水利旅游吸引量的界定是广义上的，实践中通常用水利旅游吸引量狭义的定义，即忽略潜在的吸引对象，水利旅游吸

---

[1] 郭剑英、王乃昂、熊明均：《历史文化名城武威与敦煌的客源市场空间结构比较分析》，《干旱区资源与环境》2005年第2期。

[2] 李连璞、杨新军、赵荣：《"时空缩减"背景下客源市场空间分布及演变趋势分析》，《人文地理》2007年第1期。

[3] 王海鸿：《旅游吸引力分析及理论模型》，《科学·经济·社会》2003年第4期。

引量是现实吸引对象的集合。这是因为潜在的吸引对象难以明确识别。当今发达的网络社会，人们会通过网络来查询相关信息，如果对某样事物感兴趣会以上网检索的方式来了解，基于此考虑，笔者曾尝试把浏览过水利旅游或水利风景区网站的人群作为水利旅游潜在吸引对象，但是由于相关软件在统计一段时间内 IP 归属地浏览记录时受到网站限制；而且我国目前上网群体并没有覆盖全体居民，而是以城镇中青年为主要网络客户，统计范围也不完全具有代表性。基于种种原因，潜在吸引对象无法准确识别，因此下文关于水利旅游吸引量的论述，都忽略水利旅游潜在吸引对象，仅仅是指现实的水利旅游吸引量，不包括潜在的部分。具体解析详见本书第五章。

水利旅游的吸引对象包括需求方和供给方。在需求方面，水利旅游吸引量是指潜在或现实的水利旅游总人次。在供给方面，水利旅游吸引量是指水利旅游供给方潜在或现实的个体集合。例如，水利风景区、酒店等提供水利旅游食、住、行、游、购、娱六方面旅游产品的集合，这里一般选取水利风景区作为水利旅游吸引量供给方的代表。水利旅游吸引力越强，水利工程区向水利风景区转化的自愿程度就越强，当地劳动力从事旅游业的自愿程度也越强，水利工程区附近的产业结构向服务业转化的倾向也越强。具体解析详见本书第六章。

四 水利旅游吸引系统解析

水利旅游吸引物、吸引场、吸引力、吸引半径、吸引量和吸引对象都可以包括进水利旅游吸引系统之中，换言之，即水利旅游吸引系统是由水利旅游吸引力、吸引物、吸引场、吸引半径、吸引量和吸引对象构成的有机统一体，缺少任何一个都是不完整的。水利旅游吸引系统如图 2-1 所示。

图 2-1 水利旅游吸引系统有以下特点：

（1）水利旅游吸引系统特点是"一中心、一力、三节点、多方向"。

一中心是指水利旅游地，水利旅游地凭借丰富的水利旅游资源和众多的服务设施，产生独特的水利旅游魅力，对旅游者形成吸引

水利旅游地（吸引物、吸引场）
水利旅游吸引半径
水利旅游吸引力
水利旅游吸引量
水利旅游吸引对象（客源地）

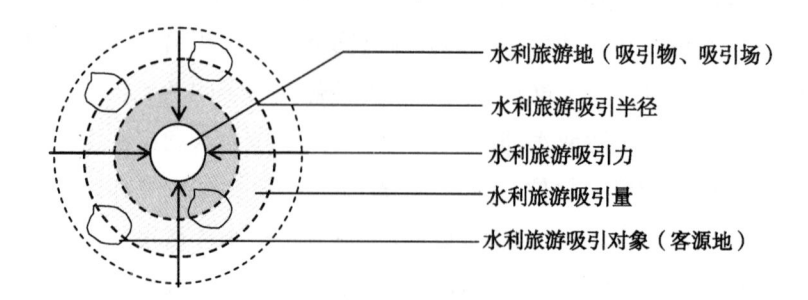

图 2-1　水利旅游吸引系统示意图

力；一力即指水利旅游吸引力。水利旅游吸引力是抽象的，需要用三节点来具体衡量，这三个节点分别是水利旅游吸引半径、吸引量和吸引对象。水利旅游吸引力旨在吸引旅游者，旅游者散落在水利旅游不同方向的客源地之内，因此多方向是指水利旅游能对东南西北各个方向的客源地产生不同程度的吸引力，将吸引对象吸引到水利旅游吸引系统的中心水利旅游地。在图 2-1 中表示吸引对象的点是内密外疏的，反映出随着吸引半径的增大吸引力逐渐衰退，吸引量也逐渐减少。

（2）对于本书而言，"水利旅游吸引系统"比"水利旅游系统"的提法更贴切。

关于旅游地与客源地之间的旅游主客关系，或者旅游者与旅游地之间的旅游人地关系前人都已经有所研究。无论是旅游的主客关系还是人地关系，都将旅游地、客源地和旅游者作为一个旅游系统进行研究。水利旅游也存在这样的主客关系或人地关系组成的旅游系统，也可以称为水利旅游系统，水利旅游系统与本书研究的水利旅游吸引系统既有相似性，又有差异性。

"水利旅游吸引系统"和"水利旅游系统"的研究范围具有相似性。车裕斌[1]认为旅游系统是指对旅游活动产生影响的所有要素的总

---

[1] 车裕斌、黄晚意：《区域旅游系统吸引力预测研究——以鄂东南地区旅游系统为例》，《世界地理研究》2003 年第 4 期。

和，旅游资源、旅游产品、旅游者、旅游企业、旅游交通、旅游政策环境对旅游系统吸引力都有不同程度的影响。在前人的旅游系统研究中也包含了旅游吸引力、客源地、旅游地、旅游者、旅游吸引物等的研究。在水利旅游吸引系统研究中也包含了水利旅游吸引力、吸引物等的研究，因此，水利旅游吸引系统和水利旅游系统的研究范围是相似的。

"水利旅游吸引系统"和"水利旅游系统"的研究侧重点不同。水利旅游吸引系统侧重于以水利旅游吸引力衍生的吸引半径、吸引量和吸引对象的研究，侧重于我国各地区水利旅游吸引力、吸引半径等的各自特征和一系列前后相关的测算，旨在研究新兴的水利旅游能影响到的客源半径以及水利旅游客源市场特征，为各级水利旅游地识别外部目标客源市场提供参考。水利旅游系统研究侧重于研究水利旅游系统整体性的研究，例如，将水利风景区、旅游交通、酒店、餐饮等一系列内容作为整体进行研究，极少考虑到吸引力、吸引半径和吸引对象之间的关系，因此两者的研究目的和侧重点不同，不能相互替代。以水利旅游吸引系统来涵盖吸引力、吸引半径、吸引量、吸引对象等内容，更便于形成一个特征明显的系统进行研究。

（3）水利旅游地是水利旅游吸引系统的中心地，水利旅游地形成水利旅游吸引力。

水利旅游地中包含水利旅游资源（水利旅游吸引物的一部分），如国家级水利风景区、水产美食、大中型水利枢纽设施和水利文化等，还包括水利旅游吸引场，即水利旅游服务设施，如水利管理机构，主要负责水利旅游资源的对外推广，为水利旅游资源争取申报评级，为水利旅游发展制定规划和战略。水利服务设施（水利旅游吸引场的一部分）还包括酒店、餐馆、销售中心等提供食、住、行、购、娱各项服务的企业。正是这些水利旅游吸引物和吸引场的要素组成了水利旅游地的特色和魅力，这种特色和魅力是吸引旅游者的重要因素，也是水利旅游吸引力的外在表现。

水利旅游地是水利旅游吸引系统的主要载体。水利旅游吸引力比较抽象，只有以具体的水利旅游地作为载体，才能确切地、直观地感知到什么是水利旅游。例如，向普通旅游者提及是否愿意参加水利旅游时，旅游者对水利旅游的感知是非常模糊的，有可能会因为感知模糊，而对水利旅游丧失兴趣。吸引力可以解释这种现象：即因为旅游者感知不到水利旅游是什么，所以水利旅游对旅游者没有吸引力。但是如果向普通旅游者提及是否愿意去宜昌欣赏举世闻名的三峡大坝，旅游者对三峡大坝的旅游感知是非常确切的。三峡大坝是我国最伟大的水利工程之一，这属于水利旅游。一些旅游者被宜昌三峡大坝所吸引，开始其水利旅游过程。因此，从这个意义上说，水利旅游吸引系统与水利旅游地是密不可分的，水利旅游地是水利旅游吸引系统的载体，同时它也是旅游者感知水利旅游的凭借。

由于水利旅游吸引系统以水利旅游地为主要载体，不同水利旅游地的水利旅游发展不平衡就决定了不同地区水利旅游吸引系统发展的不平衡。

（4）水利旅游吸引系统是水利旅游核心吸引物吸引各种要素进行水利旅游活动的过程。

水利旅游活动涉及旅游流、资源流、物质流和信息流的时空移动。水利旅游的吸引对象通常包括水利旅游者、水利水务主管部门、水利旅游组织和库区居民等，各对象从不同的侧面、以不同的程度对水利旅游过程产生影响，并因水利旅游活动过程统一为一个不可分割的整体。

（5）图2-1只是一种理想状态，该状态认为水利旅游在各个方向上的吸引力是均质的，忽略了江河、山川的阻隔造成的地理障碍，也忽略了不同客源地经济发达程度造成的出游障碍。

第二节　水利旅游吸引系统内部关系解析

水利旅游吸引系统是由水利旅游吸引物、吸引场、吸引力、吸引半径、吸引量及吸引对象组成的有机统一体。水利旅游吸引力是水利旅游吸引系统的主线，将水利旅游地和客源地相互连接起来，水利旅游吸引力又影响着吸引半径、吸引量和吸引对象的发展和变化。但水利旅游吸引半径、吸引量和吸引对象一旦形成，在一定历史条件下又具有各自独立性，正是这种独立性又保持了吸引半径、吸引量和吸引对象的稳定性，不易波动。这种稳定性是一种规律，如果能被人们识别和运用，能对水利旅游地的客源市场开发提供借鉴意义。因此，在理清水利旅游吸引系统内部关系时，不仅要重视水利旅游吸引系统的整体性，更要认清水利旅游吸引力在该吸引系统中的主导作用，把握吸引半径、吸引量和吸引对象的相互间既相对独立又紧密联系的关系。

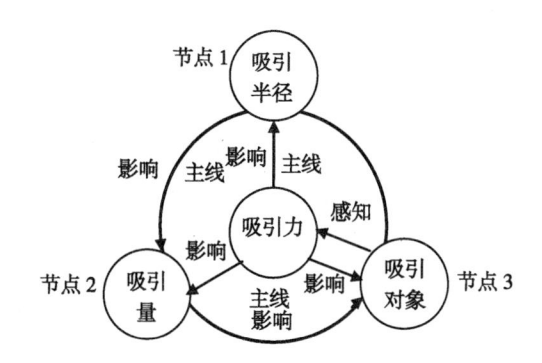

图 2-2 水利旅游吸引系统内部的一主线三节点关系

一 一主线三节点的关系

水利旅游吸引系统内部的总体关系可以概括成"一主线三节点"的关系：一主线是指水利旅游吸引力，三节点分别指水利旅游吸引半径、吸引量及吸引对象。

"一主线"是指水利旅游吸引力，它贯穿了水利旅游发展的始终，是水利旅游吸引系统得以发生、发展的关键性、串联性的核心内容，是水利旅游吸引系统的主线。具体而言，正是存在水利旅游吸引力，才会形成一定的吸引范围，即水利旅游吸引半径；在水利旅游吸引力发生作用的范围内，水利旅游资源特色吸引旅游者进行水利旅游活动，形成水利旅游流，即形成水利旅游吸引对象和吸引量。由此可见，水利旅游吸引力是决定水利旅游吸引半径、吸引量和吸引对象存在的关键因素和前提条件,水利旅游吸引力的大小直接影响着后三个节点的初始水平。

"三节点"分别指水利旅游吸引半径、吸引量和吸引对象。在此需要厘清几个问题,首先,"三节点"的顺序和地位问题。水利旅游吸引力在水利旅游吸引系统中居于核心地位,是起始因素;而吸引半径、吸引量及吸引对象属于从属地位,是衍生因素。明确了水利旅游吸引系统内部的主从地位后,对于属于从属地位的水利旅游吸引半径、吸引量及吸引对象而言,地位是基本平等的,不存在先后顺序。虽然为了研究方便,笔者论述时采用了吸引半径、吸引量及吸引对象这样的先后顺序,但这"三节点"在一定时空状态下是同时发生的,即在确定吸引范围的同时,范围内的客源地数量也确定了,基本上也确定了水利旅游人次的规模,水利旅游吸引对象也已清楚。其次,"三节点"的特征问题。"三节点"是水利旅游吸引力的具体表现,这是"三节点"的共同特征。水利旅游吸引力越大,吸引半径就越大,吸引量越多,吸引对象对水利旅游的感知就越深刻。但"三节点"衡量水利旅游的角度和单位又各不相同:吸引半径侧重于水利旅游吸引力的影响范围,从而通过此研究寻找到某一水利旅游地的目标客源地,以长度单位为主;吸引量侧重于水利旅游吸引力的影响数量,通过此研究能预估到可能的水利旅游人次数量,以人次为主要单位;而吸引对象侧重了解具体的单个旅游者特征对水利旅游吸引力的感知情况和满意度,通过此研究为水利旅游供给方提供客源的微观特征,采取相应经营管理措施进一步提高水利旅游吸引力,促进水利旅游的快速发展。最后,"三节点"的相互关系问题在下节中继续探讨。

二 相互影响又相对独立

水利旅游吸引系统是由水利旅游地、客源地及两者间的媒介组成的有机系统。在此系统中,水利旅游地的水利旅游吸引物和吸引场相互作用,形成水利旅游地的综合魅力,对旅游者形成一定的吸引力,即水利旅游吸引力;然后水利旅游吸引力形成了一定的势力范围和影响数量,即水利旅游吸引半径及吸引量。因此，水利旅游吸引系统中的各组成部分是相互联系，环环相扣逐渐衍生的动态系统。马克思的辩证唯物观认为：世界万事万物之间都是有联系的，这种联系又是对立统一的。水利旅游吸引系统也不例外，系统内部的组成部分是对立统一的，相互影响的过程中又各自保持着自身的独立特色，以区分自身与其他事物。

（一）系统内组成部分相互影响

在水利旅游吸引系统中，先有水利旅游吸引力才有水利旅游吸引半径、吸引量及吸引对象，因此水利旅游吸引力是其他三个产生的必要条件。同时，水利旅游吸引半径等三个节点对水利旅游吸引力有反作用，这反作用包括正向和负向的共同作用（如表2-1所示）。在后文第四章论述中将说明水利旅游吸引半径并非完全由水利旅游吸引力决定，吸引半径缩小，对水利旅游吸引力有一定的负面影响，但很有可能负面影响较小以至于可以忽略不计，因此仍需具体问题具体分析。从前文的相关概念阐述中已知，水利旅游吸引对象的集合是水利旅游吸引量，水利旅游吸引量分布在水利旅游吸引半径的范围之内，因此，水利旅游吸引系统的各组成部分又存在相互交叉包含的关系，因此能相互影响。

表2-1　　水利旅游吸引系统中各组成部分的两两相互影响关系

相互关系	吸引力	吸引半径	吸引量	吸引对象
吸引力	/	反作用	反作用	反作用
吸引半径	必要条件	/	反作用	反作用
吸引量	必要条件	必要条件	/	反作用
吸引对象	必要条件	范围	集合	/

说明：以横轴对纵轴为准，如第三行第二列格中的"必要条件"是指：水利旅游吸引力是水利旅游吸引半径存在的必要条件，以此类推。

（二）系统内组成部分相对独立

水利旅游吸引力是水利旅游吸引半径、吸引量及吸引对象存在的前提和原因，水利旅游吸引半径、吸引量和吸引对象的后续发展仍与水利旅游吸引力密不可分，但还会受到所处不同环境条件的其他因素影响，从而各自发生变化，使得水利旅游吸引半径、吸引量和吸引对象的变化程度不一，各自相互独立变化，因此根据它们的独立特性也有各自不同的测算过程。

第三节　水利旅游吸引系统的测算过程解析

水利旅游吸引系统的测算过程可以分解成四大子系统进行测算，分别是水利旅游吸引力的测算、水利旅游吸引半径的测算、水利旅游吸引量的测算和水利旅游吸引对象的测算四个方面。这四个方面的测算过程以水利旅游吸引力为主线，但又各有侧重点、研究方法和基础理论的应用等相对独立。

水利旅游地是水利旅游发生的区域，这个区域的单位尺度有大小，如果以省一级水利旅游地为单位，那么是大尺度，这个分析结果比较宏观、具有一般性但不具体；如果以市一级或县一级水利旅游地为单位，那么是中小尺度，分析市一级或县一级水利旅游地的水利旅游吸引力结果具有地域性、微观特点，不一定具有一般性。水利旅游吸引力、吸引半径和吸引量的测算以大尺度宏观分析为主，水利旅游吸引对象的感知测算则以中尺度微观分析为主，具体测算过程说明如下。

一　水利旅游吸引系统中吸引力测算简析

对水利旅游吸引力的测算，首先要回答水利旅游吸引力是如何产生的，其次要回答水利旅游吸引力的现状如何，最后要回答水利旅游吸引力是否随着时间推移，发生一定的变化。这一系列过程遵循了水利旅游吸引力的产生—发展—变化的演化路线。

具体而言，水利旅游吸引力的产生从旅游和水利两方面展开，研究方法以历史和文献叙述为主，以此说明水利旅游及其吸引力的产生。水利旅游吸引力现状的研究从建立水利旅游吸引力评价指标体系入手，研究方法以指标体系构建和实证评价为主，以此来说明我国水利旅游吸引力发展的各地区不平衡的现状。水利旅游吸引力变化是在得到水利旅游吸引力测算结果的基础上进行研究的，研究方法是将两个不同年份的水利旅游吸引力进行对比，以此来说明近年来我国水利旅游吸引力变化趋势。具体过程将在第三章阐述。

二 水利旅游吸引系统中吸引半径测算简析

根据距离衰减规律，吸引力会随着距离的增加而减弱。此外，根据旅游者行为规律，如果旅行成本太高，出游意愿会随着旅游成本的上升而下降，旅游吸引力也会随之减弱。对于水利旅游也不例外，水利旅游吸引力也会随着吸引半径、旅游成本的上升而下降，因此在研究水利旅游吸引系统的吸引半径时，主要考虑水利旅游吸引力和旅游成本对水利旅游吸引半径的影响。研究方法是在水利旅游吸引力的研究基础上，引入旅游成本因素进行理论建模和实证测算，以此来推导水利旅游吸引半径的理论表达式和我国各地区水利旅游吸引半径的差异性，为各地区水利经济和旅游规划部门提供客源市场的参考依据。具体过程将在第四章详细阐述。

三 水利旅游吸引系统中吸引量测算简析

水利旅游吸引力、吸引半径是水利旅游吸引系统在不同角度和侧面的反映，对前两者进行测算，也是水利旅游吸引系统不同侧面和角度的测算，其结果具有一定现实指导意义。但是仍然不够完整。在水利经济和旅游经济中，旅游人次决定了旅游效益，旅游效益又直接决定了旅游或水利供给部门最关心的业绩情况，一定时期内的水利旅游人次总量是水利旅游吸引量的主要部分，因此要完成在宏观层面对我国水利旅游吸引系统的测算，还必须对水利旅游吸引量进行测算。

水利旅游吸引量测算比吸引力和吸引半径的测算稍复杂，涉及水利旅游地和客源地之间的相关影响因素。对水利旅游吸引量测算，首先要回答水利旅游吸引量所包含的类型及各类型的特征，其次要回答水利旅游吸引量的影响因素，其中包括水利旅游吸引力、客源地等因素。具体过程将在第五章详细阐述。

四 水利旅游吸引系统中吸引对象测算简析

水利旅游吸引系统中吸引对象的测算，是在水利旅游吸引量的基础上进行微观分析，以了解吸引对象对水利旅游吸引力的感知和对水利旅游的满意度，是水利旅游吸引系统中唯一的微观分析，前述的水利旅游吸引力、吸引半径及吸引量都属于宏观层面的分析。宏观层面分析有利于水利旅游供给方和政府部门的宏观规划布局，而微观分析有利于水利旅游供给方的微观经营管理决策。

既然属于微观分析，水利旅游吸引对象测算的研究方法采用社会学问卷调查法进行，旨在采集关于吸引对象对水利旅游吸引力的感知和对水利旅游的满意度信息，并进行测算。具体过程将在第六章详细阐述。

本章小结

本章旨在为后续章节搭建理论框架，主要内容是解析水利旅游吸引系统。首先对水利旅游吸引系统的相关概念进行界定，包括水利旅游吸引对象、吸引力、吸引半径等，在此基础上引入水利旅游吸引系统，并进行概念解析。其次，分析了水利旅游吸引系统的内部关系，即一主线三节点关系，系统内部各组成部分既相互联系又相对独立的关系。最后，简要说明水利旅游吸引系统测算的具体思想及过程。

第三章　水利旅游吸引力理论模型和实证评价

水利旅游吸引力是水利旅游吸引系统的主线,对水利旅游吸引力的研究,在理论上能丰富和发展旅游吸引力的研究内容,在实践中能了解各地水利旅游的竞争情况,如水利旅游吸引力强的地区,竞争力较大。

本章的研究思路分为三步:第一步,阐述水利旅游吸引力的产生。第二步,在水利旅游吸引物和吸引场中,寻找关键因素建立水利旅游吸引力评价指标体系,对我国 30 个省进行评价,得出各省水利旅游测算结果,找出水利旅游发展较好的地区。第三步,通过不同年份的对比,了解近年来水利旅游吸引力趋强或趋弱的变化情况。

第一节　水利旅游吸引力产生

李锋认为国家政策的支持、丰富的水利旅游资源、人们日益增加的收入和休闲时间、人们休闲观念的转变是我国发展水利旅游的四大基石[①]。水利旅游吸引系统是围绕水利旅游展开的,我国水利旅游吸引力的产生是以水利旅游的发展为前提的,水利旅游的发展需要一定的条件,例如,水利风景区的出现、人们生活水平的提高,从而带动休闲、旅游需求的旺盛发展等,这些都属于与旅游业有关的条件。另一方面,水利旅游涉及的水利工程,还担负着防洪、灌溉、调节水位、水力发电、生态养殖等多重功能,发展水利

---

① 李锋、张德进:《浅谈我国发展水利旅游的四大基石》,《海河水利》2003 年第 3 期。

旅游获得的效用高于这些其他任务时，水利旅游才能在水利经济中有更大的发展空间。

下文从旅游条件、水利条件两个方面回顾水利旅游的发展过程，以说明水利旅游吸引力由无到有的过程。

一 旅游条件

从宏观看，进入21世纪后我国旅游需求和旅游供给都得到较大发展，旅游吸引力增大，尤其是水利旅游也开始蓬勃发展，水利风景区从无到有，在近十年的时间里，我国国家级水利风景区增长到300多家，省级水利风景区超过1000家。在全国旅游需求日益旺盛，旅游供给不断增加的大环境中，许多水利工程主管单位看到了机遇，在巩固水利本业的同时积极发展水利旅游业，由水利社区向水利景区转化。

（一）社区景区化与景区社区化

水利规划是为了防治水旱灾害，合理开发利用水土资源而制定，水利工程的选址和建设是有一定限制条件的，例如，担负城市水源地任务的水库选在人口密度较小，人为干扰较少，原始生态环境保护较好的河流上游地区。水利工程一旦建成与其附近景观的存在性就不以人的意志为转移了，以水利工程管理单位为核心，水利工程及附近景观就成为了一个社区，这个社区内有可能包含着极具审美特征的水利旅游资源或其他旅游资源。如果社区主体愿意开发水利旅游，划定开展水利旅游的范围，进一步确定水利风景区名称、进行功能分区、制定水利旅游发展规划，修建游览步道、完善旅游设施、开发水利风景区导游词和商品、景区宣传造势等。这一系列过程就把水利社区开发成了水利风景区，完成了社区景区化的过程。

截至2010年底，我国共评定了十批423个国家级水利风景区，平均每省是13.6个，但国家级水利风景区空间分布呈现非均衡的特征。河南国家级水利风景区数量最多，共29个，西藏自治区最少是0个。按均值的倍数划分各地区国家级水利风景区规模大小，可得到三组，第一组大于 20 个，第二组大于 20 个小于 10 个，第三组小于 10 个[1]，排列后得到表 3－1。

表 3－1　　我国各省国家级水利风景区数量

（截至 2010 年，共 423 家）

国家级水利风景区数目 A	省（数量单位：个）
A ≥ 30	山东 50、河南 34（共 2 省）
30 > A ≥ 15	江苏 23、浙江 22、黑龙江 22、湖南 21、安徽 21、内蒙古 20、江西 19、新疆 18、甘肃 18、陕西 15（共 10 省）
A > 15 ≥ 0	河北 14、吉林 14、云南 12、贵州 10、湖北 12、辽宁 7、四川 7、山西 11、福建 8、广东 7、宁夏 4、广西 4、上海 4、青海 10、北京 3、天津 2、海南 2、重庆 8、西藏 1（共 19 省）

表 3－1 显示，河南、山东国家级水利风景区超过 30 个，数量较多，内蒙古、新疆、江苏、浙江和湖南等地区国家级水利风景区数量也超过了 15 个。如果按水资源总量来看，2008 年河南水资源总量是 465.2 亿立方米，山东水资源总量是 387.1 亿立方米，分别排在全国的第 18、19 位；如果按人均水资源来看，2008 年河南人均水资源总量是 496.1 亿立方米，山东资源总量是 414.6 亿立方米[2]，分别排在全国的第 24、25 位，因此并非水资源丰富的地区水利风景区数量多，相反地，为了解决水资源对经济发展的瓶颈，水资源相对不足的地区修建了大量水利工程设施，如山东大型水库 32 座、中型水库 134 座和小型水库 5000 多座，并有众多的拦河坝闸，许多大中型水利工程依山傍水，风景优美[3]，这些水利工程设施又成为水利风景区依托的基础。

如果没有成为水利风景区，客源地潜在旅游者就无法获得相关水

---

[1] 丘萍、章仁俊：《国家级水利风景区分布及影响因素研究——基于空间自相关和固定效应模型的实证》，《统计与信息论坛》2009 年第 5 期。

[2] 中华人民共和国国家统计局：《2008 年中国统计年鉴》（光盘版），中国统计出版社 2008 年版。

[3] 崔千祥、崔丽中、王福忠等：《发展山东省水利旅游的探索》，《山东农业大学学报》（自然科学版）2005 年第 4 期。

利旅游信息，水利旅游吸引力很小或几乎没有，水利旅游就无法实现，水利工程管理观念就仍然停留在工程水利而不是资源水利的陈旧观念中，造成水利风景资源的闲置与浪费。一部分水利工程及其附近自然人文景观属于国有资产，具有部分公共产品的特征及公益性，在一定条件下有公益免费开放的要求，像普通社区一样可以自由出入，限制门槛比较低，这就是景区社区化过程，并非是水利旅游过程的倒退，相反水利旅游吸引力仍然是增长的。例如，依托城市防洪设施结合城市公共绿地建成的水利风景区，取消门票限制开放式管理，成为周边市民及外地旅游者的休闲去处，例如南京的外秦淮河景区，平常周末日接待量达到 2 万人次。还有一种景区社区化的情况，当水利风景区已经陈旧，或者水利工程设施已经接近使用年限后，水利风景区景观已不足以收取门票而演变成公共绿地，允许其他商业或社会组织或市民自由进入，这个时候已经和普通社区无太大差异了。

（二）旅游需求旺盛

随着我国经济快速发展，人们可自由支配收入及闲暇时间的增多，国内旅游人次、出游率逐年提高。在我国历年的城镇居民国内旅游抽样调查中，按照出游目的可以将旅游分为观光游览、探亲访友和商务旅游三类。为了了解全国旅游需求发展状况，选取了国内旅游人次、国内旅游花费、人均旅游花费、人均停留时间（天）、城镇居民人均可支配收入（元）、出游率、观光游览比例共 7 个指标进行说明，得到表 3-2。

表 3-2　　2000—2009 年全国旅游需求方状况表

年份	国内旅游人次（亿人次）	国内旅游花费（亿元）	人均旅游花费（元）	人均停留时间（天）	城镇居民人均可支配收入（元）	出游率（%）	观光游览比例（%）
2000	7.44	3175.50	426.60	3.60	6280.00	—	—
2001	7.84	3522.40	449.50	4.70	6859.60	—	39.90
2002	8.78	3878.40	441.80	6.40	7702.80	—	39.30
2003	8.70	3442.30	395.70	7.48	8472.20	100.57	41.70
2004	11.02	4710.70	427.50	7.32	9421.60	126.60	41.80
2005	12.12	5285.90	436.10	7.54	10493.00	135.09	45.00

续表

年份	国内旅游人次（亿人次）	国内旅游花费（亿元）	人均旅游花费（元）	人均停留时间（天）	城镇居民人均可支配收入（元）	出游率（%）	观光游览比例（%）
2006	13.94	6229.70	446.90	8.21	11759.50	156.70	42.60
2007	16.10	7770.60	482.60	8.54	13785.80	122.50	42.80
2008	17.12	8749.30	511.00	—	15780.80	129.60	27.30
2009	19.02	10183.69	535.40	—	17174.70	143.20	28.90
均值	12.21	5694.85	455.31	6.72	11272.22	130.61	38.81
平均增长	11.23%	14.49%	2.71%	13.91%	11.85%	7.17%	-2.84%

数据来源：《中国旅游业统计公报》（2000—2010）和《旅游抽样调查资料》（2000—2010）整理，"—"表示当年资料未统计。

由表 3-2 可以看出：

（1）进入 21 世纪，我国旅游需求增长较快，出游率逐年上升。在表示旅游需求的指标中，国内旅游人次平均年增长 11.23%、国内旅游花费平均年增长 14.49%、人均停留时间平均年增长 13.91% 都超过了城镇居民可支配收入年均增长率 11.85%，这表明我国旅游需求增长比收入增长速度更快。

（2）中短途旅游为主。虽然我国旅游需求增长较快，但人均旅游花费年平均增长仅 2.71% 也是事实，这说明人们旅游花费增长不多，按年人均旅游花费 500 元以内（人均旅游花费最低是 2003 年 395.70 元，最高是 2009 年 535.40 元，历年平均值 455.31 元）来看，我国国内旅游仍以中短途旅游为主。

（3）旅游需求也存在波动。2003 年的非典型肺炎公共安全事件，严重打击了国内旅游业的发展，2003 年国内旅游人次、旅游花费等指标都比 2002 年有所下降。但 2004 年以后，被抑制的旅游需求得到释放，国内旅游人次和旅游花费快速恢复保持上升趋势不变。

（4）物质生活水平的提高是旅游需求旺盛的原因之一。我国城镇居民人均可支配收入从 2000 年初的 6280 元增长到 2009 年的 17174.70 元，已将近翻了一番，而且居民出游率也由 2003 年的

100.57%增长到2009年的143.20%。这说明了一个客观事实：随着我国人民物质生活水平的提高，旅游已经成为人们放松身心休闲的重要方式，2003年以来我国旅游人次以每年1亿的速度增长，年均38.81%的旅游者纯粹以观光游览为主要目的。

（三）旅游供给增加

随着可持续发展和以人为本理念的深入人心，城乡经济得到协调发展，旅游基础设施得到改善，提高了旅游供给能力。从旅游景区、旅游酒店、旅游交通和旅行社四个方面来看我国旅游供给能力的基本状况，其中旅游景区选择国家级水利风景区数量、国家4A级景区数量作为具体指标，旅游酒店选择星级酒店数量作为具体指标，旅游交通选择公路里程、铁路、民航运输量作为具体指标，旅行社选取旅行社总数和从业人员作为具体指标，将2000—2009年的旅游供给状况汇入表3-3中。

表3-3　　　　　　　　2000—2009年全国旅游供给状况

年份	国家级水利风景区数量（个）	国家4A级景区数量（个）	星级饭店数量（个）	等级公路里程（万公里）	民航运输量（万人次）	铁路运输人次（万人次）	旅行社总数（个）
2000	0	0	6029	122	6722	105073	8993
2001	18	231	7358	134	7524	105155	10532
2002	55	361	8880	138	8594	105606	11552
2003	85	444	9751	144	8759	97260	13361
2004	139	487	10888	152	12123	111764	14927
2005	192	671	11828	185	13827	115583	16245
2006	234	753	12751	228	15968	125656	17957
2007	272	895	13583	254	18576	135670	18943
2008	314	1041	14099	278	19251	146193	20110
2009	370	1188	14237	306	23052	152451	20399
均值	168	607	10940	194	13440	120041	15302
平均增长	54.14%	23.53%	10.22%	10.96%	15.08%	4.41%	9.63%

资料来源：根据《中国统计年鉴》（2000—2010）、《中国旅游业统计公报》（2000—2010）及国家旅游局网站资料整理。

（1）我国景区品牌提升较快。国家4A级旅游景区的数量从无到将近1000家，增长较快，AAAA级景区是我国级别最高的旅游景区[①]，4A级景区数量的增加表明我国景区质量的提升。国家级水利风景区是水利旅游资源的典型代表，国家级水利风景区2001年开始评定，截至2007年已经增加到272家，年平均增长率是71.41%，每年都有40家左右的新国家级水利风景区通过评审。水利旅游资源转化成水利风景区供给的速度较快。(2)酒店、交通、旅行社稳步发展。我国星级饭店、交通状况和旅行社的增长速度在10%以上，表明旅游供给保持上升趋势。至2007年我国星级饭店总数已经达到13583家，旅行社18943家，旅行社从业人员23.09万人次，几乎比2000年翻了一番，旅游供给数量稳步提升。在20世纪80年代，交通曾经是旅游业发展的瓶颈，经过20多年的建设，我国交通得到极大的改善，随着人们生活水平的提高，私家车、航空运输已经不再是奢侈品，我国的民航运输量从2000年的970.54万人次增长到2007年的2791.70万人次，增长了两倍。私家车普及带动了自驾车旅游市场的兴起，等级公路是自驾车旅游的基础条件，等级公路里程也以平均每年11.33%的速度增长，至2009年我国等级公路里程达到306万公里。铁路运输是大多数人选择的交通方式，动车组、高速铁路的运行，缩短了旅行时间增加了客运量，改善了人们出游的条件。通过近几年数据的回顾，可以发现我国国内旅游需求和旅游供给都呈现上升态势，水利旅游的需求和供给也蕴藏在国内旅游的需求和供给之中开始发展。不同的是，水利旅游的发展还需要水利经济方面的支持，因此水利条件也是水利旅游发展，水利旅游吸引力增强的必要条件之一。

二 水利条件

旅游者求新求异、放松身心的心理诉求，是水利旅游需求兴起的原因之一，也是人们能感知到水利旅游吸引力的主观原因。水利旅游

[①] 2008年5A级旅游景区公布，表3-3的数据截至2007年，因此就当时而言4A级旅游景区已经是最高级别的景区。

带来的经济效益、社会效益和环境效益是水利旅游供给能获得的效用，但水利旅游并不是水利工程及其所属水资源、生物资源创造效益的唯一途径。水资源、生物资源及水利工程资源是有限的，创造资源效益的途径不是唯一的，在水利经济中必然存在竞争。

（一）水利经济的竞争性

水利经济结构指的是水利经济主体各部门之间的比例关系。从经济活动的形式来分包括：社会公益型产业部门、有偿服务型产业部门和生产经营型产业部门。社会公益型产业部门指的是防洪和除涝等；有偿服务型主要指的是受产业政策影响的基础产业部门，如农业灌溉；生产经营型主要指的具备企业性质，有持续固定的产品产出，可以参与市场竞争的生产部门，如水电、供水、旅游等[1]。

水利部门开始经营水利旅游是水利产业市场化发展。水利工程属于公共产品，投资大，为了避免水利工程周围水土资源因闲置而浪费，对生产经营型水利经济产业部门，适宜以企业的形式运营自负盈亏。水利旅游业属于生产经营型产业，能通过门票、餐饮、住宿和娱乐等收入形成水利旅游的经济效益，旅游作为低技能高密度服务性行业特征，能吸纳当地富余劳动力就业，从这个层面而言水利旅游能形成社会效益。

但是水利旅游在水利多种经营中竞争优势较小。以湖南邵阳水利经济为例，2006年邵阳水利旅游收入2000万元，占水利经济收入的3%；供水收入4000多万元，占水利经济的7%；小水电收入4.86亿元，占水利经济收入的81%，假设水利经济的主体是经济人，毫无疑问利用水利及周边条件选择发展小水电。虽然旅游业被誉为无烟工业、朝阳产业，在《水利产业政策》中也将"发展水利旅游业"列为优先发展的重要产业之一[2]，但由于仅仅有防汛抗旱、农田水利专

---

[1] 徐明、崔延松：《水利经济技术管理概论》，河海大学出版社2003年版，第216页。

[2] 尹春华、阳成武：《邵阳水利经济发展重点及优劣势分析》，《湖南水利水电》2008年第6期。

项补贴资金,缺乏对水利旅游的资金支持或补贴,无法形成政府支持的示范引导作用,加之水利旅游收益太小(仅占3%),因此水利旅游在水利经济结构中不具备竞争力,发展滞后。

为了了解全国水利旅游在水利经济中的竞争状况,收集了1998—2007年10年的相关数据,包括水利旅游收入、水利经营总收入、水电生产量、供水量、生态用水量和中型水库数共6类数据,如表3-4所示。

表3-4　　　　　　　　水利经济的收入结构

年份	水利旅游收入（亿元）	水利经营总收入（亿元）	所占百分比（%）	水电生产量（亿kw.h）	供水量（亿立方米）	生态用水（亿立方米）	中型以上水库数（个）
1998	8.83	1256.09	0.70	2080.00	5470.00	—	2956
1999	6.38	1264.76	0.50	2038.10	5613.00	—	3073
2000	4.44	1173.50	0.38	2224.10	5497.60	—	3124
2001	5.17	1038.80	0.50	2774.30	5567.40	—	3169
2002	4.89	1098.33	0.45	2879.70	5497.30	72.50	3226
2003	5.60	1038.33	0.54	2836.80	5320.40	79.50	3280
2004	5.66	1091.81	0.52	3535.40	5547.80	82.00	3329
2005	7.50	1111.80	0.67	3970.60	5633.00	92.70	3404
2006	5.74	1092.80	0.53	4357.90	5795.00	93.00	3482
2007	4.92	1217.74	0.41	4852.60	5818.70	105.70	3603
2008	—	—	—	5614.00	5716.00	104.00	3710
2009	—	—	—	5055.00	5933.00	108.00	3803
均值	5.91	1138.40	0.52	3518.18	5617.43	92.18	3346.58
平均增长	-4.09%	-0.11%	-3.27%	8.90%	0.77%	6.01%	2.32%

资料来源:1998—2010年《全国水利发展统计公报》。"—"表示当年资料未统计。中型以上水库指库容规模在1000万立方米以上的水库;生态用水仅包括部分河湖、湿地人工补水和城市环境用水。

由表3-4可见:(1)水利旅游收入在水利经营总收入中所占比例非常小,1998—2009年平均比例仅0.52%,占水利经营收入中主要部分的仍然是城乡供水收入和水力发电收入。在 1998 年全国水电生产量是 2080 亿千瓦时，截至 2007 年全国水电生产量达到 4852 亿千瓦时，是十年前的两倍，由于水电是可再生的清洁能源，水电生产成本较低，水电站建设积极，2006 年和 2007 年的水电收入分别是 244.01 亿元和 279.55 亿元[①]，分别占当年水利经营收入的 22.33% 和 22.96%，水电收入是水利经营收入中的第一主要来源。供水量在 1998—2007 年一直围绕在均值 5576.02 亿立方米上下波动，2006 年和 2007 年的供水收入分别是 165.69 亿元和 177.74 亿元[②]，分别占当年水利经营收入的 15.16% 和 14.60%，供水收入是水利经营收入的第二主要来源。水电效益高，水电事业发展比较活跃，供水涉及民生不可或缺，历年的水电收入都占我国水利经营收入的 20% 以上，供水收入占我国水利经营收入的 15% 左右，水利旅游收入占我国水利经营收入约 0.52%，显然水利旅游对水利经济的贡献是无法与水电或供水相提并论的，水利旅游在水利经济中的竞争力非常弱。水利旅游经济效益太低，因此水利供给方对水利旅游效益并不关注，而且接待过多的旅游者也会对水及水工程的安全造成影响，同时也由于水利部门开发水利旅游的经验不足，从"吃皇粮"的水利岗位转移到"看人脸色"的旅游服务性岗位，适应期太短，导致水利旅游开发主观能动性不强，旅游基础设施不全、水利旅游规划工作不实、经营水平不高、融资渠道不宽等一系列问题[③]。

（2）水利生态日益受到重视，水库资源丰富，推动水利旅游发展。

生态用水仅包括部分河湖、湿地人工补水和城市环境用水，是维持水生态平衡的重要手段，我国生态用水量以年均 7.97% 的比例逐年增加，截至 2007 年生态用水量已经超过 100 亿立方米，可持续发

---

① 2007 年《全国水利统计公报》。
② 黑龙江统计局，曲伟（主编），《黑龙江年鉴》，黑龙江年鉴社 2005 年第 235—244 页。
③ 尹春华、阳成武：《邵阳水利经济发展重点及优劣势分析》，《湖南水利水电》2008 年第 6 期。

第三章 水利旅游吸引力理论模型和实证评价

展观念受到重视。水库是主要水利工程之一，以年均 2.23% 的速度增长，至 2009 年年底我国大中型水库已达 3803 座。

引入竞争态的概念进一步研究水利旅游近年来的发展趋势。首先，分析水利旅游与水利经济的其他部分进行对比，目的是了解近十年水利旅游、水力发电和水利供水的增长过程，分析水利旅游在水利经济发展中是否有竞争力。其次，引入竞争态函数，分析水利旅游所处的竞争状态，并应采取的市场竞争对策。市场竞争态函数[①]可以用市场增长率和市场占有率来表示，公式为：

$$A_i = \frac{M_i - M_{i-1}}{M_{i-1}} \times 100\%, \quad B_i = \frac{M_i}{\sum_{i=1}^{n} M_i}, \quad i = 1, 2, \cdots, n \quad (3.1)$$

其中：A_i 表示第 i 年市场增长率；M_i 表示第 i 年的水利旅游收入；M_{i-1} 表示第 $i-1$ 年的水利旅游收入；B_i 表示第 i 年市场占有率。

按照公式（3.1）和表 3-4 中水利旅游收入的数据，得到水利旅游竞争态，如图 3-1 所示。一般而言，市场增长率越高，该市场发展潜力越大，市场占有率越大，成为市场主导者的概率越大。用水利旅游收入增长率来代表市场增长率，用水利旅游收入占水利经济收入的比重来代表市场占有率，得到水利旅游竞争态，如图 3-1 所示，并用水利旅游收入占水利经济收入的平均比重 0.52% 作为市场分界线。

结果表明：水旅游发展不稳定。假设公布数据的统计口径、方式准确的条件下，1999—2007 年，水利旅游有三年处于高增长高市场份额的明星市场，分别是 2003 年、2004 年和 2005 年；另外四年处于低增长低市场份额的瘦狗市场：分别是 1999 年、2000 年、2002 年和 2007 年。我国水利旅游处于明星市场和瘦狗市场的概率较大，有两极分化的态势，尤其是近年来出现在瘦狗市场的概率大。根据竞争态（也称波斯顿矩阵）原理，瘦狗市场应采取撤退性战略，减少投资，缩小规模，将投资转移向其他产业，但明星市场完全相反，采取扩张

---

① 刘宏盈、马耀峰：《基于旅游流转移视角的云南入境旅游发展历程分析》，《旅游学刊》2008 年第 7 期。

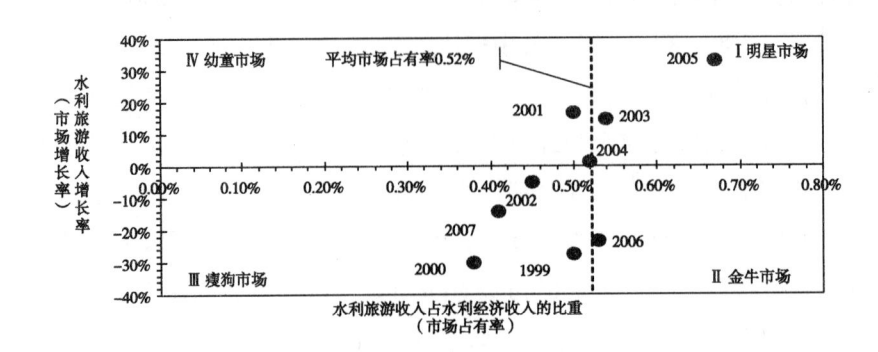

图 3-1 水利旅游竞争态

性策略①。这说明对于水利旅游的发展有必要采取优胜劣汰的策略，不需要水利旅游在全国全面发展，而是在水利旅游发展较好的地区扩大规模，增强这些地区水利旅游吸引力，促进水利旅游收入的增长，淘汰掉一批经营不善，长期处于亏损的水利旅游经营单位。

（二）水利景观的竞争性

早在 2001 年国家水利部就开始国家级水利风景区申报评定工作，在 2001 年水库型水利风景区占到国家级水利风景区的 88.89%，然后逐年减少，到 2008 年水库型水利风景区仅占到国家级水利风景区的 30.95%。造成减少的其中一个原因是水利工程的正常运行与水利旅游发展的不协调导致。例如，水源地型水库一般位于风景优美生态环境保护完好的地区，虽然水利旅游吸引力很大，但同时担负着向重要城市供水和应急补水的任务，例如，水库向北京集中输水，会无暇顾及水利旅游的发展。当洪峰过境等水利工程正常行使其调节水位功能时，也会和水利旅游的发展相矛盾。例如 2006 年是长江枯水年，2006 年 6—7 月由台风派比安、格美造成了汛期洪水，安徽淮南山区、广东东江上游、山东半岛发生较大洪水过程，安徽佛子岭水库（国家级水利风景区）、广西北海洪潮江水库（国家级水利风景区）

---

① 李景宜、孙根年：《旅游市场竞争态模型及其应用研究》，《资源科学》2002 年第 6 期。

等大型水利工程在拦洪错峰中发挥了重要作用,减轻了下游的防洪压力[1],但也错过了水利旅游的最适宜期,导致水利旅游收入锐减。因此考虑到水利工程和水利旅游的协调性,近年来水库型水利旅游景观申报评定国家级水利风景区的增长速度已经趋缓。

水利景观多元化发展格局呈现。近年来湿地型水利风景区、城市河湖型水利风景区异军突起,在国家级水利风景区的比例从2001年的0增加到2008年的30.95%[2],形成了国家级水利风景区水库型、自然河湖型、城市河湖型和湿地型"三分天下"的局面,水利景观呈现多元化发展的趋势。城市河湖型水利景观建设的初衷是为了治理城市主要河流及沿岸脏乱差,结合防汛抗旱工程,提高人口密度高的城市居民生活质量的民心工程。在防洪堤坝地域结合城市休闲绿地规划,为市民提供滨江休闲绿地,如南京外秦淮河的石头城公园、武定闸口公园等,由市政府财政收入负担滨江绿地日常费用,向市民免费公益性开放。

(三) 政府对水利旅游的支持

依托不同分工专长和行政权限,政府各部门从不同角度对水利旅游进行规制。(1) 国家水利部及其各级行政隶属机构(省水利厅、市水利局、水利风景区评定委员会,等等)从保护水资源及水利设施的角度,规范各级水利风景区、水利枢纽和水电站等的旅游开发行为。(2) 国家旅游局及其各级行政隶属机构,每年开展国内旅游者抽样调查活动,为水利旅游的开发提供基础性客源数据,尤其是每年黄金周,旅游局将重点景区纳入"全国/省/市假日旅游统计预报系统"进行监测,公布旅游投诉专线、重点旅游城市客房入住率;汇同交通部门、公安部门、部队对黄金周客流进行引导。例如江苏省南京市金牛湖、溧阳市天目湖、姜堰市溱湖风景区等国家级水利风景区,自2006年开始,成为各市旅游局黄金周重点监测的景区,并公布相应的旅游数据和黄金周旅游状况小结。在国家旅游局黄金周重点监测

---

[1] 国家水利部:《2006年全国水情年报》。
[2] 据本书第146—147页的内容推算。

预报的32个景区，以水利旅游资源为特色的有三个：三峡大坝[①]、千岛湖[②]、云台山[③]。三峡大坝以三峡水利枢纽为主要特色景区，千岛湖是人工水库型风景区，云台山是集山景和水利于一体的综合型国家级水利风景区。由国家黄金周假日旅游系统的数据进行整理，得到表3-5。

由于2008年起我国黄金周开始改革，五一黄金周由原来的七天缩短到现在的三天，一个显著的变化就是长线游减少，根据千岛湖景区黄金周报告，五一黄金周长途旅游者减少了近八成。旅游高峰期在黄金周的中段，黄金周前后段是启程和返程高峰期。门票收入是旅游人次的直接反映，表3-5可见，千岛湖和云台山的最大日门票收入都超过500万元，三峡大坝的最大日门票收入超过100万元，水利旅游吸引游客量较多。

短途旅游者一日游一般不需要住宿，客房出租率高是表示中长途的旅游者较多。平均客房出租率云台山是81%，千岛湖是79%、三峡大坝是68%，黄金周门票总收入云台山是3942.27万元、千岛湖是2663.49万元、三峡大坝是761.02万元，相比较而言，云台山和千岛湖的中长途旅游者比三峡大坝多，门票收入更高一些，旅游者也较多，即云台山和千岛湖的水利旅游吸引半径和吸引量比三峡大坝的更大一些。

---

① 三峡大坝旅游区面积15.28平方公里，以我国最大的水利枢纽设施——长江三峡工程为依托，是国家5A级景区，拥有三峡展览馆、坛子岭园区、185园区、近坝园区及截流纪念园共5个园区，已逐渐形成大坝观光、平湖观光、泄洪观光、坝顶观光的旅游体系。2006年6月18日主要反映三峡文化大河文化的《盛世峡江》正式公演，凸显水利文化精华。

② 浙江省千岛湖前身是新安江水库，1959年新安江水电站蓄水后形成573平方公里水面和409平方公里山场、178亿立方米蓄水量的湖泊，属于国家一级水体，农夫山泉水源地。国家级风景名胜区，也是中国面积最大的森林公园，总面积达到982平方公里。

③ 云台山景区位于河南省修武县境内，景区面积190平方公里，包括泉瀑峡、潭瀑峡、红石峡、子房湖、万善寺、百家岩、猕猴谷、茱萸峰、叠彩洞、青龙峡十大景点。是首批世界地质公园，国家重点风景名胜区、国家4A级景区、国家森林公园、国家水利风景区、国家猕猴自然保护区、国家首批自然遗产七个国家级于一体的风景名胜区。

表 3-5　　　　　2008 年国庆黄金周部分水利旅游情况

时间	三峡大坝 门票收入（万元）	三峡大坝 当日客房平均出租率（%）	千岛湖 门票收入（万元）	千岛湖 当日客房平均出租率（%）	云台山 门票收入（万元）	云台山 当日客房平均出租率（%）
2008/5/1	88.11	59	349.33	100	695.60	/
2008/5/2	88.98	70	421.07	100	582.80	/
2008/5/3	62.40	55	6.75	50	158.94	/
2008/10/1	34.96	50	116.82	53	206.10	70
2008/10/2	67.34	67	226.45	90	397.51	85
2008/10/3	94.72	79	442.98	97	473.23	94
2008/10/4	107.30	87	501.06	98	503.77	95
2008/10/5	104.34	84	372.22	94	445.88	90
2008/10/6	72.52	75	178.00	73	315.53	77
2008/10/7	41.44	53	48.81	35	162.91	55
合计/均值	761.02	68	2663.49	79	3942.27	81

数据来源：根据国家旅游局假日旅游通报系统整理，http://holidaynews.cnta.gov.cn。

第二节　水利旅游吸引力测算指标体系

由于旅游吸引力比较抽象，一般用评价指标体系进行测算[1]。水利旅游是旅游的一种形式，因此水利旅游吸引力的测算过程也通过建立水利旅游吸引力评价指标体系来完成。

与水利旅游相关的评价指标体系有水利部的《水利风景区评价标准》（SL300—2004）和王会战的小浪底国家级水利风景区旅游可持续发展评价体系等，这些评价体系分别从水利旅游资源、环境保护、开发利用条件、水利旅游资源竞争力、水利旅游社会效益等方面建立了指标。

水利旅游吸引力测算指标旨在通过测算结果，选取构成水利旅游吸引力的因素，反映不同水利旅游地的竞争力，得分结果越高的地区

---

[1] 车裕斌：《旅游目的地系统吸引力分析》，《咸宁师专学报》2001 年第 6 期。

表明水利旅游的吸引力越强。以往的水利旅游评价指标专注于某个水利风景区，却忽略了旅游者在考虑水利风景区时，还会考虑水利风景区所在的旅游地，即考虑水利旅游地的其他旅游特色、交通可达性等，但是所在的旅游地并非所有因素都对水利旅游吸引力产生影响，我们把在旅游地中除了水利旅游吸引物之外的、与水利旅游吸引力相关的因素划入水利旅游吸引场进行讨论，建立由水利旅游吸引物和吸引场组成的水利旅游吸引力评价指标体系。

水利旅游吸引系统核心是水利旅游地，不同地区水利旅游吸引力的差异，最根本是水利旅游地中水利旅游吸引物和吸引场所展现出来的独特魅力，水利旅游地的吸引力是该地水利旅游的表现，是水利旅游吸引系统的源点，只有当地具备水利风景资源，同时水利环境和旅游基础具备吸引力，才能产生综合的水利旅游吸引力，才能有水利旅游的吸引半径和吸引量。因此，水利旅游吸引力评价指标体系从水利旅游地的吸引物和吸引场中选取相应指标，缺乏水利旅游地的水利旅游吸引力评价是不切实际的。

数据来源于2008—2009年的《中国统计年鉴》、《中国环境统计年鉴》、《交通运输行业发展统计公报》、《中国水资源公报》、《全国水利发展统计公报》和《全国旅游业统计公报》，以及水利部和国家旅游局官方网站，各省直辖市自治区统计年鉴。

一　水利旅游吸引物的测定指标

水利旅游吸引物的测定指标从两个方面展开：一方面是与水利风景区有关的指标；另一方面是与水利风景区无关的指标。如第二章所述，最直接的水利旅游吸引物是水利风景区，水利风景区具有独立的管理主体，旅游者可以通过旅行社推介、水利风景区宣传而感知到水利风景资源，而且水利风景区经过了水利旅游资源的开发，为旅游者的水利观光游览、亲水娱乐、交通等活动提供了便利条件。但也应看到，除了水利风景区外，还有其他的水利旅游吸引物，如供旅游者和当地居民享用的水库美食，供水利或旅游同行考察的重大水利工程技术等。

(一) 与水利风景区有关的指标 B1

围绕水利风景区从四个方面研究水利旅游吸引物吸引力，分别是水利旅游吸引物的品牌度、集中度、搭配度和依托度。

(1) 水利旅游吸引物的品牌度 C1

水利旅游吸引物的品牌度由水利风景区的品牌数量和成长性表示。商品的品牌质量越高，成长性越好，消费者的购买欲望越高；水利旅游也不例外，水利旅游品牌越高，对旅游者的吸引力也越大。按照《水利风景区评价标准》，水利风景区分为国家级和省级，国家级水利风景区具有更强的品牌号召力。因此指标 D1 是国家级水利风景区数量，指标 D2 是国家级水利风景区的增长率。

指标 D1 国家级水利风景区数量见表 3-1。

指标 D2 国家级水利风景区的增长率用来表示水利旅游吸引物的成长性，增长率为正，表明正增长，成长性较好；同理，增长率为负，则表明成长性减弱。国家级水利风景区品牌增长率公式如下：

$$D2\ 品牌增长率 = (当年品牌数 - 前年品牌数) / 前年品牌数 \times 100\% \qquad (3.2)$$

国家级水利风景区 2008 年品牌增长率超过 50% 的有山西和青海。如山西 2008 年新增 5 个国家级水利风景区，总数激增到 11 个，增长率是 83%（即 5/(11-5) = 83%）。

(2) 水利旅游吸引物集中度 C2

由于我国行政区划分布不均匀，人口分布东密西疏，水资源分布南多北少，为了消除面积、人口和水资源因素对集中程度产生的误差[①]，用水利旅游吸引物的人均、地均和水均密度（指标 D3—D5）来表示水利旅游吸引物的集中度。密度越大，水利旅游吸引物越集中，越容易形成集聚效应，减少水利旅游者的交通和时间成本，水利旅游吸引力相对较大。指标 D3—D5 国家级水利风景区人均密度、地

---

① 李蓓、汪德根：《江苏省旅游资源竞争力区际比较研究》，《资源开发与市场》2006 年第 6 期。

均密度和水均密度公式如下：

D3 国家级水利风景区人均密度 =

国家级水利风景区数/地区人口   (3.3)

D4 国家级水利风景区地均密度 =

国家级水利风景区数/地区面积   (3.4)

D5 国家级水利风景区水均密度 =

国家级水利风景区数/水资源总量   (3.5)

（3）水利旅游吸引物搭配度 C3

旅游者在一定闲暇时间内用于旅游的金钱和精力是有限的，出于个人观光游览利益最大化的考虑，旅游者希望能游览到尽可能级别高、景观更丰富的旅游地。因此，水利风景区与其他类型的景区搭配得越丰富就越能满足旅游者偏好，对旅游者的吸引力就越大。根据《旅游景区质量等级的划分与评定》（GB/T17775—2003），国家 AAAA 级以上的景区在旅游资源、交通、服务等方面都比较完善，大部分已经成为当地标志性景点，旅游吸引力较大。除了 A 级景区外，还有国家级人文类景区和自然类景区，国家级人文类景区包括联合国教科文组织审批的世界遗产、国家文物局审批的国家级文物保护单位和建设部审批的国家重点风景名胜区。国家级自然类景区包括国土资源部审批的国家自然保护区、国家地质公园，林业部审批的国家森林公园。

为了分析水利旅游吸引物的搭配度，用国家级水利风景区和以上所述的国家 AAAA 级景区、国家级人文类景区、国家级自然类景区进行搭配比较，得出水利旅游吸引物的搭配度，分别是指标 D4、指标 D5 和指标 D6，三个指标具体公式如下：

D6 国家级水利风景区与国家级 4A 景区搭配度

= 国家级水利风景区份额/国家级 4A 景区份额   (3.6)

D7 国家级水利风景区与国家级人文类景区搭配度

= 国家级水利风景区份额/国家级人文类景区份额   (3.7)

D8 国家级水利风景区与国家级自然类景区搭配度

= 国家级水利风景区份额/国家级自然类景区份额

= 当地某类景区数目/全国某类景区总数   (3.8)

（4）水利旅游吸引物依托度 C4

水利旅游吸引物的依托度是指水利风景区所在地区是否在优秀旅游城市或历史文化名城。

指标 D9 是国家级水利风景区在中国优秀旅游城市的比例。中国优秀旅游城市名录来源于国家旅游局网站。我国优秀旅游城市自 1998—2007 年发展了 10 年的时间，这期间国家旅游局共评定了以上海、北京、天津为首的 8 批 306 个优秀旅游城市，是对这些城市旅游业的充分肯定，具有重要参考意义。国家级水利风景区在我国优秀旅游城市会产生旅游品牌叠加效应，水利旅游吸引力增大。优秀旅游城市旅游景点丰富，生态环境保护较好，工业相对较少，如果国家级水利风景区在旅游城市，就能分流到更多的客源，同时旅游者在游览水利风景区后，无须长途跋涉就能游览旅游城市的核心景点，使旅游者效用最大化，回头率也会提高，因此一般来说，旅游者会选择知名度高的旅游城市，而不是知名度高的工业或能源城市作为旅游地。水利旅游供给方也能从大量客源中获得更大的经济效益，可以再投资对水利旅游设施进行升级，以吸引更多旅游者，由此有良好依托的水利旅游业更容易进入良性循环。

指标 D10 是水利风景区在国家历史文化名城的比例。历史文化名城起源于 1982 年国务院关于批转《〈关于保护我国历史文化名城的请示〉通知》中明确了"历史文化名城"的概念。最新的《中华人民共和国文物保护法》（2002）第 14 条规定，保护文物特别丰富并且具有重大历史价值或革命纪念意义的城市，由国务院核定公布为历史文化名城[1]。从 1986—1994 年公布了以北京、苏州、西安为首的三批 99 个国家历史文化名城。水利旅游吸引物属于人文景观，景观蕴含了水利文化和人文文化的历史沉淀，例如扬州瓜洲古渡（国家级水利风景区），位于扬州古运河与长江交汇处，不仅是现代瓜洲闸的所在地，还是千年古渡、杜十娘怒沉百宝箱、唐代鉴真起航东渡日本等历

---

[1] 吴瑕：《历史文化名城的保护与旅游开发研究中存在的几个问题》，《四川工程职业技术学院学报》2008 年第 1 期。

史典故的遗址，现代水利景观与历史文化相得益彰，扬州也是全国第一批的历史文化名城和优秀旅游城市。水利旅游有较好的城市依托，对旅游者的吸引力较大。公式如下：

D9 国家级水利风景区在旅游城市的比例
= 在优秀旅游城市的 NWP 数/该地区 NWP 数 　　(3.9)

D10 国家级水利风景区在历史文化名城的比例
= 在国家历史文化名城的 NWP 数/该地区 NWP 数 　(3.10)

指标 D9 和 D10 是反映水利风景区依托情况的两个指标，指标值越高水利旅游依托的基础越好，水利旅游地的吸引力越大。指标 D9 的 2008 年平均比例是 69%，这表示我国 314 个国家级水利风景区中有 69% 分布在优秀旅游城市，而北京、天津、辽宁、上海、江苏、广西、海南、重庆的国家级水利风景区 100% 都分布在优秀旅游城市。指标 D10 的 2008 年平均比例是 39%，这表明我国 314 个国家级水利风景区有 39% 分布在历史文化名城，除四个直辖市 100% 外，比例较高的还有湖北 78%、陕西 73%、安徽 62%、贵州 60%、江苏 53%、江西 50%、甘肃 50%。

（二）与水利风景区无关的指标 B2

（1）水利旅游美食 C5

水库形成优美水景观和水利文化的同时，由于水生态系统自然孕育或人工饲养，水库中蕴含了丰富的动植物水产品，这是水利旅游的独特优势。许多旅游者并非被水利风景区吸引来的，而是被优质水产品吸引而来，例如南京金牛湖水库的银鱼、泰州姜堰溱湖的簖蟹、淮安三河闸洪泽湖的大闸蟹等。水质对水利旅游美食吸引力有重要影响。大中型水库一般建在离市区较远的清洁水源地，水质清澈水产品污染少，旅游者感觉食品安全可靠性高，因此水利旅游美食吸引力大。城市是经济文化中心，人口众多工业发达，生活排污和工业废物都污染了城市河流的水质，再加上城市餐饮业密集，旅游者不愿意也没必要选择城市河流的水产品烹调，因此城市河湖型的水产品的水利旅游美食吸引力小。因此在水质较好的区域，积极开发淡水产品成为当地特产，创造水利旅游美食。

但是没有直接关于水利旅游美食的统计数据，这里选取指标 D11 淡水产品产量和 D12 水产富饶程度指数作为水利旅游美食 C5 的下一级指标。年鉴中淡水产品包括鱼类、虾蟹类和贝类等，这些类别与水利旅游美食吻合，因此 D11 淡水产品产量可以适用。D12 水产富饶程度指数的公式如下：

$$D12\ 水产富饶程度指数 = 淡水产品量占全国的份额/水资源占全国的份额 \qquad (3.11)$$

（2）水利美誉度 C6

指标 D13 是水利工程美誉度。水利旅游依托水利工程及附近水域的自然人文景观作为吸引物，因此水利工程的荣誉和独特性是吸引旅游者的重要资本。水利是重要的公共基础设施，对于国民经济和社会发展具有重要作用，全国平均每年水利投资额近 700 亿元。2004 年根据国务院《质量振兴纲要》和水利部有关规定，制定了《中国水利工程优质（大禹）奖（简称大禹工程奖）评审管理办法》，大禹工程奖是水利工程行业优质工程的最高奖项，标志着我国水利工程建设质量水平，2005 年至 2008 年共评定了 4 批 42 项水利优质工程，其中部分已经成了重要的水利旅游吸引物，例如泰州引江河工程、南京三汊河双孔护镜门型河口闸工程等在我国甚至亚洲具有一定的独创性，吸引了水利同行的公务考察和商务旅游。除了大禹工程奖，还设置了大禹水利科学技术奖，重点对水利科学创新性研究进行奖励，从 2003 年至今共评定了 4 批 108 个科研项目。按照署名单位先后顺序，进行赋分，完成大禹水利科学技术奖项目的第一单位赋 3 分，第二单位赋 2 分，第三单位赋 1 分，以后赋 0 分，水利工程大禹优质奖赋 3 分，按省进行归类，如表 3-6。结果表明截至 2008 年，水利美誉度最高的前五个地区分别是：北京、河南、江苏、湖北和广东。北京集中了大量的水利科学研究机构，河南、江苏、湖北和广东分别是黄河水利委员会、淮河水利委员会、长江水利委员会和珠江水利委员会的所在地，这些地区集中了大量优质的水利工程。指标 D13 是国家水利奖系数，表达式如下：

$$D13\ 国家水利奖系数 = 地区获国家水利$$

奖分值/全部国家水利奖分值 (3.12)

表3-6 国家水利奖系数得分表

D13	总分	系数	排名	D13	总分	系数	排名	D13	总分	系数	排名
北 京	143	22.81%	1	天 津	13	2.07%	11	江 西	3	0.48%	21
河 南	88	14.04%	2	陕 西	11	1.75%	12	湖 南	3	0.48%	22
江 苏	86	13.72%	3	上 海	11	1.75%	13	海 南	3	0.48%	23
湖 北	55	8.77%	4	黑龙江	9	1.44%	14	重 庆	3	0.48%	24
广 东	44	7.02%	5	新 疆	9	1.44%	15	贵 州	3	0.48%	25
浙 江	29	4.63%	6	宁 夏	7	1.12%	16	四 川	3	0.48%	26
山 东	24	3.83%	7	吉 林	7	1.12%	17	云 南	2	0.32%	27
甘 肃	20	3.19%	8	安 徽	6	0.96%	18	内蒙古	0	0.00%	28
山 西	19	3.03%	9	青 海	4	0.64%	19	福 建	0	0.00%	29
辽 宁	18	2.87%	10	河 北	4	0.64%	20	广 西	0	0.00%	30

二 水利旅游吸引场的测定指标

水利旅游吸引场是水利旅游的基础，是水利旅游吸引物的所在地。水利旅游吸引场是水利旅游活动可能发生的区域，水利旅游吸引力是融合了旅游吸引力和水利吸引力的综合吸引力，必然会受到客源地或旅游地或水利条件的制约。一种情况，水利旅游地的水利基础好，但旅游基础较差。例如内蒙古已有21个国家级水利风景区，新疆有18个国家级水利风景区（截至2010年），数量上水利旅游吸引物比较多，但内蒙古和新疆的水利风景区接待旅游者较少，究其原因是因为内蒙古和新疆位于我国的西、北部，交通条件不如东部、中部发达，旅游人力资源不足，经济发展比起我国东部和中部地区相对滞后，自产游客能力较弱，这反映内蒙古和新疆的旅游基础有待进一步发展，旅游基础比东部和中部地区薄弱，这些先天条件也限制了水利旅游的发展，造成了虽然水利风景资源丰富，但吸引游客能力不强，水利旅游吸引力弱的情况。

另一种情况，水利旅游地水利基础弱但旅游基础好，吸引游客能力强，水利旅游吸引力大。例如四川、广东都只有7个国家级水利风景区（截至2010年），仅占我国国家级水利风景区总数的1.65%，水利旅游吸引物较少，但是四川和广东的旅游资源丰富，如四川的巴蜀文化和广东的岭南风格都沉淀了大量的历史人文景点，旅游基础发展较好，交通体系发达，两地又都处在人口密集的地区，自产客源能力强，距离客源市场也比较近，虽然水利风景区数量相对较少，但水利旅游地游客接待量较大，水利风景区的旅游吸引量较大，尤其是成都都江堰景区、清远飞来峡水利枢纽旅游区这样的高品质水利风景区，每年都吸引了大批旅游者。水利旅游吸引场在水利旅游地内，虽然吸引场的景观不足以吸引水利旅游者的到来，但能为旅游者提供不可或缺的服务，例如餐饮、住宿和娱乐等；作为水利吸引场的内容水利文化氛围和水利工程环境也能让旅游者体验到浓郁的水利旅游特色。

由此可见，水利发展的基础和旅游发展的基础对水利旅游吸引力的强弱具有一定影响，据此将水利旅游吸引场进一步细分为旅游吸引场和水利吸引场，进一步选取测定指标。

（一）旅游吸引场 B3

旅游吸引场是围绕水利旅游资源等吸引物，通过市场自发行为，形成的旅游服务企业，包括住宿、餐饮、交通、购物四个方面。

（1）旅游餐饮 C7

构建旅游餐饮收入指标。特色餐饮是旅游目的地的一种旅游资源或者是旅游吸引物的补充[1]，但如何为旅游者提供营养丰富、方便携带又充满文化特色的食品，如何通过广告、报刊、宣传小手册等信息传播媒体，使其成为明显的旅游吸引物，都是旅游经营者关注的问题[2]。星级饭店提供的餐饮、住宿的质量水平是地方特色的集中体现，大部分旅游餐饮研究都直接采用星级饭店数目或比例来作为指标。因此旅游餐饮收入指标 D14 指标如下：

---

[1] Erik, Nir Avieli Cohen. Food In Tourism Attraction and Impediment, *Annals of Tourism Research*, 2004, 31 (4): 755 – 778.

[2] Hjalager, A., and G. Richards, eds. Tourism and Gastronomy. London: Rout ledge, Press, 2008, 21 – 24.

D14 旅游餐饮收入 = 星级饭店营业收入 × 餐饮比例　　（3.13）

表 3-7　　　　　　　　　　我国旅游餐饮收入概况

D14地区排名	星级饭店营业收入A（亿元）	餐饮比例B（%）	旅游餐饮收入 X=A×B（亿元）	D14地区排名	星级饭店营业收入A（亿元）	餐饮比例B（%）	旅游餐饮收入 X=A×B（亿元）	D14地区排名	星级饭店营业收入A（亿元）	餐饮比例B（%）	旅游餐饮收入 X=A×B（亿元）
北京	183.63	32.69	60.03	湖北	36.75	37.48	13.77	吉林	18.00	42.97	7.74
江苏	114.36	44.62	51.03	福建	32.83	41.15	13.51	江西	16.57	38.66	6.40
上海	154.11	31.57	48.65	湖南	30.08	43.38	13.05	内蒙古	14.26	43.00	6.13
浙江	157.96	28.21	44.56	广西	29.79	42.62	12.70	海南	23.37	25.73	6.01
山东	90.99	43.14	39.25	云南	42.70	27.67	11.81	黑龙江	17.00	34.42	5.85
广东	162.49	20.54	33.38	重庆	26.29	43.16	11.34	天津	18.54	30.70	5.69
辽宁	58.16	40.12	23.34	安徽	25.34	40.58	10.28	甘肃	12.76	30.58	3.90
河南	37.32	45.22	16.87	新疆	27.08	36.95	10.01	贵州	11.59	26.19	3.04
四川	44.98	34.22	15.39	山西	32.71	29.75	9.73	宁夏	4.21	44.04	1.85
河北	32.74	44.98	14.72	陕西	18.95	41.06	7.78	青海	4.68	31.75	1.49

由表 3-7 可见，我国旅游餐饮收入已经占到了旅游饭店营业收入的三到四成；北京、江苏、上海、浙江、山东和广东六省（直辖市）的旅游餐饮收入已经超过 30 亿元，在不考虑地区物价指数差异的情况下，此六省的旅游餐饮的开发程度较成熟，六省也是我国鲁、川、粤、湘、闽、浙、苏、徽八大菜系的发源地之一，在八大菜系基础上结合水产品开发水利旅游餐饮，潜力较大收益较高。

（2）旅游住宿 C8

旅游住宿用指标 D15 平均客房出租率来表示。旅游地吸引力越大，旅游者停留时间越长，过夜游客越多，客房出租率越高。

（3）旅游交通 C9

旅游交通分为公共交通方式和私人交通方式。

公共交通方式是水利旅游的主要交通形式。旅游流空间移动时，以铁路公路运输为主，旅客周转量越大，旅游流就越大，到访当地水利旅游地的概率越高。因此，选用铁路和公路的旅客周转率占全国的比例作为旅游公共交通的指标。公共交通方式用指标 D16 公共交通比例来表示：

D16 公共交通比例 = 公共交通旅客周转量/全国公共交通旅客周转量
(3.14)

私人交通方式成为当今短途旅游的重要交通方式。据《中国统计年鉴》（2008年），2002年我国私人小型微型汽车仅578万辆，2003年仅796万辆，到2007年末已达2253.27万辆，增长了近3倍。就2009年南京水利旅游问卷调查结果，表明水利旅游者最不满意的前三位是：旅游交通40.48%、旅游餐饮19.05%，旅游购物导游服务11.90%。一些开发得较早的国家级水利风景区，私人交通工具停车难问题已凸显，成为制约水利旅游吸引力的重要限制因素。水利旅游交通问题，表现在直达水利风景区的旅游专线较少，三级公路水利旅游交通标识不够也不明显，生态停车场位置偏僻无明显引导。水利旅游地大多数在二线旅游城市，民航铁路线路相对省会城市少等。这些问题逐渐引起当地旅游局和水利风景区管理委员会的重视，开始对水利旅游资源进行整合，重新设计水利旅游线路，增加生态停车场的停车位，在交通要道设置和赠送旅游交通示意图，打响水利旅游品牌等措施。私人交通方式用指标D17自驾车交通指数来表示：

D17 自驾车交通指数 = 私人汽车比例 × 等级公路比例 (3.15)

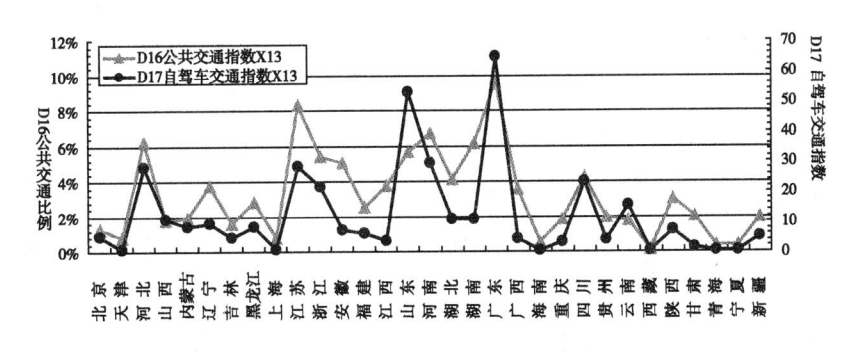

图 3-2 2007年公共交通比例和自驾车交通指数

由图3-2可见：①各地区公共交通和私人交通方式大体趋势变化不大，公共交通和私人交通都较发达的是广东、山东、江苏、北、河南和浙江等地，这些地区是我国主要的旅游客源地之一，是水利旅游重点开发的客源市场。交通因素一直被认为是制约旅游业发展的瓶颈问题，江苏、河南和山东的自驾车游和公共交通出行都比较方便，同时也是国家级水利风景区最多的三个省，水利旅游资源有集聚效应，交通优势是水利旅游发展最好的支撑，因此重点开发江苏、河南和山东三地的水利旅游，符合实际情况。②我国距离边境较近的省份公共交通比较弱，如吉林、海南、西藏、青海和宁夏的公共交通比例都低于2%。

（4）旅游购物 C10

根据2007年国内旅游抽样调查统计，我国旅游购物花费已经占到了14.91%，接近15%。将旅游收入乘以抽样调查的旅游花费购物比例，就可以得到旅游购物近似额。因此指标 D18 旅游购物额的公式是：

D18 旅游购物额 = 地区当年旅游收入 × 抽样调查的旅游购物花费比例

(3.16)

（二）水利吸引场 B4

水利吸引场也就是水利发展的基础环境。水库越多、堤坝越长，水利工程级别越高，就表明水利基础越好，就越容易与其他地区形成差异，形成旅游地鲜明的水利特色，从而吸引水利旅游者前来考察参观、旅游审美。根据能否演变成水利旅游吸引物，将水利吸引场（即水利基础环境）分为两类：指标 C11 水利工程规模和指标 C12 水利经济发展状态。

首先，水利工程是可以演变成实际水利旅游吸引物的潜在资源，我国的国家级水利风景区是以大中型水利工程为依托的，水利部将国家水利风景区分成水库型、河湖型、湿地型和灌区型等。现在没有开发旅游的水利工程，仅仅是水利旅游的基础环境或者水利旅游……若干年后，有可能会成为水利风景区，成为水利旅游吸引……指标 C11 水利工程规模分解成水库、大堤、湿地、水土……

……发展状况也是水利旅游发展的基础环境，是水利旅游吸引场之一。水利旅游作为水利经济中的第三产业，相对于水电、灌溉，水利旅游属于劳动密集型的服务行业，在水利旅游发展早期，建设景观游步道、设计水文化景观等旅游接待设施，都需要投入大量人财物资源。除了多渠道社会融资外，也需要水利系统自身进行投资、建设，前期水利效益的积累为水利旅游的开发奠定了基础。因此水利经济发展围绕投资和效益建立和选取指标。

（1）水利工程规模 C11

指标 D19 是水库比例。毛明海[①]等在《浙江省水利旅游资源潜力评价》中得出 5 个结果：大中型水库具有较高开发价值，水工程及库区景观质量是开发的关键，区位条件和客源市场是开发的主要保障，重视水环境保护以促进旅游业可持续发展，水利旅游资源的开发应服从水工程的主体功能需要[②]。大中型水库有垄断性水利旅游资源的概率较高，开发成功的概率也较高。南水北调中线工程的源头是丹江口水库，位于湖北十堰市丹江口市（县级市），丹江口水库始建于 1958 年，蓄水总量 131 亿立方米，是我国最大的人工水库。除了丹江口水库（已开发成松涛国家级水利风景区、龙源头景区）外，丹江口市还有浪河水库（已开发成银梦湖景区）、大坝景区、官山水库（已开发成八亩地景区）、白石河水库（已开发成双龙峡景区）等已开发成近十个水利风景区，水利旅游呈现规模集聚效应。丹江口市大中小各类型水库众多，有水都之称，水利基础条件好，不少水库经过旅游开发都能成为水利风景区。我国四大道教名山之一的武当山（国家 4A 级景区），也在丹江口市，便于水利风景区与传统旅游景区的联动和水利旅游线路的设计，在丹江口市的水利旅游有较好依托度。

D19 水库比例 = 地区水库数/全国水库总数 × 100%　　(3.17)

---

① 毛明海、应丽云、杨秀石：《浙江省水利旅游资源潜力评价》，《科技通报》2002 年第 3 期。

② 毛明海：《浙江省水利旅游区主题提炼和开发研究》，《浙江大学学报》（人文社会科学版）2000 年第 3 期。

据《中国统计年鉴》(2008年)，我国水库最多的省份是：湖南(11466座)、江西(9783座)、广东(6874座)和四川(6717座)。水利旅游吸引力较大的景区大多数是由水库演化而来，如江苏天目湖国家水利风景区前身也是人工水库，现在已经成为溧阳市最重要的旅游资源，2006年成为江苏接待游客量最多的十大重点景区之一。因此水库级别越高，水利基础环境越好，就越容易与其他地区形成差异，造就当地鲜明的水利特色，从而吸引旅游者的到来。

指标 D20 是湿地比例。湿地是湿生植物和两栖动物重要栖息地，是稀缺的水利旅游吸引物。代表性的湿地型国家级水利风景区有江苏溱湖、宁夏沙坡头等。江苏溱湖是国家级水利风景区、国家级湿地公园和国家4A级景区，现有153种各类湿生植物，97种野生动物，是世界珍稀动物麋鹿的故乡，每年吸引旅游者超过十万。宁夏沙坡头国家级水利风景区位于宁夏腾格里沙漠南缘[①]，黄河横穿而过，依托沙坡头水利枢纽，景区形成了沙漠到绿洲的完整连续景观，即沙漠→水沙→戈壁滩→湿地→水面，辅之以黄河文化和民俗风情，建成了宁夏的国家级5A景区、国家级自然保护区，每年吸引旅游者超过20万。各地区湿地景观类型是稀缺的水利旅游资源，关于湿地景观评级的指标数据无法获取，故选取了湿地比例作为指标。公式为：

$$D20\ 湿地比例 = 湿地面积/国土面积 \times 100\% \qquad (3.18)$$

指标 D21 是堤坝长度。堤坝是观潮、看湖、亲水娱乐的相对安全活动地点，是水利旅游活动的重要依托。以泰州引江河、淮安水利枢纽风景区等为代表的城市河湖型国家级水利风景区，就是这样将防洪与城市公共绿地相结合，实现城市防洪、景观美化和居民休闲有机指标 D21 的数据来源于《中国环境统计年鉴》。

失治理面积 D22。由于人类活动和自然界运动，造成了不同程度退化，减少了河流生物群落的多样性。现

区建设与湿地水环境保护专题宣传》，《社区》2008 年第 17

代水利工程利弊兼具，河流人造水库和流域水系闸、坝、站在调控洪峰洪量、改善灌溉用水条件时，也抑制了水生物传输、增加了水污染风险概率。水土流失治理成果是人类在水土保持研究的现代科技在现实中的体现，也是对水利旅游者进行环境保护教育的良好题材，正是意识到水土流失治理对水利旅游的潜在重要意义，国家水利部从2004年开始审批通过了五批14个水土保持型国家级水利风景区。

水土保持可以减少土壤侵蚀量、增加蓄水能力、增产粮食，改善环境。小良水土保持生态风景区，属于国家级水土保持型水利风景区，位于广东省茂名市小良水土保持试验推广站内，经过50余年的水土整治，它由原来的水土流失非常严重，夏天地表温度高达60℃，改造成了180km^{2}绿水、青山、林海相结合的生态环境科普教育基地，2007年被评为第一批水利部水土保持科技示范园区，现在成为茂名十大旅游景点之一。甘肃田家沟水土保持生态风景区位于甘肃平凉市泾川县，从1992年开始，依托流域治理，全面建立水土保持综合防护网络，持续改善当地生态环境，从改善水质水量、建设生态果园，到最近的垂钓中心、度假村、亿年地质标本崖，建设成了现在的集生态旅游、文化展现、水土保持科普演示和休闲度假为一体的生态风景区，2004年成为国家级水利风景区和国家3A级旅游区。

（2）水利经济基础

水资源和水利设施是整个水利经济的共同资源，水利旅游属于水利经济中的第三产业。限于水利旅游地区效益值获取困难，用水利经济整体情况进行比较，用指标D23水资源经济效益指数、指标D24水利投入产出指数和指标D25水利行业劳动生产率共三个指标来分别反映水利经济的水资源利用效率、水利经济投资效益和水利行业的人均效益。公式分别如下：

D23 水资源经济效益指数 = 水利经营收入/水资源总量

D24 水利投入产出指数 = 水利经营收入/当年投资额 （3.19）

D25 水利行业劳动生产率 = 水利经营收入/水利员工总数

水利经营收入用水利、环境和公共设施管理业的地区增加值（单位：亿元）代替，当年投资额用水利、环境和公共设施管理业的固定资产投资（单位：亿元）代替，水利员工数用水利、环境和公共设施管理的分地区分行业年终就业人数（单位：万人）代替，水资源总量单位是亿 m^3。水资源经济效益指数、水利投入产出指数和水利行业劳动生产率三个指标数据如表 3-8 所示。

表 3-8　　　　　我国水利经济基础状况（2007）

地区	D23 水资源经济效益指数（元/m^3）	D24 水利投入产出指数（元/元）	D25 水利行业劳动生产率（万元/人）	地区	D23 水资源经济效益指数（元/m^3）	D24 水利投入产出指数（元/元）	D25 水利行业劳动生产率（万元/人）
北　京	0.2818	0.0253	0.8868	河　南	0.0933	0.0954	3.7952
天　津	0.8161	0.0429	3.0783	湖　北	0.0509	0.1265	6.1466
河　北	0.2716	0.0988	3.6301	湖　南	0.0112	0.0455	2.3550
山　西	0.1297	0.0662	2.3492	广　东	0.1103	0.2416	13.7059
内蒙古	0.0629	0.0540	2.9911	广　西	0.0176	0.0922	4.3053
辽　宁	0.1622	0.0781	3.8598	海　南	0.0338	0.2034	4.5240
吉　林	0.0631	0.0741	3.3736	重　庆	0.0644	0.1070	13.9794
黑龙江	0.0368	0.0998	2.3472	四　川	0.0216	0.0720	6.5214
上　海	0.3838	0.0396	3.4900	贵　州	0.0053	0.0501	2.5473
江　苏	0.2446	0.1530	12.2279	云　南	0.0054	0.0586	2.8694
浙　江	0.0758	0.1015	10.7887	陕　西	0.0004	0.1713	8.7799
安　徽	0.0623	0.0940	8.1147	甘　肃	0.0527	0.1480	3.5101
福　建	0.0024	0.0069	0.6862	青　海	0.0029	0.0737	2.8115
江　西	0.0113	0.0384	2.8841	宁　夏	0.6412	0.1646	3.6967
山　东	0.0789	0.0632	2.9680	新　疆	0.0180	0.1346	3.5487

表 3-8 表明：(1) 水资源经济效益指数都小于 1 元/立方米，经营效益较低。水利经营收入用第三产业中水利、环境和公共设施管理

的地区增加值来表示，除了正常水管理费用外，还包括了水利旅游收入①，水利工程属于公共环境设施，水利旅游经济效益也由水利工程单位主管或外包经营，水资源经济效益指数越高，水利旅游经济效益越高的可能性就越大，水利旅游经营效果越好。水资源经济效益指数比较高的地区天津、宁夏、上海、北京、河北、江苏，效益指数在0.2以上，即1立方米的水资源能产生0.20元以上的水利经济效益。宁夏在水利风景区指标方面并没有突出贡献，2008年水资源总量10.39亿 m^3，相对比较少，属于缺水干旱地区，供水成本比湿润地区高，因此水利经营收入基数相对较高，折算后指标D23水资源经济效益指数比较高。京津沪三地面积较小，水资源总量在20亿立方米左右波动，水利风景区2—5个，水利旅游业依托地域区位优势发展较好，水资源经济效益指数较高。江苏和河北水利经济事业比较发达，水利风景区较多（都超过10个），水资源总量较大（在100亿 m^3 以上），属于水利基础较好的地区。

（2）水利投资效益较好的地区是广东、海南、宁夏、江苏、甘肃、新疆、湖北、重庆和浙江。以指标D24当年固定资产投资和水利管理效益的比值来看，这9个地区水利固定资产每投资1元能获得0.10元以上的收益。

（3）指标D25水利管理业劳动生产率地区差距较大。水利管理业劳动生产率超过5万元/年/人的地区有广东、江苏、浙江、安徽、四川和湖北共6省。

由此可见，水利经济基础较好的地区是：江苏、浙江、湖北、广东、重庆、陕西和宁夏。水利基础是水利旅游开发的重要条件，水利经济基础较好，人员劳动生产率越高，水利管理效益越高。

三 水利旅游吸引力评价指标体系

综合上文论述，水利旅游吸引力评价体系建立如图3-3所示

---

① 这里的水利经营收入并不包括供水供水电的经营收入，也不包括工农业生产中水资源作为中间产品投入后产生的经济效益。

(NWP 是国家级水利风景区 National Water Park 的缩写)。

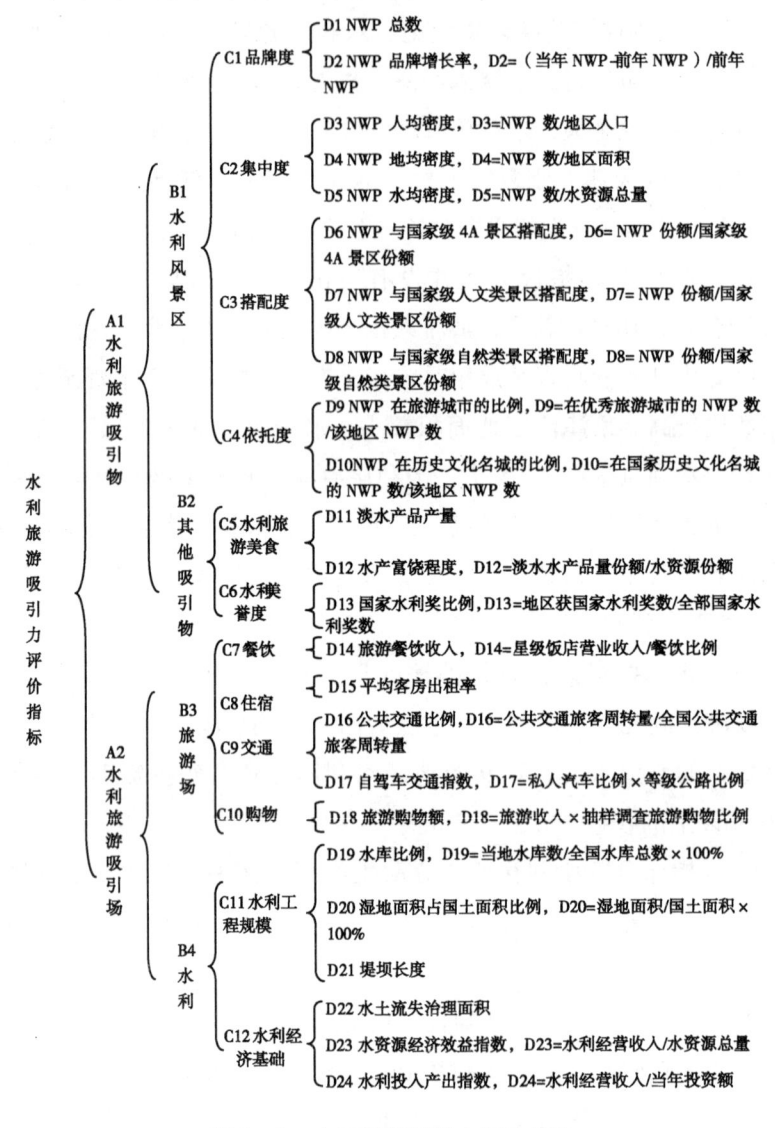

```
                                    ┌ D1 NWP 总数
                         ┌ C1 品牌度 ┤
                         │          └ D2 NWP 品牌增长率, D2=(当年 NWP-前年 NWP)/前年 NWP
                         │
                         │          ┌ D3 NWP 人均密度, D3=NWP 数/地区人口
                         │ C2 集中度 ┤ D4 NWP 地均密度, D4=NWP 数/地区面积
                         │          └ D5 NWP 水均密度, D5=NWP 数/水资源总量
                    B1   │
                    水   │          ┌ D6 NWP 与国家级 4A 景区搭配度, D6= NWP 份额/国家级 4A 景区份额
                    利   │ C3 搭配度 ┤ D7 NWP 与国家级人文类景区搭配度, D7= NWP 份额/国家级人文类景区份额
                    风   │          └ D8 NWP 与国家级自然类景区搭配度, D8= NWP 份额/国家级自然类景区份额
                    景   │
               A1   区   │          ┌ D9 NWP 在旅游城市的比例, D9=在优秀旅游城市的 NWP 数/该地区 NWP 数
               水        └ C4 依托度 ┤
               利                   └ D10 NWP 在历史文化名城的比例, D10=在国家历史文化名城的 NWP 数/该地区 NWP 数
               旅
               游   B2   ┌ C5 水利   ┌ D11 淡水产品产量
               吸   其   │ 旅游美食  └ D12 水产富饶程度, D12=淡水水产品量份额/水资源份额
               引   他   │
               物   吸   └ C6 水奖誉度 ── D13 国家水利奖比例, D13=地区获国家水利奖数/全部国家水利奖数
  水                引
  利                物
  旅
  游                     ┌ C7 餐饮 ── D14 旅游餐饮收入, D14=星级饭店营业收入/餐饮比例
  吸                     │
  引                     │ C8 住宿 ── D15 平均客房出租率
  力                     │
  评                B3   │          ┌ D16 公共交通比例, D16=公共交通旅客周转量/全国公共交通旅客周转量
  价                旅   │ C9 交通 ┤
  指                游   │          └ D17 自驾车交通指数, D17=私人汽车比例×等级公路比例
  标                场   │
                         └ C10 购物 ── D18 旅游购物额, D18=旅游收入×抽样调查旅游购物比例
               A2
               水
               利                   ┌ D19 水库比例, D19=当地水库数/全国水库总数×100%
               旅        ┌ C11 水利 ┤ D20 湿地面积占国土面积比例, D20=湿地面积/国土面积×100%
               游        │ 工程规模 └ D21 堤坝长度
               吸        │
               引   B4   │
               场   水   │          ┌ D22 水土流失治理面积
                    利   └ C12 水利 ┤ D23 水资源经济效益指数, D23=水资源经营收入/水资源总量
                         经济基础   └ D24 水利投入产出指数, D24=水利经营收入/当年投资额
```

图 3-3　水利旅游吸引力评价体系

第三节　AHP-PCA-Boarda 组合评价过程

不同的指标评价方法各有特点，按照权重判断的不同，可以分为两类，一类是主观赋权，采用综合咨询评分的定性方法确定权数，进

行无量纲化处理，再用归一法进行综合求出评价值，例如层次分析法AHP，综合指数法等。另一类是客观赋权，根据各指标数值之间的相互关系和变异程度确定权重，例如主成分分析、熵值法、神经网络等。但客观赋权法要依赖足够的样本数据和实际的问题域，通用性和可参与性差，而且不能体现评判者对不同属性指标的重视程度，有时确定的权重会与属性的实际重要程度相差较大。20世纪末，以唐小我为代表的学者提出了组合评价/预测的研究思路，将主观赋权和客观赋权相结合形成组合评价模型，组合评价模型的关键在于误差界的确定。误差产生的根源在于每一种赋权方法的运算机理、指导思想和侧重点不同，组合赋权首先要判别各权向量间的一致性或相容性问题[1]。

一　AHP-PCA-Boarda 说明

旅游吸引力和竞争力常用的权重确定方法有：层次分析法和主成分分析法。层次分析法主要目的是了解人们对旅游吸引力感知的主观评判。而主成分分析法是最常用的数据简化方法，主要目的是浓缩数据。以旅游吸引力或竞争力为主题，对中国知网进行检索，共有424篇（检索日期2009年2月24日，检索范围2003—2009年）。其中，以层次分析法为评价方法的43篇，占10.14%，如葛云健[2]、张维亚[3]等，张维亚修改了市场细分模型，建立了旅游吸引力——承载力矩阵对夫子庙、引虹园、双塘、建康路等6处进行了对比研究。旅游吸引力是旅游者对客观旅游资源、旅游设施的主观判断和感知，旅游者的主观偏好对旅游决策起着关键性作用，层次分析法能较好体现主观偏好，因此在评价旅游吸引力时经常被用到。但是主观赋权受到专

---

[1] 毛红保、张凤鸣、冯卉：《一种基于区间估计的多属性决策组合赋权方法》，《系统工程理论与实践》2007年第6期。

[2] 葛云健：《创建盐城国家滨海湿地公园的构想——江苏淤泥质海岸生态旅游发展的新思路》，《资源科学》2007年第1期。

[3] 张维亚：《城市历史地段旅游开发中吸引力——承载力矩阵的应用——以南京内秦淮河历史地段为例》，《旅游学刊》2008年第3期。

家数量、地域、知识、阅历等多方面影响，主观赋分时波动性较大，没有客观赋权准确，因此一部分学者倾向于客观赋权法，如主成分分析。以主成分分析法为评价方法的99篇，占23.35%，有宋国琴[①]、李雪[②]等。

如何能既充分利用专家学者的逻辑智慧，又能反映评价指标数据的实际差异，并且更准确快捷地得出评价结果，从而在不同尺度空间、不同时间截面，得到水利旅游比较结果，是选取评价方法的基本研究思路。水利旅游吸引力评价思路如图3-4所示：

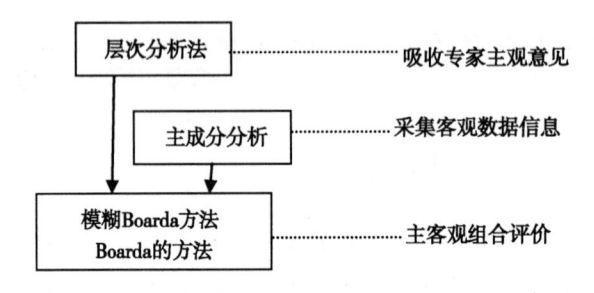

图3-4　选取评价方法的基本思路

AHP-PCA-Boarda组合评价法是指层次分析法（Analytic Hierarchy Process，简称AHP）、主成分分析法（Principal Component Analysis，简称PCA）和模糊Boarda的组合评价方法。模糊Boarda是将AHP和PCA两种方法进行综合。

AHP-PCA-Boarda组合评价法的意义是：

（1）方法成熟，便于比较。水利旅游吸引力的评价体系，部分指标借鉴了旅游吸引力的评价体系（都从食、住、行、游、购、娱六方面寻找解释内容），在一定程度上能较方便地与前人文献的研究结果比较。AHP、PCA都是较成熟的评价方法，AHP和PCA组合能将主客观赋权的优点进行组合，近年来主客观评价普遍受到较高关注。

---

① 宋国琴：《海岛型旅游目的地吸引影响因素探析》，《企业经济》2006年第5期。
② 李雪、董锁成、张广海：《山东半岛城市群旅游竞争力动态仿真与评价》，《地理研究》2008年第6期。

(2) 较适用于水利旅游吸引力这个研究对象。①从研究方法上看，旅游吸引力是从万有引力中延伸入旅游学科的"舶来品"，随着空间尺度的扩展，旅游吸引力强度会随距离而衰减（距离衰减规律），不同空间尺度的比较时，数据会发生显著变化，重新计算费时费力，利用训练好的神经网络能很快得到准确评价结果，实践中应用非常方便。②从研究内容上看，水利旅游吸引力侧重主观感知的偏好，侧重感受和经历，因此即使主观赋权法受到较多质疑，也不得不引用层次分析法这种主观赋权法。水利旅游吸引力也是水利旅游资源与其他资源竞争的结果，以水利风景区或水利枢纽为代表的旅游资源，功能、外观类似，但等级上存在差异，给旅游者带来的审美体验也有差别，这种等级差异往往能通过实际数据表现出来。例如水利风景区的数量同等的情况下，对旅游者而言，国家级的水利风景区肯定比省级的水利风景区更有吸引力；即使国家级水利风景区数量是一样的，但对旅游者而言，在其他条件一样的前提下，水利旅游在旅游城市比在工业城市的吸引力更大一些。因此客观赋权法也是必须的，PCA 是最成熟的客观赋权法之一。

二 AHP-PCA-Boarda 算法过程

AHP-PCA 算法过程：首先，依次将层次分析法和主成分分析法的算法和计算过程进行说明，分别得到主客观评价值和排名。其次，利用模糊 Boarda 算法进行综合，得到合二为一的最终评价值。

（一）AHP 算法及过程

层次分析法（Analytic Hierarchy Process，简称 AHP）是 T. L. Seaty 在 1980 年提出的，它是一种定性和定量相结合的、系统化、层次化的分析方法。AHP 通过分析复杂问题包含的因素及其相互联系，将问题分解成不同的要素，并将这些要素归并为不同的层次，从而形成多层次结构，在每一层次可按某一规定准则，对该层要素进行逐一比较，建立判断矩阵，通过计算判断矩阵的最大特征值和对应的正交化特征向量，得出该层要素对于该准则的权重，在这个基础上，计算出各层次要素对于总体目标的组合权重。从而得出不同方案的权值，为选择最佳方案给出依据，具体算法见参考文献①。过程如下。

（1）问卷发放

2009 年 11 月将图 3-3 的评价指标转化为水利旅游吸引力评价问卷，向专家发放问卷进行评价测试，首轮发放 10 份，经过专家意见回馈，对一些评价指标进行了删除和合并，同时随后在 12 月进行第二轮发放，发放对象为河海大学、南京师范大学、南京水利风景区、桂林理工大学、桂林旅游高等专科学校等高校的水利学专家和旅游学专家共 40 人，问卷见附录 1，共回收电子邮件 40 份，其中有效问卷 35 份，有效率达到 87.5%。

（2）标准化数据

在首次试发放问卷后，一些专家反映由于对各地区水利旅游的状况仅是主观认知，有可能对各地区的评分有偏差。据此，放弃用里克特 5 点量法进行评分，改用客观指标年鉴数据进行标准化，再乘以权重的方式获得评价值。指标数据标准化的公式是：

$$x_{ij} = \frac{z_{ij} - \min\{z_{ij}\}}{\max\{z_{ij}\} - \min\{z_{ij}\}}, i = 1,\ldots,n; j = 1,\ldots,m \quad (3.20)$$

其中，x_{ij} 是第 i 地区第 j 指标的标准化后的数值，z_{ij} 是第 i 地区第 j 指标的年鉴数据，数据标准化结果见附录Ⅰ。

（3）权重值计算

根据问卷得到两两判断矩阵，根据 AHP 算法，计算后层内权重值和 AHP 权重值如表 3-9 所示，检验系数 $C.R. = 0.0012 < 0.10$。

根据表 3-9，专家们的主观判断是：

①5 个最重要的指标依次是：水利风景区品牌的增长率（D2）、国家级水利风景区在旅游城市的比例（D9）、国家级水利风景区在历史文化名城的比例（D10）、国家水利奖比例（D13）和水库比例（D19）。这五个指标的"AHP 权重值"都"大于 5.00"，表明相对于

---

① 汪芳、郝小斐：《基于层次分析法的乡村旅游地社区参与状况评价——以北京市平谷区黄松峪乡雕窝村为例》，《旅游学刊》2008 年第 8 期。

其他指标,专家认为更重要。这五个指标都集中反映了水利旅游特色,其中三个属于水利风景区层(B1层),表明在水利旅游吸引力中,水利风景区对吸引旅游者起了关键性作用。从这五个指标,可以找到提升水利旅游吸引力的有效途径:例如逐年增加国家级水利风景区、争取在旅游业发展基础好的旅游城市和历史文化名城开发水利旅游、注重水利争优获奖的美誉度和知名度建设、在水库密集的区域也是开展水利旅游的良好基础。

表3-9 AHP权重值

指标	层内权重值	指标	权重比例%	指标	权重比例%	指标	权重比例%	AHP权重值
A1	60	B1	71	C1	0.45	D1	0.25	4.89
						D2	0.75	14.40
				C2	0.15	D3	0.20	1.28
						D4	0.33	2.13
						D5	0.47	2.99
				C3	0.12	D6	0.70	3.46
						D7	0.19	0.92
						D8	0.11	0.57
				C4	0.28	D9	0.50	5.98
						D10	0.50	5.98
		B2	29	C5	0.40	D11	0.44	3.00
						D12	0.56	3.88
				C6	0.60	D13	1.00	10.51
	40	B3	37	C7	0.30	D14	1.00	4.44
				C8	0.14	D15	1.00	2.03
				C9	0.49	D16	0.75	5.37
						D17	0.25	1.79
				C10	0.07	D18	1.00	1.02
		B4	63	C11	0.57	D19	0.59	8.51
						D20	0.21	3.10
						D21	0.13	1.84
						D22	0.07	1.08
				C12	0.43	D23	0.37	4.03
						D24	0.39	4.23
						D25	0.24	2.57

②两个最次要的指标是:水利风景区与国家级人文类景区的搭配度(D7)、水利风景区与国家级自然类景区的搭配度(D8)。这两个的"AHP权重值"都"小于1.00",这说明大部分受测的专家认为

水利旅游吸引力的提升与人文类或自然类景区关系不大。这结果与预想出入较大,笔者原先认为不同类型的景区会产生搭配互补的效果,提升整个旅游地的吸引力,结果与预期不同,故与受测专家们进行电话或现场咨询,大部分专家认为水利旅游的主体是水利风景区,即使是国家级水利风景区与其他国家级景区相比,国家级人文类和自然类景区经过岁月的洗礼,在人文沉淀、自然景观方面存在较大优势,国家级水利风景区景观单一,大部分属于人造工程类景观、开发历史较短、文化积蓄不多,因此水利旅游的整体竞争力相对较弱,在同一旅游目的地,在旅游者游览时间有限的情况下,往往不会选择水利风景区进行旅游活动。因此国家级水利风景区与自然类、人文类景区的搭配,更多地趋向于替代效应,而不是搭配互补效应,故专家赋予的权重较低。

(4) AHP 评价结果

$$y_i = \sum_{j=1}^{m}(x_{ij} \times w_j) \tag{3.21}$$

其中,y_i 是第 i 地区的评价结果,x_{ij} 是第 i 地区第 j 指标的标准化后的数值,w_j 是第 j 指标的权重。

根据 AHP 算法,水利旅游吸引力 AHP 评价结果如表 3-10 所示。

表 3-10　　　　水利旅游吸引力 AHP 评价结果

排名	地区	AHP 结果	排名	地区	AHP 结果	排名	地区	AHP 结果
1	江苏	45.80	11	浙江	27.32	21	海南	20.71
2	山东	37.72	12	安徽	27.14	22	重庆	20.42
3	广东	37.47	13	福建	26.08	23	四川	19.61
4	湖北	34.68	14	江西	24.73	24	贵州	19.38
5	北京	33.80	15	山东	24.58	25	云南	18.39
6	河南	33.07	16	河南	24.29	26	陕西	18.06
7	山西	32.45	17	湖北	23.24	27	甘肃	16.77
8	浙江	31.39	18	湖南	22.78	28	青海	16.14
9	湖南	30.78	19	广东	22.28	29	宁夏	14.86
10	江西	27.79	20	广西	20.98	30	新疆	11.26

根据层次分析法，水利旅游吸引力测算结果是：

（1）江苏、山东、广东、湖北、北京、河南、山西、浙江和湖南这九省的水利旅游吸引力排在前列。显然，这九省的得分都超过了30.00分，虽然比起其他省份较有优势，但实际上总体得分偏低，这表明我国水利旅游吸引力整体偏弱，水利旅游在人们心目中的轮廓不如乡村旅游这样清晰，甚至有些旅游者不清楚水利旅游到底是能看到什么景观、得到什么不一样的旅游体验。水利旅游的发展、水利旅游吸引力的提升仍然需要一个过程。

（2）宁夏和新疆两省的水利旅游吸引力排在末尾。这两省的得分都低于15.00分，两省交通区位较不理想，在一定程度上限制了水利旅游的发展。

（二）PCA算法及过程

如前所述，层次分析法适合评价与人的心理动机方面的因素，水利旅游吸引力是心理动机的反映。根据这一观点，通过AHP的两两判断矩阵，量度出专家感知水利旅游吸引力的状况，进而了解水利旅游吸引力的侧重点。但由于所选专家有限，且容易受到主观因素的干扰，因此需要客观赋权法进行修正。在研究旅游吸引力时，主成分分析PCA是最常用的方法，故选择它。

主成分分析有三个条件：第一，一个默认前提条件就是各变量间必须有相关性，否则就不应当有公因子需要提取。由水利旅游吸引力评价体系图3-3可以看出，D层指标是由两变量的线性关系（例如比值关系）构成的，相邻指标共有一个变量，因此各变量间显然有相关性，因此比较适用于主成分分析/因素分析。同为客观赋权法的熵权法，其原理是各变量中差异越大，熵就越大，对于水利旅游吸引力评价体系而言，没有显著的解释意义，故不采用。第二，要使用主成分分析/因素分析，KMO统计量和布雷特（Bartlett's）球形检验必须满足一些条件。KMO统计量是比较各变量间的简单相关和偏相关大小的值，如果各变量间存在内在联系，就存在偏相关系数远远小于简单相关系数，此时KMO统计量就接近于1，一般认为KMO统计量小于0.5就不适应做主成分分析/因素分析。布雷特球形检验是用来检验相关阵是否是单位阵的，即各变量是否各自独立的。如果变量各自独立提供一些信息，布雷特球形检验统计量就小于指定的显著性水平，此时也不适用于主成分分析。本次数据的 KMO 统计量是 0.652（见表 3-11）。第三，特征根（Eigenvalue）可以被看成是主成分影响力度的指标，代表引入主成分分析后可以解释平均原始变量的信息多少。提取主成分数量的时候要求特征根值大于 1，而且主成分的累积贡献率要达到 80%—85% 以上。在因素分析中确定提取公因子时更加灵活，如果有实际意义，即使贡献率较小也可以保留；而如果找不到合理的解释，则宁可将此主成分去除[①]。

（1）PCA 算法

主成分分析的步骤结果如下：

①将数据进行标准化。

$$x_{ij} = \frac{z_{ij} - \bar{z}_j}{S_j},$$

$$S_j = \sqrt{\frac{1}{n}\sum_{i=1}^{n}(z_{ij} - \bar{z}_j)^2},$$

$$\bar{x}_j = \frac{1}{n}\sum_{i=1}^{n}z_{ij},$$

$$i = 1, 2, \cdots, n; j = 1, 2, \cdots, m. \tag{3.22}$$

其中，x_{ij} 是第 i 地区第 j 指标的标准化后的数值，z_{ij} 是第 i 地区第 j 指标的年鉴数据。

这与 AHP 算法的数据标准化不同，标准化后的数据见附录 I。

②求相关矩阵 R

$$R = (r_{ik})_{n \times n}, \bar{x}_i = \frac{1}{n}\sum_{i=1}^{n}x_{ij}, \bar{x}_i = \frac{1}{m}\sum_{j=1}^{m}x_{ij}, \tag{3.23}$$

$$r_{ij} = \frac{\sum_{i=1}^{n}(x_{ij} - \bar{x}_i)(x_{ij} - \bar{x}_j)}{\sqrt{\sum_{i=1}^{n}(x_{ij} - \bar{x}_i)^2(x_{ij} - \bar{x}_j)^2}}$$

---

① 张文彤：《世界优秀统计工具 SPSS11.0 统计分析教程（高级篇）》，北京希望电子出版社 2002 年版，第 193 页。

③计算特征值和特征向量

特征方程为：
$$|\lambda E - R| = 0 \quad (3.24)$$

解此特征方程，就可以求出特征值 λ_i，因为 R 为正定矩阵，所以其特征值 λ_i 都为正数，按其大小顺序排列，特征值是各主成分的方差，它的大小反映了各个主成分在描述被评价对象上所起的作用然后根据方程：

$$|R - \lambda|U = 0 \quad (3.25)$$

可以确定特征向量的矩阵 U。

④计算主成分贡献率及累计贡献率，确定主成分个数。

主成分贡献率 η_i 和累计贡献率 κ_i 的计算公式如下：

$$\eta_i = \frac{\lambda_j}{\sum_{j=1}^{m}\lambda_j}, w_i = \frac{\sum_{j=1}^{p}\lambda_j}{\sum_{j=1}^{m}\lambda_j} \times 100\% \quad (3.26)$$

其中，一般取累计贡献率达 80%—95% 的特征值 $\lambda_1, \lambda_2, \cdots, \lambda_p$ 所对应的 1，2，$\cdots$，p（$p \leq m$）个主成分。

⑤构造综合评分函数

$$y_i = \sum_{j=1}^{m} x_{ij} w_i \quad (3.27)$$

（2）PCA 计算过程

运用 SPSS15.0 软件进行主成分分析。打开 SPSS 软件的界面，Analyze/data reduced/Factor，选择 KMO 和球形统计量（见表 3 - 11 所示）、主成分分析（Principle components）特征根的累计百分比（见表 3 - 12 和表 3 - 13）。KMO 统计量为 0.652，虽然不够理想，但基本符合条件。球形检验值显著性水平 0.000，小于 0.01，符合条件。

表 3 - 11　　　　　　　　KMO 统计量和球形检验值

主成分分析的指标	主成分分析的指标值
KMO 统计量	0.652
Bartlett's 球形检验值	569.713
样本自由度	300
球形检验值显著性水平	0.000

表 3-12　　　　　　　　PCA 单位化特征向量

	因子1	因子2	因子3	因子4	因子5	因子6	因子7	因子8	因子9
X_1	0.014	0.637	0.518	0.242	0.230	0.097	0.300	-0.064	0.011
X_2	-0.325	0.266	0.080	0.028	0.063	0.160	-0.260	-0.587	0.290
X_3	-0.708	0.178	0.505	-0.091	-0.057	-0.235	-0.105	-0.136	-0.101
X_4	-0.089	0.186	0.161	0.104	-0.323	0.618	-0.305	0.495	0.010
X_5	-0.233	-0.576	0.425	-0.301	-0.019	0.240	0.250	-0.250	-0.198
X_6	-0.610	0.328	0.327	0.037	0.140	-0.069	0.048	0.298	-0.268
X_7	-0.489	0.312	0.491	0.033	-0.321	0.233	0.045	0.239	0.157
X_8	-0.351	0.103	0.633	0.237	0.397	-0.402	-0.024	0.057	0.006
X_9	0.439	-0.316	0.054	0.374	-0.165	-0.327	0.383	0.243	0.124
X_{10}	0.212	-0.676	-0.121	0.298	0.057	-0.149	0.198	0.142	-0.001
X_{11}	0.757	0.297	0.046	-0.294	0.077	0.038	-0.028	0.064	0.069
X_{12}	0.138	-0.729	0.224	-0.293	0.035	0.265	0.221	0.024	0.118
X_{13}	0.545	-0.144	0.281	0.496	-0.214	0.100	-0.057	-0.242	-0.379
X_{14}	0.702	-0.182	0.255	0.433	0.123	0.004	-0.258	-0.133	0.019
X_{15}	0.410	0.113	0.196	-0.010	0.600	0.275	0.128	0.135	-0.281
X_{16}	0.759	0.506	0.170	-0.127	-0.006	0.085	0.151	-0.028	0.087
X_{17}	0.612	0.410	0.268	-0.144	-0.017	0.055	0.153	-0.182	0.181
X_{18}	0.661	0.203	-0.089	0.391	-0.231	0.129	-0.037	-0.058	-0.252
X_{19}	0.403	0.485	-0.361	-0.285	0.474	0.134	0.159	0.077	-0.030
X_{20}	0.202	-0.462	0.318	0.141	0.393	0.002	-0.283	0.237	0.506
X_{21}	0.619	-0.030	0.411	0.010	-0.183	0.010	-0.150	-0.065	0.174
X_{22}	-0.297	0.409	-0.080	0.277	-0.293	0.076	0.589	-0.069	0.332
X_{23}	0.069	-0.845	0.343	-0.247	-0.025	0.222	0.173	-0.090	-0.017
X_{24}	0.370	0.163	0.429	-0.512	-0.341	-0.322	-0.026	0.085	-0.161
X_{25}	0.674	0.088	0.091	-0.352	-0.233	-0.373	-0.111	0.129	0.046

表 3-13　　　　　　　　特征根和被解释的总方差

成分 Component	初始特征根 Initial Eigenvalues			方差提取 Extraction Sums of Squared Loadings			方差旋转 Rotation Sums of Squared Loadings		
	总和 Total	百分比% of Variance	累积贡献率 Cumulative %	总和 Total	百分比% of Variance	累积贡献率 Cumulative %	总和 Total	百分比% of Variance	累积贡献率 Cumulative %
1	5.850	23.400	23.400	5.850	23.400	23.400	5.850	23.400	23.400
2	4.164	16.654	40.054	4.164	16.654	40.054	4.164	16.654	40.054
3	2.562	10.249	50.303	2.562	10.249	50.303	2.562	10.249	50.303
4	1.879	7.515	57.818	1.879	7.515	57.818	1.879	7.515	57.818
5	1.627	6.507	64.325	1.627	6.507	64.325	1.627	6.507	64.325

续表

成分 Component	初始特征根 Initial Eigenvalues			方差提取 Extraction Sums of Squared Loadings			方差旋转 Rotation Sums of Squared Loadings		
	总和 Total	百分比% of Variance	累积贡献率 Cumulative %	总和 Total	百分比% of Variance	累积贡献率 Cumulative %	总和 Total	百分比% of Variance	累积贡献率 Cumulative %
6	1.380	5.519	69.845	1.380	5.519	69.845	1.380	5.519	69.845
7	1.216	4.866	74.711	1.216	4.866	74.711	1.216	4.866	74.711
8	1.142	4.569	79.280	1.142	4.569	79.280	1.142	4.569	79.280
9	1.016	4.065	83.344	1.016	4.065	83.344	1.016	4.065	83.344
10	0.829	3.316	86.660				0.829	3.316	86.660
11	0.723	2.894	89.554				0.723	2.894	89.554

表 3-12 和表 3-13 的特征根相乘，就得到了主成分评价结果，如表 3-14 所示。

表 3-14　　　　　水利旅游吸引力 PCA 评价结果

排名	地区	PCA 结果	排名	地区	PCA 结果	排名	地区	PCA 结果
1	江苏	2046.60	11	辽宁	251.22	21	福建	-479.74
2	广东	1818.73	12	北京	94.76	22	新疆	-540.72
3	山东	1074.64	13	河北	75.68	23	内蒙古	-565.22
4	浙江	1033.50	14	广西	-34.42	24	山西	-569.85
5	河南	949.09	15	黑龙江	-147.57	25	吉林	-582.87
6	湖南	778.03	16	云南	-167.66	26	陕西	-608.54
7	湖北	720.55	17	重庆	-236.76	27	海南	-653.95
8	安徽	413.58	18	上海	-353.05	28	天津	-1231.40
9	四川	374.57	19	贵州	-447.15	29	青海	-1401.11
10	江西	265.88	20	甘肃	-462.94	30	宁夏	-1413.79

根据主成分分析法，客观赋权的结果是：

（1）排在前 1/3 的省份是江苏、广东、山东、浙江、河南、湖南、湖北、安徽、四川和江西。与 AHP 评价结果（表 3-9）相比，除了江苏、广东和山东三省保持三甲外；河南、湖南、湖北、浙江、江西也仍然排在上游阶段，只是排名有所变化；但北京、山西的得分却比较低，排在中下游。

（2）天津、青海和宁夏得分较低，已经排在了末尾。就主成分分析而言，这三省水利旅游吸引力较弱。相比 AHP 评价结果（表 3-9），新疆的排名上升，这说明从数据本身而言，新疆的水利旅游实力较强。截至 2010 年年底，我国国家级水利风景区已经达到 423 家，平均每省 13.6 家，而新疆就达到了 18 家，剔除了层次分析法的主观干扰后，新疆的排名得到提升。

显然，通过主客观赋权，得到不完全一致的结果，有必要进行综合。

（三）模糊 Boarda 算法及过程

综合主客观评价结果有两种思想：一种是对权重进行综合；另一种是对评价值进行综合。前者是用不同的评价方法各自求出权重向量，然后构造组合赋权向量进行综合，得出最终权重。一般有加法合成法和乘法合成法，但由于乘法合成法具有倍增效应，而且要求各种赋权法之间具有较强的相关性，在实际应用中较难符合此项要求，一般组合权重向量采用各种赋权方案权重向量的加法合成[1]。陈伟[2]认为如果综合评价值太接近则不利于决策方案的排序和选择，因此提出基于离差平方和的组合赋权向量，尽量使各决策方案尽可能分散；宋光兴（2004）认为在组合赋权时，各种方法所起作用的大小应该与赋权结果的一致性程度相联系，如果一种赋权方法的赋权结果与其他赋权结果的一致性较差，则组合赋权时这种方法所起的作用应较小，反之则较大。毛奇凰[3]在此基础上，引入属性理论和属性坐标方法，进行了改进，并进行了实证研究。在指标决策问题中，权重的合理性直接影响着决策排序的准确性，权重问题的研究占有重要地位。但是

---

[1] 宋光兴、杨德礼：《基于决策者偏好及赋权法一致性的组合赋权法》，《系统工程与电子技术》2004 年第 9 期。

[2] 陈伟、夏建华：《综合主、客观权重信息的最优组合赋权方法》，《数学的实践与认识》2007 年第 1 期。

[3] 毛奇凰、真虹、冯嘉礼：《基于评判者心理偏好的动态组合赋权法》，《上海海事大学学报》2007 年第 4 期。

第三章 水利旅游吸引力理论模型和实证评价

权重组合评价涉及一致性判断的问题，仍然存在争议，而且从权重阶段开始进行综合，会破坏一种算法的连贯性，从而影响最终权重结果的正确性[1][2]。因此，倾向于后者，即对最后的评价结果值进行综合。

对评价值进行组合，较成熟的综合方法分为四种：平均值法、Boarda 法、Compeland 法和模糊 Boarda 法。其中，模糊 Boarda 法既考虑得分的差异，又考虑到排序的差异，因此得到广泛的应用。按照模糊 Boarda 的方法将 AHP 和 PCA 的主客观评价结果进行综合。具体步骤如下[3]：

（1）计算隶属度 u_{ij}。

$$u_{ij} = \frac{x_{ij} - \min\{x_{ij}\}}{\max\{x_{ij}\} - \min\{x_{ij}\}} \times 0.9 + 0.1, i = 1,2,\cdots,n; j = 1,2,\cdots,m \quad (3.28)$$

其中：x_{ij} 为地区 i 在第 j 种方法下的得分；

u_{ij} 为地区 i 在第 j 种方法下属于"优"的隶属度，结果见文末附录Ⅱ。

（2）计算模糊频率。

模糊频率为：

$$W_{hi} = \frac{\sum_{j=1}^{m} \delta_{ih} u_{ij}}{\sum_{h}(\sum_{j=1}^{m} \delta_{ih} u_{ij})} \quad (3.29)$$

其中：$\delta_{ih} = \begin{cases} 1 & 地区 i 排在第 h 位, \\ 0 & 其他。\end{cases}$

（3）将排序转化成得分。

$$Q_h = 0.5(n-h)(n-h+1) \quad (3.30)$$

显然是个确定值。

---

[1] 毛红保、张凤鸣、冯卉：《一种基于区间估计的多属性决策组合赋权方法》，《系统工程理论与实践》2007 年第 6 期。

[2] 李占国、高志刚：《基于组合评价的中国区域产业结构转换能力研究》，《经济问题探索》2007 年第 8 期。

[3] 刘艳春：《一种循环修正的组合评价方法》，《数学的实践与认识》2007 年第 4 期。

(4) 计算模糊 Boarda 得分[①]。

$$B_i = \sum W_{hi} Q_{hi} \tag{3.31}$$

最后结果如表 3-15。

表 3-15　基于模糊 AHP-PCA-Boarda 的水利旅游吸引力测算结果

地区	AHP结果	排名	PCA结果	排名	Boarda综合	排名	地区	AHP结果	排名	PCA结果	排名	Boarda综合	排名
北京	33.80	5	0.95	12	26.07	8	河南	33.07	6	9.49	5	31.29	5
天津	27.32	11	-12.31	28	14.86	14	湖北	34.68	4	7.21	7	31.50	4
河北	23.24	17	0.76	13	12.46	16	湖南	30.78	9	7.78	6	26.72	7
山西	32.45	7	-5.70	24	19.22	11	广东	37.47	3	18.19	2	39.33	2
内蒙古	22.28	19	-5.65	23	4.88	23	广西	18.39	25	-0.34	14	8.96	19
辽宁	26.08	13	2.51	11	17.23	13	海南	14.86	29	-6.54	27	0.40	29
吉林	16.77	27	-5.83	25	2.07	27	重庆	22.78	18	-2.37	17	8.45	20
黑龙江	20.98	20	-1.48	22	9.07	18	四川	24.29	16	3.75	9	17.59	12
上海	27.14	12	-3.53	18	13.17	15	贵州	20.71	21	-4.47	19	5.56	22
江苏	45.80	1	20.47	1	42.05	1	云南	18.06	26	-1.68	16	6.74	21
浙江	31.39	8	10.33	4	30.60	6	陕西	19.38	24	-6.09	26	1.55	28
安徽	24.58	15	4.14	8	19.48	10	甘肃	24.73	14	-4.63	20	10.08	17
福建	11.26	30	-4.80	21	3.80	25	青海	16.14	28	-14.01	29	0.24	30
江西	27.79	10	2.66	10	22.06	9	宁夏	19.61	23	-14.14	30	2.13	26
山东	37.72	2	10.75	3	39.24	3	新疆	20.42	22	-5.41	22	4.06	24

第四节　中国水利旅游吸引力测算结果

本节的分析思路分为两步：第一步，对 2008 年水利旅游吸引力的测算结果进行分析，这主要是为了从宏观上了解水利旅游发展的现状是否存在一定的地区优势和地区劣势，如果的确存在地区优势和劣势，那优劣势的方向在哪里。第二步，把 2004 年的水利旅游吸引力测算结果和 2008 年的测算结果进行对比分析，这主要是为了了解经

[①] 苏为华、陈骥：《模糊 Boarda 法的缺陷分析及其改进思路》，《统计研究》2007 年第 7 期。

过几年发展各地区水利旅游吸引力是否有变化,变化的主要方面是什么。本节首先从空间的角度来探讨各地区水利旅游吸引力的现状,接着从时间的角度来探讨各地区水利旅游吸引力的变化差异。

一 不同地区的水利旅游吸引力测算结果

为了便于观察测算结果,将水利旅游吸引力的测算结果分为五级,并在地图中表现,如图 3-5 所示。

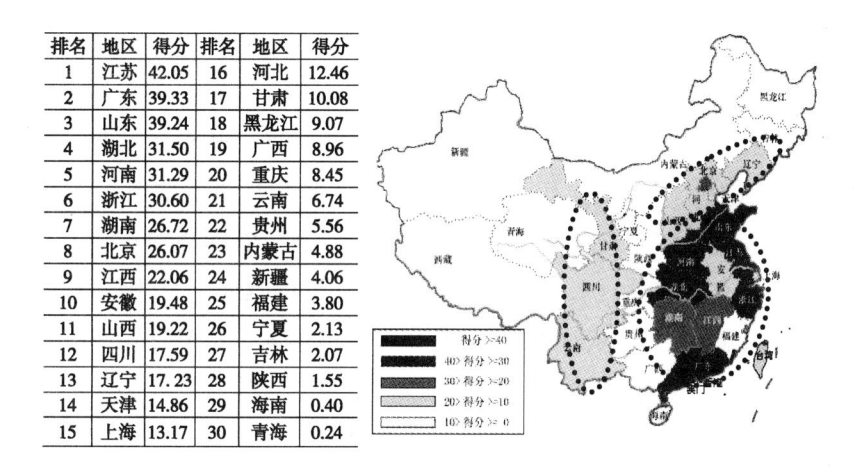

排名	地区	得分	排名	地区	得分
1	江苏	42.05	16	河北	12.46
2	广东	39.33	17	甘肃	10.08
3	山东	39.24	18	黑龙江	9.07
4	湖北	31.50	19	广西	8.96
5	河南	31.29	20	重庆	8.45
6	浙江	30.60	21	云南	6.74
7	湖南	26.72	22	贵州	5.56
8	北京	26.07	23	内蒙古	4.88
9	江西	22.06	24	新疆	4.06
10	安徽	19.48	25	福建	3.80
11	山西	19.22	26	宁夏	2.13
12	四川	17.59	27	吉林	2.07
13	辽宁	17.23	28	陕西	1.55
14	天津	14.86	29	海南	0.40
15	上海	13.17	30	青海	0.24

图 3-5 中国水利旅游吸引力测算结果(2008 年)

(一)中国东部地区水利旅游吸引力较强

从图 3-5 看,由北至南,形成了水利旅游吸引力较强的三个组团:第一个组团集中在华中和东部沿海地区,包括江苏、山东、浙江、河南、湖北、湖南、江西和广东八省组合。第二个组团集中在华北地区,包括北京、天津、辽宁、河北和山西五省组合。第三个组团集中在西部地区,包括甘肃、四川和云南三省。在图 3-5 中,颜色越深,表示水利旅游吸引力评价得分越高,如前所述的三个区域中第二个区域颜色最深,显然,水利旅游吸引力评价值得分较高的集中在中部地区和东部地区,而且是大江大河的中下游地区。在近期这八省是我国水利旅游吸引力比较旺盛的地区,这八省经济基础较好,交通便利,旅游业发展较快,水利旅游吸引力也较强,就测算结果而言,这八省应该抓住水利旅游基础较好的机遇，开发水利旅游，将水利旅游吸引力转化成现实的水利旅游活动，拉动当地旅游经济的发展，根据旅游者需要创新旅游形式，淘汰进入衰退期的传统旅游产品形式。

（二）中国超过四成地区水利旅游吸引力较弱

如图3-5所示，中国水利旅游吸引力评价值得分在10分以下的有13个地区，占了43%，这表明中国有超过四成的省份水利旅游吸引力较弱。这与我国客观实际相符，水利旅游属于边缘旅游形式，起步较晚，受限制因素较多，政府行政干预较多，发展比较缓慢。与近年来发展迅猛的乡村旅游对比，能得到限制水利旅游吸引力发展的启示。水利旅游和乡村旅游既有相似之处又有各自独有的特征，相同点是：首先，兴起的时间差不多，两者都是20世纪90年代后期才发展起来的新兴旅游形式。其次，兴起的原因中都有显著的政府主导痕迹。如乡村旅游的兴起，是在新农村建设、新三农问题的基础上发展起来的，在政府号召农村过剩劳动力在家门口创业的行动纲领指导下发展起来的。水利旅游的兴起，是在各级水资源、水务管理部门为了盘活水资源及水利资产，增加水利经济效益的背景上发展起来的，在各级水资源、水务管理部门的直接或间接领导下发展起来的。从这点上看，政府部门在这两种形式的旅游业发展中都起了积极的主导推动作用。再次，这两种旅游形式都没有脱离本业。虽然发展了乡村旅游，但是乡村旅游的供给主体——主要是农民，并没有放弃农业老本行，依然是过着日出而耕日落而息的传统农业生产生活，乡村旅游也有明显的季节性，在周末和法定节假日时异常火爆，而平时却是另一番景象，在春耕秋收等农忙季节，乡村旅游也会适当暂停以从事农业正常生产。水利旅游的发展也存在类似乡村旅游的现象，水利旅游虽然发展了，但并没有脱离水利行业的本业，大多数水利风景区仍然担负着防洪、排涝、蓄水、灌溉、发电等水利基本事务，例如江苏淮安三河闸国家级水利风景区，所辖三河闸、洪泽湖大堤及沿堤湿地等人文自然景观，由洪泽湖管理处（2008年5月由原三河闸管理处更名）和洪泽县人民政府联合成立水利风景区管理机构，除了水利旅游外，该景区水利工作仍正常开展。景区中心的三河闸自建成后已安全行洪

10050 亿 m³，同时定点监测水文情况，还利用自身的钢结构防腐二级资质、水文水资源评价、防洪评价乙级资质，工程测绘丁级资质等，对外开展水文水资源评价等水利有偿服务[①]。另外，水利旅游也有明显的季节性，在冬春枯水期时，也失去了秋夏节假日的繁荣景象，取而代之的是水利设施维护工作，例如大坝加固、湖底清淤等水利工程作业。由于旅游业对于乡村旅游和水利旅游而言属于"兼职"，因此都存在缺乏旅游专业人才，旅游管理模式、经验不足的缺陷。但是乡村旅游或称农业旅游却在近几年成为异军突起的旅游业新秀，而水利旅游仍然在边缘旅游形式上徘徊。制度差异是其中原因之一，也是乡村旅游和水利旅游的不同点之一。制度差异表现在以下四个方面：第一，管理制度的差异。虽然农业和水利行业有着千丝万缕的联系，在管理制度方面比较相似，而且都属于国民经济基础性行业，但是较之于自由的农业旅游管理机构，大部分水利旅游的主管单位属于水利行政机构下属单位，对发展水利旅游胆子不大、思路不活、经验不够、融资困难。而农业旅游都以个体经营为主，投资规模小，旅游业经营简易。农业部对农业旅游或乡村旅游的行政规制以指导性意见等宽松政策管理为主，考虑到水及水利工程的安全性，水利部对水利旅游的行政规制以强制性严格管理为主，并且提倡功能分区，将水利活动和旅游活动分开互不干涉。第二，人力资源制度的差异。自给自足的传统农业生产方式或者机械化的现代农业生产方式，都属于劳动力密集型的行业，农业旅游或乡村旅游也是劳动力密集型行业，农业劳动力转化成农业旅游劳动力比较容易，因此农业旅游一般以家庭型农家乐或小农场型瓜果节庆为主要形式，涉及的直接利益主体较少。而水利劳动力的门槛较高，水利行业依靠国家财政支持，属于资金密集型行业，对劳动力专业化水平要求高，而且水利风景区涉及的行政管理机构较多，水利旅游利益分配主体多，例如涉及水库移民、库区行政机构等，有时还会产生利益分配不均衡而引发矛盾的现象。

---

① 根据《三河闸水利风景区建设和管理工作总结》及江苏省洪泽湖水利工程管理处网站（http://www.hzhwater.cn）资料进行整理。

（三） 中国水利旅游地区发展不平衡

根据图3-5，在水利旅游吸引力评价中，江苏42.05排名第一，随后六位依次是广东39.33、山东39.24、湖北31.50、河南31.29、浙江30.60和湖南26.72。水利旅游吸引力排名和国家级水利风景区数量多寡不完全一致，截至2008年底，我国国家级水利风景区数量最多的省分别是：河南29个、山东27个、内蒙古18个、江苏和新疆各17个、浙江和湖南各16个。河南、山东、江苏、浙江和湖南的水利风景区数量较多，水利旅游吸引力也较强。而内蒙古和新疆正好相反，内蒙古和新疆的水利风景区数量较多，但水利旅游吸引力较弱，分列第23、24位。这主要是因为在我国版图中，内蒙古和新疆在边境，本地人口稀少旅游基础条件较弱，自产游客的能力也较弱，距离主要旅游客源地又比较远，因此水利旅游吸引力较弱。

除了内蒙古和新疆外，黑龙江、吉林、福建、海南、西藏和青海等靠近边境的省份，根据图3-5，水利旅游吸引力同样比较弱。在我国版图的中轴线（附近）上的宁夏、陕西、重庆、贵州和广西，水利旅游吸引力也比较弱。除了黑龙江、吉林和陕西外，其他地区的国家级水利风景区都较少，少于10个。

总之，水利旅游吸引力并非均衡分布，根据图3-5水利旅游吸引力在东部地区最强，而且是大江大河的中下游地区，如江苏、山东、浙江和河南等。而水利旅游吸引力最弱的地区分布在我国版图中轴线附近及版图边界的省份。

二 不同时间的水利旅游吸引力评价

水利旅游吸引力是一个动态变化的过程，只取一年的横截面数据过于片面，应该对间隔若干年的数据进行评价，得出水利旅游吸引力的变化情况，找出水利旅游吸引力的发展方向，就更有指导意义。再次利用AHP-PCA-Boarda的组合评价法，对2004年我国各地区的水利旅游进行评价，并得出相应结果，如表3-16所示。

表 3-16　　　　　　　2004 年中国水利旅游吸引力测算结果

排名	地区	得分	排名	地区	得分	排名	地区	得分
1	江苏	41.23	11	湖南	21.00	21	吉林	3.70
2	河南	39.08	12	安徽	20.54	22	四川	3.60
3	广东	37.21	13	新疆	15.92	23	辽宁	3.52
4	天津	32.56	14	内蒙古	13.15	24	广西	3.05
5	北京	30.52	15	山西	12.51	25	黑龙江	1.89
6	江西	29.24	16	山东	12.48	26	宁夏	1.83
7	河北	27.45	17	甘肃	11.72	27	云南	1.48
8	浙江	26.80	18	贵州	8.28	28	海南	1.00
9	上海	25.31	19	陕西	5.13	29	福建	0.60
10	湖北	21.62	20	重庆	5.09	30	青海	0.05

(一) 水利旅游吸引力的强弱转化

水利旅游是水利经济的新兴经济增长点，它的快速健康发展符合建设现代水利的规划理念，随着时间的推移，各地区的水利旅游吸引力是趋强还是趋弱都值得关注。为此，以 2004 年排名为参照，即图 3-6 中的对角线，与 2008 年排名进行对比。如果水利旅游吸引力趋强，2008 年排名就会提前，反之，如果水利旅游吸引力趋弱，2008 年排名就会靠后，将在图 3-6 中 2004 年排名参照线的上方。

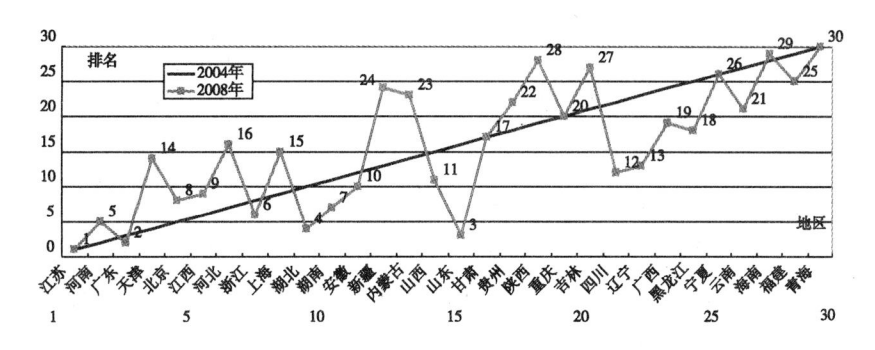

图 3-6　2004 年和 2008 年水利旅游吸引力排名对比

图 3-6 表明：

(1) 2008 年与 2004 年相比，12 省水利旅游吸引力相对趋强。这

12省分别是浙江、湖北、湖南、安徽、山西、山东、四川、辽宁、广西、黑龙江、云南和福建。距离参照线越远的点,表明变化趋势越大,山东、四川、辽宁水利旅游吸引力在全国排名变化较大,水利旅游提升最快的是山东,2004年山东水利旅游吸引力在全国排名第16位,到了2008年已经前进到了第3位;其次是四川和辽宁,2004年四川水利旅游吸引力在全国排名第22位,到了2008年已经前进到了第12位,2004年辽宁水利旅游吸引力在全国排名第23位,到了2008年已经前进到了第13位,各自提升了十个位次。这表明随着时间的推移,山东、四川和辽宁的水利旅游吸引力由弱转强,山东和四川的水资源非常丰富,有著名的水利旅游胜地——南水北调中线工程、都江堰等,同时物产充足,旅游业发展基础较好。

(2) 2008年与2004年相比,11省水利旅游吸引力相对趋弱。这11省是河南、天津、北京、天津、河北、上海、新疆、内蒙古、贵州、陕西、吉林。其中水利旅游吸引力排名倒退最大的是新疆、天津、河北、内蒙古和陕西。新疆水利旅游吸引力在2004年排全国第13,到了2008年排全国第24,倒退了11位;天津水利旅游吸引力2004年在全国排名第4,到了2008年已经倒退到了第14位,倒退了10位。河北水利旅游吸引力2004年在全国排第7位,到2008年已经倒退到了9位,排第16位。内蒙古和陕西2008年水利旅游吸引力也比2004年时倒退了9位。

以河南省、天津市和河北省为例,河南2004年的全国排名在第二位,到了2008年已经倒退到了第五位,排名的倒退说明经过几年的发展,河南、天津和河北的水利旅游竞争实力下降,水利旅游吸引力由强转弱,如果不认清事实,水利旅游发展有可能继续衰退。

(3) 2008年与2004年相比,江苏、广东、甘肃、重庆、宁夏、海南、青海的水利旅游吸引力保持相对稳定,表现在这7省2008年水利旅游吸引力的排名与2004年的排名是重合的,这说明这8省水利旅游在全国保持相对地位不变(两年排名相差±1,认为不变)。江苏和青海一直排在首尾两端,江苏水利旅游吸引力有绝对优势。

但是是什么因素造成地区差异,仍然很模糊,为了进一步探查其中的原因，有必要对指标数据进行剖析。

(二) 水利旅游吸引力变化情况及原因

水利旅游吸引力的地区差异是基于水利旅游吸引力评价指标体系（见图 3-3）的，因此要分析水利旅游吸引力地区差异的原因，无疑应从评价指标体系的数据入手，由于采用的是效益型指标，数据趋向于越大越好，水利旅游吸引力是由水利旅游吸引物和吸引场共同作用决定的，将吸引物指标得分和吸引场指标得分分离，构造如下表达式：

$$X_i = \frac{X_{(i,2008)} - X_{(i,2004)}}{X_{(i,2004)}}; \quad Y_i = \frac{Y_{(i,2008)} - Y_{(i,2004)}}{Y_{(i,2004)}}; \quad (3.32)$$

其中，X_i 是 i 地区水利旅游吸引物评价值变化情况，$X_{(i,2008)}$ 是 i 地区 2008 年水利旅游吸引物评价值，$X_{(i,2004)}$ 是 i 地区 2004 年水利旅游吸引物评价值；Y_i 是 i 地区水利旅游吸引场评价值变化情况，$Y_{(i,2008)}$ 是 i 地区 2008 年水利旅游吸引场评价值，$Y_{(i,2004)}$ 是 i 地区 2004 年水利旅游吸引场评价值。由公式（3.32）可知，如果 $X_i \geq 0$ 或 $Y_i \geq 0$，则表明从 2004 年到 2008 年，水利旅游吸引物或吸引场处于正增长状态，反之亦然，由此得到图 3-7。

水利旅游吸引物—吸引场矩阵（见图 3-7）用来分析水利旅游吸引力变化的。水利旅游吸引物—吸引场矩阵指出水利旅游吸引力开发时要注意两个方面：水利旅游吸引物和吸引场。两者缺一都会导致水利旅游丧失吸引力。图 3-7 中，第 I 象限表示水利旅游吸引力逐渐增强，因为水利旅游吸引物和水利旅游吸引场的评价值处于正增长状态。与第 I 象限相反，第 III 象限表示水利旅游吸引力逐渐萎缩，因为水利旅游吸引场和吸引物的评价值都处于负增长状态。第 II 象限表示水利旅游吸引物的发展落后于吸引场整体的发展，因为水利旅游吸引物评价值处于负增长状态，而水利旅游吸引场处于正增长状态。与第 II 象限相反，第 IV 象限表示水利旅游吸引力受到束缚。因为水利旅游吸引物处于正增长状态，而吸引场处于负增长状态。这有可能是当地旅游基础设施对水利旅游制造了瓶颈，例如某地水利旅游资源具有绝对优势，但交通不发达，旅行成本较高，对旅游者吸引力就会下降。

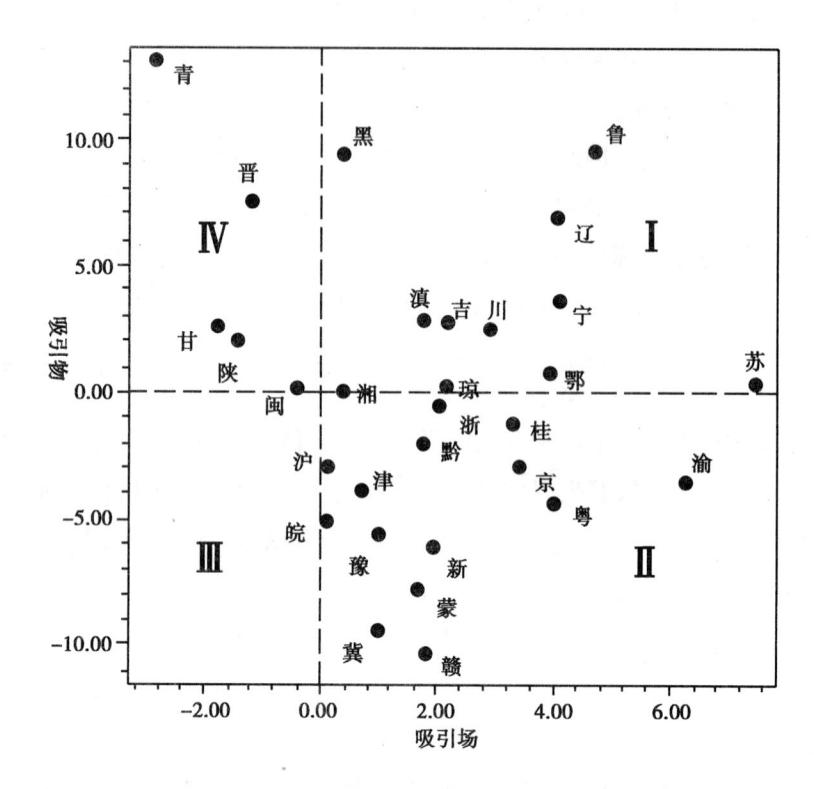

图 3-7 水利旅游吸引物—吸引场矩阵

从 2004—2008 年经历了四年的发展，水利旅游基础发展较好。在图 3-7 中，我国绝大部分地区（共 25 个省，占 83%）都在第Ⅰ和第Ⅱ象限。第Ⅰ和第Ⅱ象限的共同特征就是水利旅游吸引场评价值的变化情况都是正的，即正增长，表明水利旅游基础环境情况有所改善。如 2004 年全国旅游餐饮收入总额是 369.51 亿元，2008 年已经达到 1038.57 亿元，不考虑物价指数影响，增长接近两倍；2004 年全国等级公路是 143.87 万公里，2008 年已经达到 358.37 万公里（数据来源于《中国统计年鉴》），增长也超过了一倍，这些数据表明旅游基础环境得到改善。另外，2004 年水土流失治理面积是 89713.61 千公顷，2008 年水土流失治理面积是 97550.1 千公顷，水土流失得到有效治理。2004 年指标 D23 水资源经济效益指数平均值 0.10 元/立方米，表明 2004 年平均每立方米的水资源能产生水利经营收入 0.10 元；2008 年指标 D23 平均值 0.13 元/m^3，表明 2008 年平均每 m^3 的水资源能产生水利经营收入 0.13 元，比 2004 年增加了 30%。2004 年指标 D25 水利劳动生产率平均值是 3.45 万元/人，说明 2004 年平均每个员工创造 3.45 万元的水利经营收入；2008 年该值是 4.89 万元/人，说明 2008 年平均每个员工创造 4.89 万元的水利经营收入，比 2004 年增长了 41.98%，水利劳动生产率提高快。

造成水利旅游吸引力强弱差异的原因，不在于吸引场，因为全国水利旅游基础发展较好，而在于水利旅游吸引物的变化。水利旅游吸引力相对趋强的地区绝大部分都在图 3-7 的第Ⅰ象限，水利旅游吸引力趋弱的地区都在第Ⅱ象限，水利旅游吸引力的变化取决于水利旅游吸引物的增长还是减少，而水利旅游吸引物的关键在于水利风景区，只有水利风景区数量和质量的增长，水利旅游对旅游者的吸引力才会提升。在第Ⅰ象限的山东、黑龙江、云南、吉林、江苏等地区，近年来国家级水利风景区迅速发展，以致属于水利旅游吸引物类的指标得分增加，呈现水利旅游快速增长的趋势，例如在 2004 年到 2008 年短短四年时间里，山东的国家级水利风景区从 5 个增加到 27 个净增 22 个，江苏的国家级水利风景区从 8 个增加到 17 个净增 9 个，黑龙江的国家级水利风景区从 2 个增加到 11 个净增 9 个，辽宁从 3 个增加到 7 个净增 4 个。在数量增长的同时，国家级水利风景区的品质也在提升，一些开发较早的国家级水利风景区，不断加强景区硬件的升级换代，提高景区旅游服务质量，还先后获得国家重点风景名胜区、国家 AAAA 级景区等国家级景区的品牌，以水利为特色的旅游吸引力不断增强。

将 2004 年和 2008 年水利旅游吸引物的指标平均值进行比较，就得到了表 3-17。

表 3-17　2004 年和 2008 年水利旅游吸引物的指标平均值比较

C 层指标	D 层指标	2004 年均值	2008 年均值	增长率（%）
C1（水利风景区）品牌度	D1（个）	4.63	10.50	126.62
	D2（%）	80.06	15.60	-80.52

续表

C层指标	D层指标	2004年均值	2008年均值	增长率（%）
C2（水利风景区）集中度	D3（%）	125.23	301.01	140.37
	D4（%）	4.29	11.95	178.49
	D5（%）	2.32	4.91	111.48
C3（水利风景区）搭配度	D6（%）	161.91	135.82	-16.12
	D7（%）	133.40	159.16	19.32
	D8（%）	166.11	107.57	-35.25
C4（水利风景区）依托度	D9（%）	57.41	69.36	20.81
	D10（%）	39.97	38.99	-2.46
C5 水利旅游美食	D11（万吨）	67.29	73.22	8.80
	D12（%）	370.45	262.71	-29.08
C6 水利美誉度	D13（分）	7.60	13.30	75.00

由表3-17可见，除了五个指标外，其他指标的平均值的增长率都是正增长。这五个指标分别是指标D2水利风景区品牌增长率、指标D6水利风景区与国家级4A景区的搭配度、指标D8水利风景区与国家级自然类景区搭配度、指标D10水利风景区在历史文化名城的比例和指标D12水产富饶程度指数。2004年的水利风景区品牌平均增长率（指标D2）是80.06%，到了2008年该值下降到15.60%，并不是水利风景区品牌减少，而仅仅是水利风景区总数增加了，分母变大，增长率为负值。2004年的水利风景区与国家4A级景区的搭配度（D6）是161.91%，到2008年该值下降到135.82%，这也仅仅是最近几年国家4A级景区数量过度膨胀，分母变大，增长率为负值，水利风景区比例还是在增长的，同样的水利风景区与国家级自然类景区搭配度（指标D8）也是类似情况。2004年的水利风景区在历史文化名城的比例（指标D10）是39.97%，到2008年该值下降到38.99%，增长率就为负值，这主要是因为历史文化名城近几年来不再评定，而很多水利风景区分布在近几年新设立的地级市，新的地级市大多不是历史文化名城，就造成了水利风景区在历史文化名城的比例下降。2004年水产富饶程度指数（指标D12）的均值是370.45%，到2008年该值下降到262.71%，增长率就为负值，从表3-

17 中可见，淡水产品的产量比水资源的地区分布更加不均衡。除了上述几个指标外，其他指标都是2008年的平均值大于2004年的平均值，这表明属于水利旅游吸引物的指标在2008年都比2004年有正增长，增长率大多都在两位数，表明增长较快。

本章小结

水利旅游是一种新兴的旅游形式，目前研究不多，水利旅游吸引系统属于基础研究，水利旅游吸引力研究又是水利旅游吸引系统的核心内容。水利旅游吸引力的强弱决定着该地区水利旅游是否具有进一步开发的价值，因此水利旅游吸引力的研究有重要的理论和现实意义。在第二章已经明确了水利旅游吸引力的基本观点，即水利旅游吸引力离不开水利旅游吸引物和吸引场的共同作用，同时也离不开水利旅游地这个物质载体，否则就无法进行实际分析。

第三章分为四个小节进行分析：首先，从旅游和水利两方面，回顾了1998—2010年水利旅游的发展过程。水利旅游的发展过程是水利旅游吸引力产生的过程和形成的基础环境。其次，从水利旅游吸引物和吸引场两个方面选取了25个指标，形成评价指标体系对水利旅游吸引力进行评价。运用主客观结合的AHP-PCA-Boarda组合评价法对我国水利旅游吸引力状况进行了评价。再次，我国2008年的水利旅游吸引力状况进行了评价，江苏、广东、山东、湖北、河南等地区的水利旅游吸引力较强。随后为了了解水利旅游吸引力的变化情况，选取2004年数据运用AHP-PCA-Boarda组合评价法进行测算。对比后表明：与2004年比，2008年我国水利旅游发展的基础有明显改善，水利旅游吸引力波动比较剧烈；与2004年比，山东、四川和辽宁等地的水利旅游吸引力相对增强，新疆、内蒙古和陕西等地的水利旅游吸引力相对减弱。

第四章　水利旅游吸引半径的理论模型和实证测算

不同地区水利旅游吸引力存在差异是客观事实，一些地区水利旅游吸引力较强，就能吸引到更多的旅游者前来进行水利旅游活动，因此水利旅游吸引力的强弱决定着吸引的范围和数量，即决定着吸引半径和吸引量。通过水利旅游吸引半径的研究能够确定水利旅游的需求边界。水利旅游吸引力是有限的，它只能对一定距离内的旅游者产生吸引作用，拉动旅游者到该水利旅游地进行旅游，测算出这个"一定距离"，就是确定水利旅游供给和需求发生的边界。这个边界以内的地区是水利旅游现实或潜在的目标客源市场。水利旅游供给方在识别出水利旅游的目标客源市场后，有的放矢地展开针对性的水利旅游宣传促销活动，就能吸引更多的旅游者，使水利旅游的吸引量得到稳步提升。

水利旅游吸引半径测算的理论基础是距离衰减规律和效用论，在此基础上推导出水利旅游吸引半径的表达式，然后结合第三章水利旅游吸引力的评价结果和本章的吸引半径表达式，对我国各地区的水利旅游吸引半径进行测算。

第一节　水利旅游吸引半径理论基础

距离衰减规律和效用论解释水利旅游吸引半径是比较适宜的。

一　吸引半径与距离衰减规律

在空间地理研究中，距离衰减规律是普遍接受的。空间相互作用论认为事物之间存在相互影响相互制约的关系，被吸引对象离吸引物越远，它们之间的吸引力就越弱，这种现象被称为距离衰减规律。吸引物的规模越大，吸引力就越强，因此吸引力所能影响的范围是由吸引物的规模和它们之间的距离决定的①。距离衰减规律是确定和推测旅游地吸引力辐射范围和外推趋势的重要手段②。

国内旅游吸引力的经验研究表明，吸引半径在500公里范围内，分布着2/3的客源，在900公里范围以内，分布着4/5的客源③。王海江对2006年的全国铁路、航空的客运班期和距离关系进行了实证分析，结果表明，铁路客运量在150公里范围内迅速增加，在400公里以外车次缓慢减少，有60%—90%的客流集中在700—2000公里范围内；航空客运距离较长，60%—90%的客流集中在1300—2000公里范围内；公路客运相对较短，60%—90%的客流集中在150—300公里之间，之后客运量都缓慢减少④。这说明交通发生量和吸引量是有一定半径的，在该范围内吸引人流、物流和信息流，如果超过吸引半径，随着距离的增加，吸引的人流、物流和信息流锐减。

距离衰减规律的本质是吸引力的弱化。随着旅行距离的增加，交通成本、时间成本上升，同类型景点出现的可能性也增加，可替代性旅游吸引物出现，旅游吸引力就会弱化。保继刚在研究大尺度旅游行为时，假设旅游者具备理性经济人特征，跨国、跨省的旅游者倾向于选择具有最高级别旅游资源的地方作为旅游目的地⑤。例如，江西旅游者选择江苏作为旅游目的地时，极大可能选择南京、苏州等历史文化旅游资源最丰富的城市进行旅游，从中再优选夫子

---

① 张义文、高新法、荣美娜：《河北省主要城市吸引范围》，《河北师范大学学报》（自然科学版）2001年第4期。

② 吴晋峰、包浩生：《旅游流距离衰减现象演绎研究》，《人文地理》2005年第2期。

③ 吴必虎：《区域旅游规划原理》，中国旅游出版社2001年版，第10—20页。

④ 王海江、苗长虹：《我国客运交通联系的距离衰减规律》，《经济地理》2008年第2期。

⑤ 保继刚、郑海燕、戴光全：《桂林国内客源市场的空间结构演变》，《地理学报》2002年第1期。

庙、中山陵和苏州园林等传统知名景点，而较少会选择溧阳天目湖、南京外秦淮河这些新兴水利旅游景点。由于知名度相对较小、吸引力相对较弱，新兴水利旅游景点如国家级水利风景区目前以省内短途旅游者居多。

二 吸引半径与效用论

效用论是解释旅游消费者行为的重要工具，效用论也可以用来解释吸引半径。效用是指商品满足人需求的能力，也是衡量人消费商品时满足程度的工具。水利旅游需要花费一定的货币进行购买，因此享受水利旅游的过程也可以看做是消费一种商品，水利旅游效用就是旅游者离开常住地到水利旅游地去游览休闲，从而获得一种审美体验和内心满足的感觉。

用效用论来解释水利旅游存在吸引半径，有助于理解水利旅游吸引力是如何影响水利旅游决策。第三章中虽然得到了不同地区水利旅游吸引力的评价值，可以在一定程度上解释旅游者为何比较偏好某个水利旅游地（某个地区水利旅游吸引力评价值高，旅游者对该地的水利旅游期望就越高，因此同等条件下，旅游者更偏好水利旅游吸引力较高的地区）。但是旅游者并没有因为比较偏好某个水利旅游地而到该地旅游，或许因为到该地旅游成本较高，或许因为交通不畅，或许因为个人预算限制等原因。在经济学中，研究这种预算限制和旅游者偏好的理论，正是效用论的精髓。

每个旅游者的预算是有差别，而到同等距离内的水利旅游成本却是差不多的。当旅游者用所获得的效用与其所付出的成本进行比较时，如果水利旅游效用大于旅游成本，旅游者对此次水利旅游活动比较满意；如果水利旅游获得的效用小于旅游成本时，作为理性的旅游者，有可能会抑制水利旅游需求，即使旅游者已经感知到水利旅游地的吸引力，也会放弃预期的水利旅游活动。

第二节 水利旅游吸引半径模型建立

一 已有的吸引半径模型

吸引半径（又称吸引范围）的研究有三个侧重点：（1）雷利公式（Reilly'Law of Retail Gravitation，又称雷利法则等[①]）。1929年雷利（Reilly）在研究零售贸易行为时，借鉴万有引力定理，提出零售引力的雷利公式。后期一些学者陆续进行了一系列修正，例如将两点空间距离用主观感知距离、距离及其摩擦系数、距离及地理集中指数替代（威廉·R. 布莱克（William R. Black）[②]；约翰·H. 尼德考（John H. Niedercorn）[③]；爱德华·J. 梅奥（Edward J. Mayo）[④]；陈敦明2001[⑤]；尹虹潘[⑥]），Louis等将两点的空间关系引入引力模型中[⑦]，金永·垦恩（Kiyong keum）等利用面板数据引力模型对韩国的入境旅

[①] Williams, R. Out, Shopping: Problem or Opportunity. *Arizona Business.* 1981（5）：8-11.

[②] William R. Black. An Analysis of Gravity Model Distance Exponents. *Transportation.* 1973，（2）：299-312.

[③] John H. Niedercorn, Nabil S. Ammari. New Evidence on the Specification and Performance of Neoclassical Gravity Models in the Study of Urban Transportation. *The Annals of Regional Science*，1987，21（1）：56-65.

[④] Edward J. Mayo, Lance P. Jarvis, James A. Xander. Beyond the Gravity Model [J]. *Academy of Marketing Science Journal of the Academy of Marketing Science.* 1988，16，（3-4）：023-029.

[⑤] 陈敦明：《铁路客流吸引半径的确定及营销对策研究》，《湖南大学学报》2001年第2期。

[⑥] 尹虹潘：《城市规模、空间距离与城市经济吸引区》，《一个简单的经济地理模型》，《南开经济研究》2006年第5期。

[⑦] Louis de Grange & Angel Ibeas & Felipe González. A Hierarchical Gravity Model with Spatial Correlation: Mathematical Formulation and Parameter Estimation. *Networks and Spatial Economics. Springer Science + Business Media*，LLC 2009.

游和国际贸易进行了实证分析①,但是卡恩(Korea)的研究表明如果在引力模型中引入了社会经济因素(原文称为K因素:K-factor),会影响出行分布(trip distribution)的预测可靠度(reliability)②。(2)1949年康弗斯提出了断裂点公式。我国一些学者以此公式计算了城市的吸引范围;伍世代等③。(3)1991年史密斯提出了中心地标准距离公式,保继刚等运用该公式对桂林旅游吸引范围进行了测算,李山④修改了中心地标准距离公式,对我国国内旅游吸引半径进行了测算。(4)近年来交通方面的学者另辟蹊径,采用GIS技术对城市的吸引范围进行测算(李新运等⑤;王法辉等⑥),在计算吸引半径时也有主张用可达性变量代替距离变量的观点提出(陈洁等⑦),在可达性变量中更多地考虑了人的主观判断,因此更合理。

雷利法则、断裂点公式和中心地标准距离公式的构造相对简单,只单纯考虑了距离、规模(GDP或旅游资源)等较少因素,逻辑性不够严密,这些公式在广泛应用的同时,也受到一些质疑:

质疑一:未进行理论推导。雷利公式的形式照搬了万有引力定律,直接用距离来测算,而忽略了社会经济环境中特有人为要素,后人的一些修正模型也存在忽略理论推导过程、直接替换变量的现象,其中新替换的变量只是定性地探讨该变量(如GDP)与吸引半径存

---

① Kiyong Keum. Tourism flows and trade theory: a panel data analysis with the gravity model. *The Annals of Regional Science*, 2008, 11: 7–21.

② Leonnie N. Duffus, Attahiru Sule Alfa, Afifi H. The reliability of using the gravity model for forecasting trip distribution. *Transportation*, 1987, 14: 175–192.

③ 伍世代、王荣:《沿海城市经济吸引范围及相应行政区划调整分析——以福建省为例》,《内蒙古师范大学学报》2008年第1期,第105—111页。

④ 李山:《旅游圈形成的基本理论及其地理计算研究》,华东师范大学博士论文,2006年,第30—50页。

⑤ 李新运、郑新奇:《基于由边Voronoi图的城市吸引范围挖掘方法》,《测绘学院学报》2004年第21期,第38—42页。

⑥ 王法辉、金凤君、曾光:《区域人口密度函数与增长模式:兼论城市吸引范围划分的GIS方法》,《地理研究》2004年第1期。

⑦ 陈洁、陆锋、程昌秀:《可达性度量方法及应用研究进展评述》,《地理科学进展》2007年第5期,第100—111页。

在相关,但是直接相关还是间接相关,相关水平的显著程度如何,并没有得到验证。

质疑二:距离变量是否适用。无论是雷利公式,还是断裂点公式、中心地标准距离公式,都引用了距离变量来考察吸引半径,这显示距离变量的重要性,但是却忽视了由于距离不同而导致的旅行成本和旅行时间的差异,这种差异在旅游者行为中往往比距离差异更有决定意义。假设旅游者居住地在北京,有长江三峡大坝、黄河小浪底、新安江水库(千岛湖)和都江堰4个我国著名的水利旅游地供其选择,考虑到属于中长线旅游,一般使用铁路和航空两种交通方式,根据中国电子地图、极品列车时刻表软件情况及航空网站查询,得到4个水利旅游地两种交通方式的旅行成本和时间(超过10小时按硬卧或动车价格,多个车次用最小值,因为在价格相差不多的情况下,没有旅游者愿意乘坐长途慢车,飞机票按2009年五一黄金周当日算),如表4-1所示:

表4-1　　　　　　不同水利旅游地旅行成本及时间比较

水利旅游地	与北京的距离(km)	铁路方式 旅行成本(元)	铁路方式 旅行时间(时)	航空方式 旅行成本(元)	航空方式 旅行时间(时)
宜昌三峡大坝	1432	308	22	1040	1.2
济源黄河小浪底	737	177	14	571	1.3
杭州新安江水库	1633	353	12	782	2.0
成都都江堰	2214	405	25	1152	2.7

显然,距离已经不是旅游者考虑水利旅游地的唯一因素。如果考虑成本最低,旅游者会选择济源黄河小浪底作为水利旅游地,并以火车作为交通工具;如果不考虑成本而考虑旅行时间最短,旅游者会选择宜昌三峡大坝作为水利旅游地,毕竟长江三峡大坝是亚洲最宏伟的水利工程,属于世界级的现代水利旅游资源。

质疑三:雷利法则、断裂点公式和中心地标准距离公式等,虽然广泛应用于旅行分布的研究,但由于公式中缺乏历史数据对变量的校准,因此其预测精度经常被质疑。

因此,在研究水利旅游吸引半径时,要充分考虑以上质疑,以增强吸引半径研究的合理性。首先,提供吸引半径测算的理论依据,这里用距离衰减规律和效用论进行推导;其次,修正距离变量,这里用旅行成本、停留时间的合成变量来替代距离变量;再次,考虑避免用这三个公式进行预测。

二 水利旅游吸引半径模型

模型必须有一定的假设前提,以限制模型的使用范围。下文从假设前提开始,直到利用前述理论基础来建立起水利旅游吸引半径模型。

(一) 假设前提

(1) 假设:符合经济人假设

假设水利旅游者是经济人,以追求自身利益最大化为目标,能自行比较效用和成本的差额,根据差额大小选择最有利的行为。

(2) 前提:水利旅游存在三种形式

水利旅游按照出行距离可以划分为三种形式,分别是游憩型、短线型和长线型。①游憩型是指出行距离较短,不超过居住地的市级行政边界,即水利旅游地和客源地在同一个市级行政区域内,例如南京人游金牛湖水利风景区和外秦淮河水利风景区,常州人游天目湖水利风景区。②短线型是指出行距离长,不超过居住地的省级行政边界,即水利旅游地和客源地在同一个省级行政区域内,但不在同一个市级行政区域内,例如南京人游常州天目湖水利风景区,常州人游南京金牛湖水利风景区和外秦淮河水利风景区等。③长线型是指出现距离更长,不超过居住地的国籍行政边界,即水利旅游地和客源地在同一个国家区域内,但不在同一个省,例如江苏南京人游湖北宜昌三峡大坝。

游憩型和后两者的区别主要在于出行距离,出行距离远近导致旅游成本的高低。水利游憩的旅游成本最低,甚至可以忽略不计。对于水利游憩型旅游者而言,水利风景区位居主城,依托的是城市的防洪公共设施,有些是作为城市公共绿地向市民免费开放,或者对市民有公园年卡景区通票等折扣,门票成本较低。加上在主城内公共交通脉络便利且廉价,无须使用中长线交通工具,使交通成本(公交票价1—2元)也较低,市民自有住房无须酒店住宿,水利游憩的旅游成本低,影响游憩型水利旅游的因素不再是旅游成本,而是闲暇时间、景观偏好、游憩同伴等。因此,暂时不考虑游憩型,而将注意力转移到水利旅游的短线型和长线型两种形式。

(二)模型建立

(1)效用

令 U 是旅游者进行水利旅游获得的效用(简称水利旅游效用),j 代表水利旅游地,在 j 地获得的水利旅游效用记为 U_j,或者说 U_j 是水利旅游地 j 的效用。

效用和水利旅游吸引力一样,都比较抽象。各地水利旅游吸引力是不平衡的,水利旅游吸引力较大的地区,水利旅游资源更集中,水利景观开发得更好,旅游者获得的效用更大。从这个意义上而言,可以用水利旅游吸引力 A 来近似表达水利旅游效用 U。为了模拟得更准确,加一个经验参数 α 进行调整。表达式如下:

$$U_j = (A_j)^\alpha \qquad (4.1)$$

式中,U_j 是水利旅游效用,A_j 是 j 地的水利旅游吸引力,α 是经验参数。

(2)成本

到水利旅游地 j 是需要旅游成本的,旅游成本不仅包括食、住、行、游、购、娱等实际成本,还有机会成本。令 C_{ij} 是客源地 i 到水利旅游地 j 的水利旅游成本,包括实际成本 $C_{1,ij}$ 和机会成本 $C_{2,ij}$。

$$C_{ij} = C_{1,ij} + C_{2,ij} \qquad (4.2)$$

式中,C_{ij} 是水利旅游成本,$C_{1,ij}$ 是实际成本,$C_{2,ij}$ 是机会成本。

吸引半径与距离直接相关,距离与交通成本成正比,因此将实际成本 $C_{1,ij}$ 细分成交通成本 $C_{t,ij}$ 和其他成本 $C_{o,ij}$[①];不同交通工具产生的交通

[①] C_t 是取自成本 Cost 和交通 Traffic 的简写,C_o 是取自成本 Cost 和其他 Other 的简写;工资 W 取自 Wage 的简写,t 取自 time 的简写。

成本不一样，为了方便比较，$C_{t,ij}$ 由每公里油价 p 和两地距离 d_{ij} 的乘积近似表示。由于旅游交通的往返性，交通成本再乘以2，就得到下式：

$$C_{t,ij} = d_{ij} \times p \times 2 \quad (4.3)$$

式中，$C_{t,ij}$ 是水利旅游中的交通成本，d_{ij} 是两地距离，p 是每公里油价。

机会成本 $C_{2,ij}$ 用日平均工资 W_i 和平均停留时间 t_j 来表示；没有日平均工资的直接数据，这里采用年平均工资除以年工作时间来表示。表达式如下：

$$C_{2,ij} = W_i \times t_j$$
$$W_i = w_i/(366 - 104 - 11) \quad (4.4)$$

式中，$C_{2,ij}$ 是机会成本，W_i 是客源地 i 的日平均工资，t_j 是在水利旅游地 j 的停留时间；w_i 是年平均工资，2008年是闰年共366天，年周末双休天数104天，法定公共假日11天①。

综合（4.1）、（4.2）、（4.3）和（4.4），水利旅游成本表达式如下：

$$C_{ij} = C_{1,ij} + C_{2,ij} = (C_{t,ij} + C_{o,ij}) + W_i \times t_j = 2pd_{ij} + C_{o,ij} + w_i t_j \quad (4.5)$$

（3）效用成本比较

作为一个理性经济人，会自觉地用所得到的效用 U_j 和所付出的成本 C_j 进行比较，追求成本最小效用最大，效用 U_j 和水利旅游成本 C_{ij} 成反比。效用曲线一般是抛物线，这里采用幂函数来构造水利旅游效用成本比函数，如下：

$$I_j = k\frac{U_j^\lambda}{C_{ij}^\beta} = k\frac{A_j^\alpha}{C_{ij}^\beta} \quad (4.6)$$

式中，I_j 是效用成本比，I_j 和 A_j 成正比，I_j 和 C_j 成反比；α、β、γ、k 是经验参数，理论上是正数。

---

① 关于年工作数的认定，来自《关于职工全年月平均工资时间和工资折算问题的通知》劳社部发 [2008] 3号，2004年和2008年相同，都是11天假期和52个双休日，且此两年都是闰年366天，故全年计薪日是251天。

(4) 平均效用成本比：$\bar{I}$

水利旅游的平均效用是 $\bar{U} = \frac{1}{n}\sum_{n}^{1} U_j$；同理，水利旅游平均成本是 $\bar{C} = \frac{1}{n}\sum_{n}^{1} C_j$；平均效用成本比是：

$$\bar{I}_j = k\frac{\bar{A}_j^\alpha}{\bar{C}_{ij}^\beta} \tag{4.7}$$

(5) 水利旅游吸引半径

任何一个水利旅游地 j，随着吸引半径的不同，交通成本和机会成本也会产生差异，从而水利旅游成本 C_{ij} 产生波动。但是，如果在一定吸引半径内，能保证 $I_j \geq \bar{I}$，即水利旅游成本一定的条件下，能保证旅游者获得的效用等于或高于平均效用，那么还是能令旅游者满意的。反之，如果 $I_j \leq \bar{I}$，旅游者会放弃到水利旅游地 j 的计划，意思是异地的水利旅游吸引力较弱，水利景观、旅游资源均不及平均水平，而且还需要花费超过平均水平的交通成本及个人精力、时间等，一个理性的经济人是不会选择到此异地进行水利旅游活动的。

$$I_j \geq \bar{I}$$
$$kA_j^\alpha C_{ij}^{-\beta} \geq k\bar{A}_j^\alpha \bar{C}_{ij}^{-\beta}$$
$$\left(\frac{A_j}{\bar{A}_j}\right)^\alpha \geq \left(\frac{C_{ij}}{\bar{C}_{ij}}\right)^\beta \tag{4.8}$$

将式 (4.5) 代入 (4.8)，可解得：

$$\left(\frac{A_j}{\bar{A}_j}\right)^{\frac{\alpha}{\beta}} \geq \frac{2pd_{ij} + C_{o,ij} + \dfrac{w_j \times t_j}{251}}{\bar{C}_{t,ij} + \bar{C}_{o,ij} + \dfrac{\bar{w}_j \times \bar{t}_j}{251}}$$

$$\Rightarrow d_{ij} \leq \frac{1}{2p}\left[\left(\frac{A_j}{\bar{A}_j}\right)^{\frac{\alpha}{\beta}}\left(\bar{C}_{t,ij} + \bar{C}_{o,ij} + \frac{\bar{w}_i \times \bar{t}_j}{251}\right) - C_{o,ij} - \frac{w_i \times t_j}{251}\right] \tag{4.9}$$

至此，推导完结：d_{ij} 是水利旅游吸引半径，表达式 (4.9) 是水利旅游吸引半径模型。同时，d_{ij} 也是最大有效吸引范围，水利旅游吸引半径以外的客源地 s 都无法获得高于平均水平的平均效用成本比。如果有一客源地 s，s 和水利旅游地之间的距离是 d_{sj}，如果 $d_{sj} > d_{ij}$，那么来自客源地 s 的旅游者付出旅游成本后，获得的水利旅游效用低于平均效用，即 $I_s \leq \bar{I}$。或者说，要获得高于平均值的水利旅游效用，必须付出更大的水利旅游成本。因此从客源地 s 到水利旅游地 j 是不经济的。

(三) 特例情况

如果取式 (4.9) 的特例情况：$\alpha/\beta = 1$，每公里旅行费用 $p = 0.5$ 元/公里，就得到简化后的水利旅游吸引半径模型：

$$d_{ij} \leq \left(\frac{\bar{A}_j}{A_j}\right)\left(\bar{C}_{t,ij} + \bar{C}_{o,ij} + \frac{\overline{w_i \times t_j}}{251}\right) - C_{o,ij} - \frac{w_i \times t_j}{251} \quad (4.10)$$

需要说明的是：

(1) 表达式 (4.10) 仅仅是表达式 (4.9) 的一个特例。由于效用值比较主观，现实中要通过问卷调查的形式，向各省旅游者测试水利旅游的效用值，几乎是不切实际的，因此准确计算经验参数 α、β 也不太可能。一般假设 $\alpha = \beta = 1$ [1][2]，但为了具有更广泛的实际意义，这里假设 $\frac{\alpha}{\beta} = 1$，即最简单的比值关系。

(2) 表达式 (4.7) 计算出来的 d_{ij}，还有两种情况需要解释：

①当 $d_{ij} > 0$ 时，这是合理的，说明水利旅游地 j 的吸引力较大，吸引半径较长。

如果水利旅游地 j 以省为单位，当 $d_{ij} > 0$ 时，水利旅游吸引半径扩展到省外，说明水利旅游地能吸引到外省的长线型旅游者。如果水利旅游地 j 以市为单位，当 $d_{ij} > 0$ 时，吸引半径扩展到市外，说明水利旅游地能吸引到长线型和短线型旅游者，但具体是长线型还是短线型并不确定。

②当 $d_{ij} \leq 0$ 时，理论上是不合理的，因为水利旅游地 j 和客源地 i 之间的距离不可能为 0。但是如果水利旅游地以省为单位，即使 $d_{ij} \leq 0$，也是有一定意义的，即水利旅游地 j 无法吸引省外长线型水利旅游客源，但对本省短线型水利旅游客源还是有吸引力的。如果水利旅游地 j 以市为单位，即使 $d_{ij} \leq 0$，也能吸引到附近市民，只是此时只

---

[1] 陆化普：《交通规划理论与方法》，清华大学出版社 2006 年版，第 45 页。
[2] 杨兆升：《交通运输系统规划》，人民交通出版社 1998 年版，第 51 页。

能算是近距离的游憩型水利旅游了。

对于水利旅游地以省为单位的情况,假设某省的省界东西相距 E 千米,南北相距 N 千米,如果 $d_{ij} \leq 0$ 且 $|d_{ij}| \leq \min\{E,N\}$,即水利旅游吸引半径缩小到省内范围,那么属于短线型省内水利旅游。如果 $d_{ij} \leq 0$ 且 $|d_{ij}| \geq \min\{E,N\}$,即水利旅游吸引半径缩小到超过省内范围,那么表明水利旅游影响的范围较小,仅属于游憩型市内旅游。

综上所述,旅游吸引半径 d_{ij} 的讨论结果如下:

$$d_{ij} \begin{cases} \text{当 } d_{ij} > 0, & \text{有意义;} \\ \text{当 } d_{ij} \leq 0, & \begin{cases} \text{如果 } j \text{ 是市,那么无意义;} \\ \text{如果 } j \text{ 是省,} \begin{cases} \text{且 } |d_{ij}| \leq \min\{E,N\}, \text{那么有意义;} \\ \text{且 } |d_{ij}| > \min\{E,N\}, \text{那么无意义。} \end{cases} \end{cases} \end{cases}$$

第三节 水利旅游吸引半径实证分析

由于无法算出各地的效用函数形式,这里取 $\alpha/\beta = 1$ 的特例,进行讨论,$\alpha/\beta = 1$ 说明的是水利旅游吸引力与吸引对象愿意支付的水利旅游总成本变化是基本一致的,由于我们的注意力是放在短线型和长线型水利旅游上,同时为了和第三章保持衔接,因此水利旅游地 j 以省为单位。

一 数据处理

以上数据来源于国家统计局公布的《中国统计年鉴》和国家旅游局公布的《中国国内旅游抽样调查资料》。

按照表达式(4.10)可以分别求出表4-2的结果。

表4-2　　　　　　　　水利旅游吸引半径 d_{ij}

当 $I_j \geq \bar{I}$	2008年				2004年			
	$\dfrac{A_j}{\bar{A}_j}$	$C_{o,ij}+W_j t_j$ (元)	$d_{ij,08}$ (km)	结论	$\dfrac{A_j}{\bar{A}_j}$	$C_{o,ij}+W_j t_j$ (元)	$d_{ij,08}$ (km)	结论
北　京	1.66	1449.51	619.47	有意义	2.00	882.74	1087.30	有意义

续表

当 $I_j \geq \bar{I}$	2008年				2004年			
	$\dfrac{A_j}{\bar{A}_j}$	$C_{o,ij}+W_j t_j$ (元)	$d_{ij,08}$ (km)	结论	$\dfrac{A_j}{\bar{A}_j}$	$C_{o,ij}+W_j t_j$ (元)	$d_{ij,08}$ (km)	结论
天 津	0.95	1220.52	-41.58		2.13	955.09	1146.15	有意义
河 北	0.79	744.44	244.29	有意义	1.80	637.32	1140.12	有意义
山 西	1.22	1823.08	-298.22		0.82	675.29	121.07	有意义
内蒙古	0.31	1364.59	-977.48		0.86	927.89	-98.54	
辽 宁	1.10	669.01	698.68	有意义	0.23	423.06	-207.27	
吉 林	0.13	1964.25	-1800.32		0.24	1335.10	-1139.96	
黑龙江	0.58	1349.38	-629.99		0.12	1139.46	-1056.05	
上 海	0.84	1488.35	-443.18		1.66	1392.27	217.98	有意义
江 苏	2.68	1573.08	1763.83	有意义	2.75	1021.64	1699.57	有意义
浙 江	1.95	1054.67	1373.81	有意义	1.75	836.43	891.30	有意义
安 徽	1.24	984.44	561.75	有意义	1.34	851.86	464.80	有意义
福 建	0.24	1116.63	-814.82		0.04	688.89	-674.05	
江 西	1.41	1419.10	331.17	有意义	1.91	1475.24	389.78	有意义
山 东	2.50	1315.25	1798.54	有意义	0.82	665.47	129.27	有意义
河 南	1.99	898.05	1585.13	有意义	2.56	804.43	1729.74	有意义
湖 北	2.01	1313.73	1186.07	有意义	1.41	836.97	551.05	有意义
湖 南	1.70	940.05	1179.99	有意义	1.37	1158.71	177.21	有意义
广 东	2.51	1199.91	1921.00	有意义	2.44	1096.20	1304.95	有意义
广 西	0.57	894.05	-183.33		0.20	794.96	-623.23	
海 南	0.03	1051.40	-1019.43		0.07	685.40	-644.20	
重 庆	0.54	840.48	-169.55		0.33	641.21	-330.23	
四 川	1.12	938.42	457.30	有意义	0.24	447.61	-227.46	
贵 州	0.35	755.45	-314.40		0.54	522.64	1.75	有意义
云 南	0.43	2009.35	-1474.12		0.10	841.53	-774.41	
陕 西	0.10	880.32	-757.16		0.34	684.68	-372.62	
甘 肃	0.64	1148.65	-349.06		0.77	819.01	-79.58	
青 海	0.02	2440.31	-2421.47		0.00	2550.97	-2638.44	
宁 夏	0.14	1596.86	-1427.88		0.12	1381.65	-1310.79	
新 疆	0.26	1660.60	-1338.58		1.04	870.51	142.52	有意义
有意义的吸引半径平均值:			1055.46≈1056			699.46≈700	

二 结果分析

我们主要是想了解水利旅游吸引半径的现状,选择2004年只是作为2008年的参照。

（一）从时间上看,水利旅游吸引半径扩展

（1）水利旅游吸引力增强,使水利旅游半径扩展。

以省一级的水利旅游地 j 为中心,以 d_{ij} 为吸引半径的范围内,水利旅游效用是大于或等于平均效用的,在 $d_{ij}>0$ 范围内的客源地都属于水利旅游长线型客源地,在 $d_{ij}<0$ 范围内的客源地都属于短线型水利旅游地,因为 $d_{ij}<0$,只能对本省客源地产生吸引力,所以属于短线型水利旅游。

在 $d_{ij}>0$ 的水利旅游吸引半径中,2004年的平均吸引半径是700公里,到2008年是1056公里,向外扩展了300多公里,水利旅游的吸引半径有明显扩展的趋势。水利旅游吸引半径的扩展,得益于这些年水利旅游资源的开发建设,水利旅游吸引力已经增强。

（2）水利旅游吸引力排名前1/3的地区宜开发长线型[①]水利旅游。

就现状而言,对比第三章表3-15水利旅游吸引力测算结果和表4-2发现,除了河北、辽宁和四川外,其他 $d_{ij,08}>0$ 的地区都位列水利旅游吸引力的前1/3排名,$d_{ij,08}>0$ 意味着能吸引到长线型的水利旅游者,即在省外 d_{ij} 公里以内的旅游者,到 j 地也能获得平均水利旅游效用。长线型旅游者停留时间较长,水利旅游供给方需要注意旅行社的中介作用,以及住宿、长途交通、景点搭配等问题。只有 $d_{ij,08}$ 和 $d_{ij,04}$ 都大于零的地区,才比较稳定,才是具备长线型条件的水利旅游地,包括北京、河北、江苏、浙江、安徽、江西、山东、河南、湖北、湖南和广东共11个。

（3）排名中间1/3的宜开发短线型水利旅游,后1/3的宜开发游

---

① 关于长线型、短线型和游憩型区分的内容参见本书第131页。

憩型水利旅游为主。

$d_{ij} < 0$，说明吸引半径向水利旅游地内缩小，以省一级为单位，就是吸引半径向省内缩小，客源地局限于省内。但是吸引半径再缩小也不能超过省的东西距离或南北距离。因此，假设省的东西距离为 E，南北距离为 N，判定是短线型省内旅游还是游憩型市内旅游的依据是：吸引半径缩小到超过省域的东西或南北距离，用以下表达式进行说明：

$$\max\{|d_{ij,08}|, |d_{ij,04}|\} \leq \min\{E_j, N_j\} \quad (4.11)$$

说明：$d_{ij} < 0$，因此取绝对值，由于有两年的吸引半径，无论哪一年的吸引半径如果缩小至超出省域边界，都属于游憩型市内水利旅游。如果（4.11）成立，则属于省内短线型。

省域边界数据是通过查询各省官方网站的自然地理概述后进行整理所得，汇入表4-3。

表4-3　　　　　水利旅游吸引半径与省域距离

	省内短线型				市内游憩型			
	东西距离 E（km）	南北距离 N（km）	$d_{ij,08}$（km）	$d_{ij,04}$（km）		东西距离 E（km）	南北距离 N（km）	$d_{ij,08}$（km）	$d_{ij,04}$（km）
天 津	117	189	-41.58	1146.15	吉 林	750	600	-1800.32	-1139.96
山 西	380	680	-298.22	121.07	上 海	100	120	-443.18	217.98
内蒙古	2400	1700	-977.48	-98.54	福 建	480	530	-814.82	-674.05
辽 宁	550	550	698.68	-207.27	海 南	61	63	-1019.43	-644.20
广 西	771	634	-183.33	-623.23	云 南	865	900	-1474.12	-774.41
重 庆	470	450	-169.55	-330.23	陕 西	500	870	-757.16	-372.62
四 川	1075	900	457.30	-227.46	甘 肃	140	380	-349.06	-79.58
贵 州	595	509	-314.40	1.75	青 海	1200	800	-2421.47	-2638.44
新 疆	1900	1500	-1338.58	142.52	宁 夏	200	456	-1427.88	-1310.79
					黑龙江	930	1120	-629.99	-1056.05

说明：E、N 分别是省域的东西距离和南北距离，d_{ij} 是吸引半径。

以天津、山西、内蒙古等省/直辖市的水利旅游，吸引半径局限在本省内，以吸引本省客源为主，以一日游等短线型为主。短线型水利旅游的特点是注重餐饮和交通，对住宿或旅行社没有长线型那么偏重。短线型水利旅游地一共有9个,对照第三章的水利旅游吸引力测算结果后发现,除了内蒙古、贵州、新疆外,其他短线型水利旅游地吸引力排名都在中间1/3的位置。

以吉林、上海、福建等省/直辖市的水利旅游,吸引半径局限在水利风景区所在的市一级水利旅游地内。以游憩型水利旅游为主的供给方,只需要关注水利风景区内部管理就可以了,因为吸引半径较小,吸引对象是本市市民。本市市民对本市餐饮、娱乐、交通、住宿、购物等方面都非常了解。如果做水利旅游宣传,仅需要本地大众媒体传播就已经足够。例如,吉林布尔哈通河水利风景区(2007年申报成为国家级),依托城市防洪水利工程建设而成的开放式水利风景区,在水利风景区内设置了足球场、旱冰场等体育休闲设施,作为城市公共绿地供市民日常休闲游憩使用。据了解吉林布尔哈通河国家级水利风景区内游乐场经常能接待3—4万的来自市区的游憩型客源[①]。

(二)从空间看,短、中、长线型水利旅游格局已形成

考察各地区吸引半径的具体情况,根据$d_{ij,08}$、$d_{ij,04}$是否大于零的标准,分为以下四类进行讨论:

(1)吸引半径扩展型:$d_{ij,08} > d_{ij,04} > 0$

共7个地区(按大小排序):江苏、广东、山东、浙江、湖北、湖南、安徽。总体而言,扩展型的水利旅游地是我们最希望的类型,因为这表明随着时间的推移,这些地区的水利旅游发展态势较好,吸引范围在不断扩展。

扩展的原因主要来自两方面:一方面是随着水利旅游吸引力显著增强(这里假设经验参数α、β、p不变),例如山东水利旅游吸引力与平均值的比值$\frac{A_j}{\bar{A_j}}$,2004年是0.82低于平均值,当年水利旅游吸引力的吸引半径仅129.27公里,经过几年的水利旅游开发(包括国家级水利风景区积极申报、水利旅游成功的省外促销等),2008年$\frac{A_j}{\bar{A_j}}$值

[①] 延边旅游在线:《延吉市布尔哈通河跻身国家级水利风景区》,http://www.ybnews.cn/news/ybnewsbdnews/200810/71342.html,2008年10月7日。

提升至 2.50，可见水利旅游吸引力远高于平均值。此时山东水利旅游吸引半径已大幅扩展至 1798.54 公里。浙江水利旅游吸引力与平均值的比值 $\frac{A_j}{\bar{A_j}}$，2004 年是 1.75，2008 年提升至 1.95，水利旅游吸引力远高于平均值，因此 2008 年的吸引半径 1373.81 公里也比 2004 年 891.30 公里扩展了。另一方面原因是平均停留时间缩短了，例如广东 2004 年平均停留时间是 4.27 天，2008 年缩短至 3.90 天；安徽 2004 年平均停留时间是 4.60 天，2008 年缩短至 3.40 天；湖北 2004 年平均停留时间是 6 天，2008 年缩短至 5.20 天。这里要说明的是旅游停留时间缩短具有双面性，停留时间缩短，旅游者游览景点会有一定程度的减少，旅游成本也有可能减少，因此各旅游地都在通过更新旅游资源，改善旅游服务积极延长旅游者在旅游目的地的停留时间，但是另一方面并非旅游者停留时间缩短，就表明水利旅游地吸引力变小，这其中还有交通改善后（如动车组、高铁、地铁等运行）缩短旅行时间的可能，因此对于具体的水利旅游地仍需具体分析。

（2）吸引半径缩小型：$d_{ij,04} > d_{ij,08} > 0$

共 4 个地区（按大小排序）：河南、北京、江西、河北。

这 4 个地区水利旅游吸引力的吸引半径是缩小的，因此称为缩小型，但又各有差异，河南和江西的吸引范围缩小得并不多，因此可以认为是保持相对稳定的，但是与江西相比，河南水利旅游处于优势状态，原因是河南国家级水利风景区数量居全国首位，其 2008 年吸引范围也达到了 1585.13km，位居全国第四，仅次于江苏、广东和山东，在 2004 年河南水利旅游吸引力的吸引半径是 1729.74 公里，位居全国第一，近几年有所下滑，观察表 4-2，可以发现，河南水利旅游成本 $C_{o,ij} + W_j t_j$ 在 898.05 和 804.43 之间，这表明旅游成本变化不大，但是水利旅游吸引力与平均值的比值 $\frac{A_j}{\bar{A_j}}$ 却从 2.56 下滑到 1.99，水利风景区方面仍然保持优势地位，下滑的原因可能在水利旅游地的基础设施方面。

与河南和江西水利旅游吸引力的吸引半径相对稳定不同，北京和河北的水利旅游吸引力的吸引半径是显著缩小的,北京水利旅游吸引半径从2004年的1087.30km下降到2008年的619.47km,河北水利旅游吸引半径则从1140.12km下降到244.29km。造成北京和河北水利旅游吸引力的吸引半径下降的原因却不同,从表4-2来看,北京是属于成本上升造成的,而河北是水利旅游吸引力下降造成的。2007年在北京的旅游者平均停留时间是3.7天,2004年是4.3天,缩短了0.6天,2007年是北京奥运会举办的年份,北京成为客流量集中的地区,但是当地住宿、交通、景点等旅游供给设施已趋向于饱和,旅游供给价格上涨,考虑到价格过高,旅游者会自动压缩在北京的停留时间,加上进京动车组运行、入京航空运输的增加,在交通方面进一步节约了旅行时间,因此北京旅游者的停留时间缩短。河北的水利旅游吸引力与平均值的比值 $\frac{A_j}{\bar{A_j}}$ 在2004年是1.80,1.80大于1,说明在2004年河北水利旅游是超过全国平均水平的,但到了2008年,该值下降到了0.79,0.79小于1,说明此时已经低于全国平均水平了。

(3) 吸引半径发展型:$d_{ij,08} > 0 > d_{ij,04}$

共两个地区(按吸引范围大小排序):辽宁和四川。

辽宁和四川两个地区的水利旅游发展较快,2004年的水利旅游吸引半径较小,需要说明的是2004年辽宁和四川水利旅游吸引半径 $d_{ij,04}$ < 0,说明吸引外省水利旅游者较少,因此距离不大于0,但是仍然能吸引到省内短线型水利旅游者或本地市民前往观光游览。在2008年,辽宁和四川的国家级水利风景区都增加到7个,比2004年至少翻了一倍以上,辽宁和四川的水利旅游吸引力与平均值的比值 $\frac{A_j}{\bar{A_j}}$,也从2004年的0.23、0.24(都小于1),分别上升为2008年的1.10和1.12,都大于1,即水利旅游吸引力已经上升到大于全国平均水平的状态,从而能够逐渐吸引到外省旅游者到辽宁和四川进行水利旅游。

(4) 吸引半径倒退型:$d_{ij,04} > 0 > d_{ij,08}$

共5个地区(按吸引半径增减量($d_{ij,08} - d_{ij,04}$)的大小排序):新疆、天津、上海、山西、贵州。

与发展型完全相反，这5个地区的水利旅游吸引半径大幅度缩小，水利旅游的吸引能力从省外缩小到省内，$d_{ij,04} > 0$，表明在2004年这5个地区的水利旅游能吸引到较多的省外游客，几年后 $d_{ij,08} < 0$，表明到了2008年这5个地区的水利旅游不再具有竞争优势，吸引范围缩小，不再能大量吸引到省外游客，而以吸引短程省内游客甚至本地市民为主要客源对象了。吸引范围缩小的原因可以分为两个方面，一个方面是水利旅游吸引力下降了，这也是主要原因，新疆、天津、上海的水利旅游吸引力与平均值的比值 $\dfrac{A_j}{\overline{A_j}}$ 在2004年分别是1.04、2.13、1.66，都是大于1的，到2008年已下降到0.26、0.95、0.84，全部小于1，即现在这些地区的水利旅游吸引力都小于了全国平均水平。另一个方面是成本上升太快，例如山西，虽然近年来山西水利风景区数量增加得很快（2008年11个国家水利风景区，2004年仅4个），水利旅游超过全国平均水平，山西的水利旅游吸引力与平均值的比值 $\dfrac{A_j}{\overline{A_j}}$ 从2004年的0.82上升到现在的1.22。但是山西旅游成本太高，在2008年《国内旅游抽样调查》资料中，山西旅游者人均花费是2013.50元，全国第2，仅次于吉林旅游者人均花费2078.10元，而在2004年山西旅游者人均花费仅658.4元，排在全国第22位，这表明近年来山西旅游的交通费用、住宿费用已经明显增加。

（5）客源地型：$d_{ij,04} < 0, d_{ij,08} < 0$

共12个地区：内蒙古、吉林、黑龙江、福建、广西、海南、重庆、云南、陕西、甘肃、青海、宁夏。

这些地区有一个共同特点，就是水利旅游吸引力与平均值的比值 $\dfrac{A_j}{\overline{A_j}} < 0$，并且 $d_{ij} < 0$，这表明这些地区的水利旅游吸引力都小于我国的平均水平，省外的平均吸引范围 $d_{ij} \leqslant 0$ 都无意义，但这些地区的水利旅游地，仍然能吸引到本地市民或者省内旅游者，以短线型和游憩型水利旅游为主。

本章小结

本章旨在为水利旅游地识别目标客源地作基础性研究。对于水利旅游地而言，吸引半径以内的客源地都属于目标客源市场。本章遵从理论到实证的分析思路，分为两节：第一节利用距离衰减规律和效用论对水利旅游吸引半径进行解释；第二节建立水利旅游吸引半径模型。第三节在参数 $\alpha/\beta = 1$ 等假设下，对我国省一级水利旅游地吸引半径进行了测算。结果表明，水利旅游吸引半径可以分为三类：（1）水利旅游吸引力排名前1/3的地区吸引半径较大，能吸引到省外旅游者，这些地区可以开发长线型水利旅游，如江苏、河南等11个地区。（2）水利旅游吸引力排名中间1/3的地区吸引半径局限在省内，宜开发省内一日游短线型水利旅游。（3）水利旅游吸引力排名最末的1/3的地区吸引半径更小，局限在水利风景区所在的市内，宜开发针对市民的游憩型水利旅游。值得注意的是水利旅游地吸引半径也不是固定不变的，存在波动性。

第五章　水利旅游吸引量的理论模型和实证测算

上一章分析了水利旅游吸引系统中的吸引半径，为水利旅游供给方明确了各自的客源范围。但是仍然存在一些疑问：例如，距离水利旅游地多远的范围内，能吸引到多少旅游者？除了水利旅游吸引力、旅游成本外，还有哪些因素也会影响客源地旅游者的出行？如果靠近出游率高、经济基础好的客源地，水利旅游吸引量是否会相应增加？

第二章中仅对水利旅游吸引量的概念和系统关系进行了界定。第五章详细解析水利旅游吸引量的分类，在此基础上分析其时空演变特征，为了说明水利旅游吸引对象的空间分布状况，考虑影响吸引对象出游的影响因素，建立基于引力模型的水利旅游吸引量测算方程，解释各因素对水利旅游吸引量分布的影响大小。

第一节　水利旅游吸引量的分类和特征

水利旅游吸引量是有特定吸引对象的，要么是水利旅游的需求方，要么是水利旅游的供给方。水利旅游吸引力是吸引量的条件，水利旅游吸引力大，说明该地水利旅游资源丰富，因此能吸引到更多的游客，这些游客是水利旅游的吸引对象，水利旅游吸引量是这些吸引对象的数量集合。因此，水利旅游吸引量是吸引力的衡量指标，是吸引对象的数量关系。

一　水利旅游吸引量的供求分类

吸引对象的不同导致了水利旅游吸引量的差异。水利工程作为水利旅游吸引物之一，不仅吸引旅游者，而且也吸引水利旅游供给方的注意力，如加大供给水利景观的力度、为旅游者提供食、住、行、游、购、娱等相关活动。因此从这个意义上可以将水利旅游的吸引对象划分为需求方和供给方，但是需求方和供给方关注的焦点不一样，水利旅游供给方关注经济效益和社会效益，水利旅游需求方关注心理满足度和个人效用。吸引对象的差异造成了吸引量衡量单位的差异，如果吸引对象是需求方，那么水利旅游吸引量衡量单位就是水利旅游总人次；如果吸引对象是供给方，那么水利旅游吸引量衡量单位就是已有的水利旅游供给个体的总和。水利旅游供给个体包括范围很广，从水利旅游"食住行游购娱"六要素出发，至少包括水利风景区、水利旅游商品经营加工企业（如生产和贩售蟹虾鱼蚌等水库特产）、水库宾馆（包括自有、邻近地段的、有时可以承办商务会议的场所）、水利旅游公交专线（如南京六合—金牛湖的旅游公交专线）等。由于涉及的行业、部门较多，行政隶属关系交错，有时很难准确统计供给方的水利旅游吸引量。一般方法就是选取最能代表水利旅游的一类供给企业进行分析，一般选择水利风景区，为了统一标准和口径，以国家级水利风景区作为水利旅游供给方的典型代表。

（一）水利旅游供给吸引量

水利旅游供给吸引量是指受水利旅游效益（主要是经济效益）吸引，能为旅游者提供水利旅游过程中食、住、行、游、购、娱各项服务和商品的个体集合。

由于水利风景区地理位置固定、水利景观典型，水利旅游数据便于统计等特点，使水利风景区成为水利旅游供给的核心，可以认为如果缺乏水利风景区这个水利旅游核心，就无法吸引旅游者，水利旅游地也失去意义。建成水利风景区需要在水利工程上投资大量的人财物资源，投资额远远超过向水利旅游提供导游（如旅行社）、交通服务（如交通车船公司）的供给企业。水利风景区是水利旅游供给的代表，水利风景区的数量、特征和变化趋势可以用来表示吸引到水利旅游供给个体的数量、特征和变化趋势。

（二）水利旅游需求吸引量

水利旅游需求吸引量是指受到水利旅游效益（主要是心理效益）

的吸引，希望从事水利旅游活动或者已经实现水利旅游活动的人次总量。

这里有必要区分需求吸引量和需求的关系，需求吸引量的范畴比需求的范畴要大，需求属于经济学的基本概念，需求是指在一定时间内，按照一定的价格，能够购买某种商品的数量。需求用在水利旅游中，即在一定时间内（一般以年为单位），按照市场供求决定的水利旅游线路的价格，能够购买水利旅游产品的次数，水利旅游产品即一次水利旅游体验过程。而水利需求吸引量包括了水利旅游需求，而且更侧重于表现一种吸引的过程，从日常生活中吸引到水利旅游活动中，或者从其他类型的旅游活动中吸引到水利旅游活动中的状态，强调的是由一种状态吸引到另一种状态的变化过程。

二 水利旅游供给吸引量的特征

如前所述，我国水利风景区的管理部门是在20世纪80年代后期水利体制改革时转化过来的，水利专业基础深厚、管理经验丰富，因此虽然是水利旅游供给方，但始终坚持以保护水资源安全为开展水利旅游的前提，对水生态承载力有明确清晰的认识。因此在理想状态下，出于自身利益考虑，供给方会将水利旅游供给量控制在水生态承载力范围以内。由于水有三种物理形态，具有流动性，能在地球水圈层进行物质能量的转化，这形成了水利风景区水体的季节性、年度性的不均匀变化，考虑防汛抗旱保水固坝的水安全，相关水利设施每年都有不同程度的修缮，一般在冬春季节，水流量小的环境进行。这是其他景区没有的特点，这决定了水利旅游供给的季节性影响比其他景区更严重。

和水利旅游吸引力一样，水利旅游吸引量也是动态变化的，其特征是指水利旅游吸引量随时间或空间方向变化。下文将通过水利风景区的类型、发展趋势和供给特征等，来反映水利旅游供给方面吸引量的时空变化特征。

（一）随时间推移，水利旅游供给类型发生变化

根据水利部2004年发布的《水利风景区评价标准》（水利行业

标准 SL300—2004），我国的水利风景区分为国家级和省级水利风景区，按照《水利风景区发展纲要》，依据水利旅游吸引物又分为以下六种类型的水利风景区：

（1）水库型。水工程建筑气势恢宏，科技含量高，人文景观丰富，观赏性强。水利风景区建设结合工程建设和改造，绿化、美化工程设施，改善交通、通信、供水、供电、供气等基础设施条件。核心景区的建设重点加强景区的水土保持和生态修复，突出水科技、水文化的宣传展示。截至2008年，水库型占我国国家级水利风景区总数的56.37%，这表明水利旅游吸引到的供给单位以水库型为主。

（2）湿地型。湿地型水利风景区的建设以保护水生态环境为主要内容，重点进行水源、水环境的综合治理，增加水流的延长线，并注意以生态技术手段丰富物种，增强生物多样性。截至2008年，湿地型占我国国家级水利风景区总数的7.64%。

（3）自然河湖型。自然河湖型水利风景区的建设，尽可能维护河湖的自然特点，可以在有效保护的前提下，配置必要的交通、通信设施，改善水利风景区游览者的可进入性。截至2008年，自然河湖型占我国国家级水利风景区总数的17.20%。

（4）城市河湖型。城市河湖除具防洪、除涝、供水等功能外，水景观、水文化、水生态的功能作用越来越为人们所重视。城市河湖景观建设纳入城市建设和发展的统一规划，综合治理，进行河湖清淤，生态护岸，加固美化堤防，增强亲水性，使城市河湖成为水清岸绿、环境优美、风景秀丽、文化特色鲜明、景色宜人的休闲、观光、娱乐区。截至2008年，城市河湖型占我国国家级水利风景区总数的9.24%。

（5）灌区型。灌区水渠纵横，环境幽雅，是水利工程、自然风光、人工渠网、水文化等的景观综合体。灌区型水利风景区结合生态、观光农业、现代农业进行建设。截至2008年，灌区型占我国国家级水利风景区总数的5.10%。

（6）水土保持型。水土保持型国家级水利风景区是在国家水土流失重点防治区内的预防保护、重点监督和重点治理等修复范围之内，其中包括水保大示范区和科技示范园区。截至2008年，水土保持型占我国国家级水利风景区总数的4.46%。

(二) 发展趋势

在供给方面，水利旅游吸引对象以水利风景区为主，水利风景区数量与水利旅游供给吸引量成正比，某一类型的水利风景区越多，水利旅游效益对该类型水利工程的吸引力越大，水利旅游供给吸引量越多。近年来上述六类型水利风景区的发展轨迹和现有规模，能在一定程度上反映出水利旅游供给吸引量的大小。图5-1是水利风景区六类型历年数量的变化趋势，图5-2是水利风景区六类型的增长轨迹。

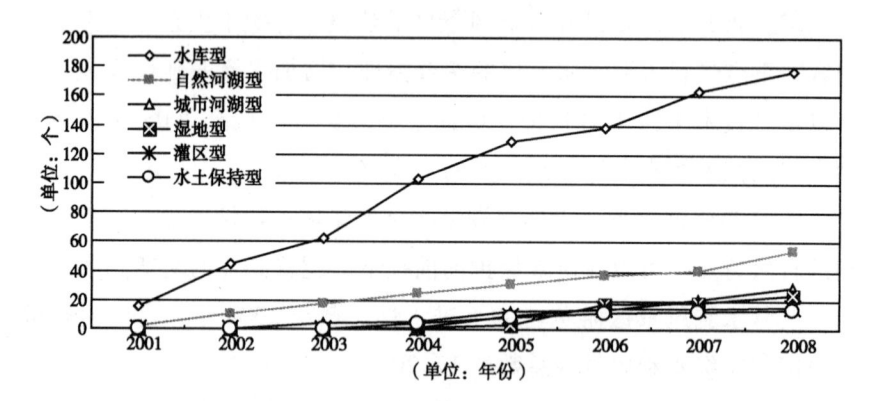

图5-1 水利风景区六类型历年变化趋势

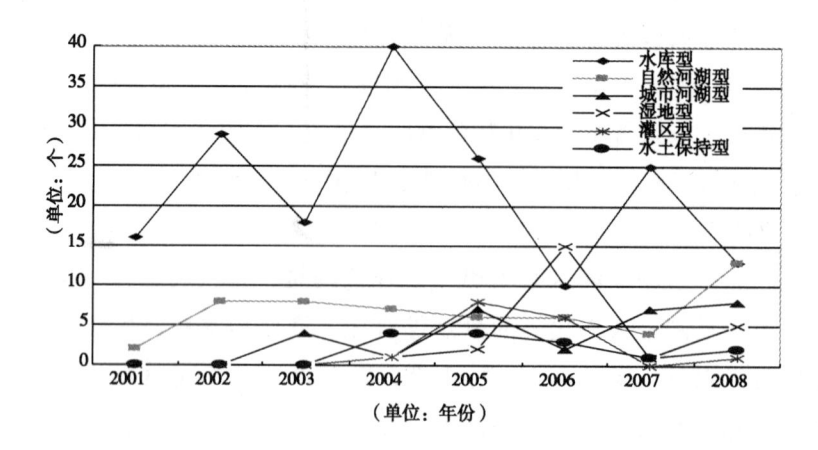

图5-2 水利风景区六类型逐年增长轨迹

图 5-1 和图 5-2 表明：

（1）水库型供给量最大，但波动性也较大。水库型国家级水利风景区历年供给数量均值是 22 个。这与我国的基本国情有关，我国拥有 8.5 万余座大中小型各类水库，水库开发基础好，也是水利旅游的发源地，水库管理主体申报积极，发展水利旅游的主客观条件都比较成熟，发展态势较好。近年来水利行政主管部门也意识到六类型的水利风景区均衡发展，鼓励湿地型、灌区型和水土保持型加入国家级水利风景区行列。

（2）自然河湖型供给量排名第二，比较稳定。被吸引到水利旅游供给中的自然河湖型国家级水利风景区年平均数量是 6 个。我国 10—500 平方公里的湖泊有 600 余个，500 平方公里以上的湖泊有 31 个，这形成了大量的水景观，经过长久的文化积淀，河湖的自然景观、人文景观和开发条件已经较成熟。例如，江苏溧阳市天目湖旅游度假区、重庆大足县龙水湖风景区等，早在 20 世纪 70 年代就已经开始开展水利旅游活动，旅游供给比较旺盛，水利主管部门积极响应国家号召申报各类国家级景区品牌，获得了较好的发展条件。而且从图 5-2 来看，自然河湖型国家级水利风景区发展比较平稳。

（3）城市河湖型、湿地型、灌区型和水土保持型数量较少，供给吸引量较小，每年一般增长 2—6 个，但在 2005 年灌区型和水土保持型、2006 年湿地型供给量异常活跃，分别增长了 8 个、4 个和 15 个，出现了历年的峰值，表明在 2005 年、2006 年，灌区型、水土保持型和湿地型水利风景区实际供给量明显增加。

（4）综上所述，水利旅游供给吸引量的近年发展趋势如下：水库型国家级水利风景区数量占总数的 50% 以上，稳中有降，但仍占据主流；自然河湖型国家级水利风景区数量保持稳定发展，占据中游；其他四类型的水利风景区供给量较前几年有加速增长的趋势，但由于水利资源基础不如水库型和自然河湖型丰富，因此城市河湖型、湿地型、灌区型和水土保持型国家级水利风景区总量增长有限。

（三）供给特征

从每年水利设施主管单位积极申报水利风景区的情况来看，水利旅游对水利设施主管单位是有吸引力的，尤其是水库型水利设施主管单位申报水利风景区的比例最高，水利旅游效益吸引了较多的水库型水利设施从纯水利行业过渡到水利多种经营的复合行业中，完成从第一产业向第一、第二、第三产业的过渡。另外，河湖型水利设施主管单位发展水利旅游事业的积极性也较高，水利旅游供给吸引量相对较大，这表明从近年来看，水利旅游对水库型和河湖型水利设施主管单位有较强的吸引力。

三　水利旅游需求吸引量的特征

水利旅游供给一旦形成，在短时间内变化比较缓慢，而水利旅游需求吸引量却正好相反，水利旅游需求吸引量会随着时间和空间的变化而发生较大变动。这决定了下文关于水利旅游需求吸引量和前面的水利旅游供给吸引量的分析方法有所不同，水利旅游需求吸引量更复杂，更具有地域特征。每个水利旅游地都有各自相对稳定的客源地，了解水利旅游需求随时间和空间变化而变化的规律，对了解水利旅游吸引力强度和吸引半径方向有益，也有利于水利旅游供给方的规划和经营决策。因此，水利旅游需求吸引量特征从时间和空间两个角度展开，时间方面又进一步细分为年度特征和季节特征。

（一）长线型和短线型对比特征

从时间序列可以看出事物发展的过程和趋势，各水利风景区历年旅游人次的数据无法获取，因此，换个角度选择最典型的水利旅游地作为参照对象来研究水利旅游需求吸引量的变化发展过程。这里的最典型水利旅游地需要满足三个条件，首先，选择水利旅游吸引力较强的地区。根据第三章的测算结果，2004年和2008年水利旅游吸引力评价值都排在前十位的地区，包括江苏、广东、湖北、河南、浙江、北京、江西共七省。其次，选择水利工程特色最显著的旅游城市。重点旅游城市一般都是省会城市，省会城市是政治、经济、商务和文化的中心，人文旅游资源密集，这些重点旅游城市吸引的旅游者出游目的复杂，分辨水利旅游者较困难。因此选择水利工程特色突出的一般旅游城市作为研究对象，在这些一般旅游城市的统计公报中所统计的旅游人次大多能反映水利旅游需求吸引量的变化趋势。出于这样的考虑，江苏省选择南水北调东线源头——江都市作为参照对象，广东省选择飞来峡水利枢纽（国家级水利风景区、广东最大规模的水利枢纽工程、国家4A级景区）所在的清远市（广东4A级景区最多的旅游城市）作为参照对象，湖北省选择长江三峡工程所在地宜昌作为参照对象，河南省选择黄河小浪底工程所在的济源市作为参照对象，浙江省大型水利枢纽相对较少，水利风景区集中在宁波、杭州两地，这两地的山水文化古迹旅游资源较多，水利旅游特征反倒不明显，故不考虑这两地。北京是全国政治经济外交中心，水利旅游特征不明显。虽然江西有著名的万安水电站，但缺乏万安县的历年统计公报数字，用万安县所属的吉安市的统计公报数字，又会受到与万安县一样同属吉安市的井冈山数据干扰，即井冈山红色旅游数据会干扰万安县水利旅游数据，因此江西省水利旅游需求吸引量不考虑。这样，水利旅游需求吸引量的年度变化特征就从江苏江都、广东清江、湖北宜昌、河南济源四个水利旅游地进行对比分析，同时也将南京的某个国家级水利风景区的年度数据作为其他四个水利旅游地的参照，如表5-1和图5-3所示。

表5-1　　　　中国及江都等五市水利旅游吸引量变化

	全国		江苏江都		广东清远		湖北宜昌		河南济源		南京某水利风景区	
	国家级水利风景区（个）	水利旅游收入（亿元）	人次（万人）	收入（亿元）	人次（万人）	收入（亿元）	人次（万人）	收入（亿元）	人次（万人）	收入（亿元）	人次（万人）	收入（万元）
1998	0	8.83	19.57	0.32	126.00	3.78	426.17	27.02	42.00	1.01	0.40	4.00
1999	0	6.38	21.03	0.37	250.00	7.50	502.60	31.17	47.00	1.52	0.60	6.00
2000	0	4.44	22.18	0.40	285.00	8.60	600.30	41.76	76.00	2.29	0.80	8.00
2001	18	5.17	24.18	0.44	336.00	10.00	723.05	49.56	91.50	3.05	1.40	14.00
2002	37	4.89	27.86	0.51	418.00	12.54	803.60	50.63	103.50	3.52	3.00	30.00
2003	30	5.60	32.60	0.60	518.40	15.55	613.37	36.58	90.00	3.12	3.33	60.00
2004	54	5.66	40.00	0.73	755.00	22.85	804.72	47.57	108.00	4.50	3.80	100.00
2005	53	7.50	50.00	0.75	1005.00	32.60	880.19	57.32	140.00	5.60	4.00	120.00
2006	42	5.74	86.20	0.79	1103.50	35.90	931.43	64.50	172.12	7.22	6.00	180.00
2007	38	4.92	103.00	0.90	1323.00	47.90	1034.10	72.33	211.01	8.86	5.17	260.00

续表

	全国		江苏江都		广东清远		湖北宜昌		河南济源		南京某水利风景区	
	国家级水利风景区（个）	水利旅游收入（亿元）	人次（万人）	收入（亿元）	人次（万人）	收入（亿元）	人次（万人）	收入（亿元）	人次（万人）	收入（亿元）	人次（万人）	收入（万元）
2008	42	5.12	100.00	1.30	1488.00	56.30	992.25	65.09	249.50	10.50	4.01	160.00
均值	28.55	5.84	47.87	0.65	691.63	23.05	755.62	49.41	120.97	4.65	2.96	85.64
方差	20.80	1.29	32.66	0.29	470.78	17.72	200.66	14.57	66.06	3.07	1.91	86.11

资料来源：全国水利旅游收入及水利风景区数目数据来自国家水利部网站，江都、清远、宜昌、济源数据来源于各市历年的国民经济与社会发展统计公报，南京某国家级水利风景区数据来自该景区办公室。

为了观察方便，将表5-1分解成图5-3的五个小图。

（1）总体上看，我国水利旅游需求吸引量发展平稳。从1998—2008年，国家级水利风景区从无到有，以每年新增近40家的规模发展，到2008年年底我国已有314个国家级水利风景区。水利旅游收入是国家级水利风景区经营成果的表现，从图5-3的第一个小图看，水利旅游收入1998年最高达到8.83亿元，2000年水利旅游收入最低只有4.44亿元，其中有五年的水利旅游收入都在5亿元左右，分别是2001年、2003年、2004年、2006年和2008年。如果在这些水利旅游收入中，包括了水利风景区门票收入、餐饮收入和部分住宿与交通收入的话，按照一般逻辑，水利旅游者越多（即吸引量越大），得到的门票、餐饮和住宿收入就越高，那么所统计的水利旅游收入应该越高，水利旅游收入与水利旅游需求吸引量是成正比关系的。但事实是国家级水利风景区快速增长的同时，水利旅游收入却比较稳定（均值是5.84亿元），这说明11年来，水利旅游需求吸引量没有太大增长，而供给吸引量增长较快，如果放任不管，供大于求的局面可能会导致国家级水利风景区为了自身生存发展而争抢有限的水利旅游客源市场的现象。国家级水利风景区比较容易形成沉没成本，日常固定成本也较高，如水库水源的净化更新、水利工程设施的加固维护等，所获得的旅游收入抵消成本后最终利润增长有限。

（2）江都、清远、宜昌、济源和南京水利旅游吸引量持续上升。

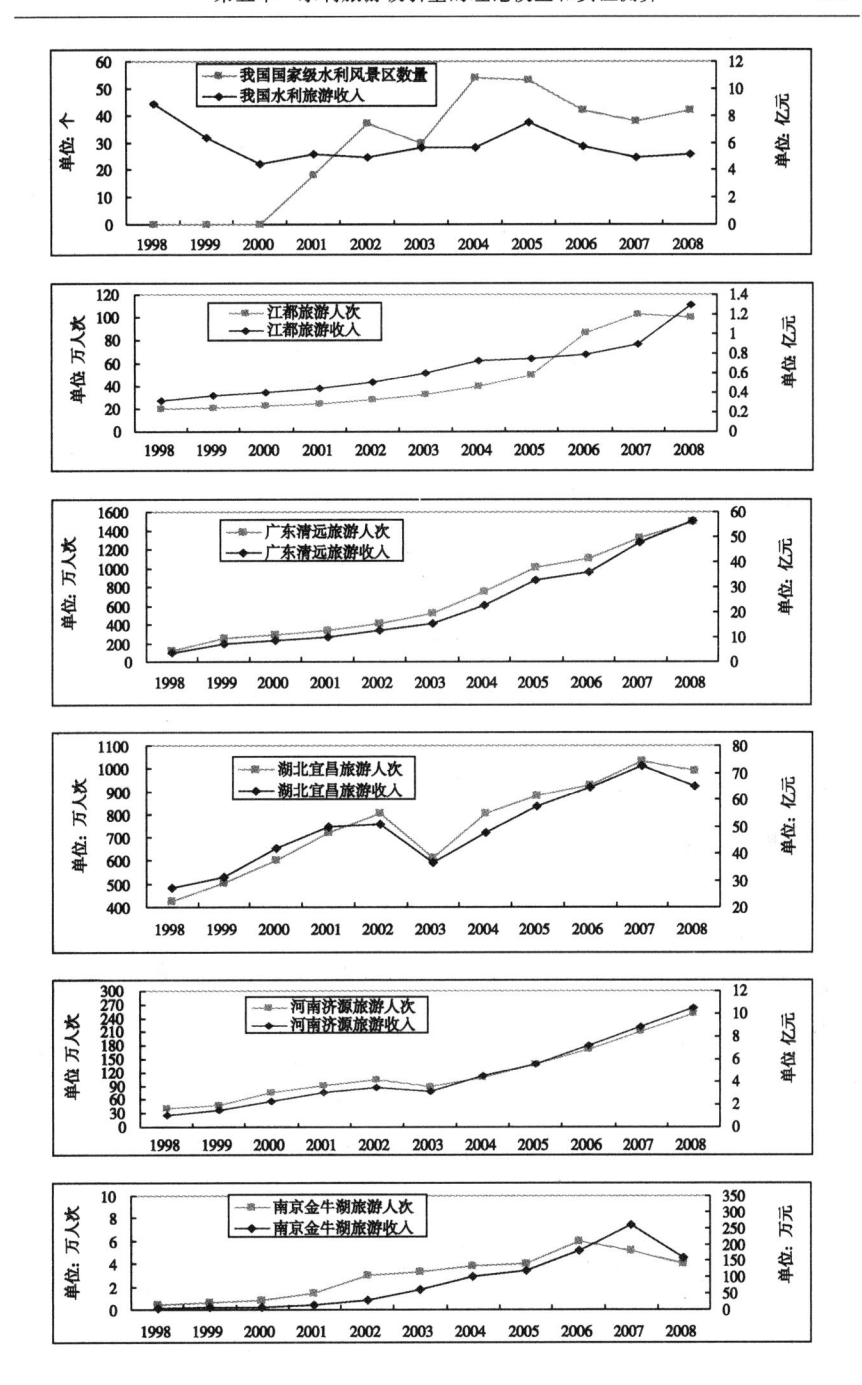

图5-3 中国江都、清远、宜昌、济源、南京的水利旅游需求吸引量比较图

由图5-3的后四个图可以看出，江都等五个水利旅游目的地的旅游

人次、旅游收入都保持着增长趋势，2008年的水利旅游收入和旅游人次都远远高于1998年的数据。

（3）短线型为主的水利旅游地受到宏观环境影响较小，长线型为主的水利旅游地受到宏观环境影响较大。

在2003年发生了重大公共安全事件"SRAS"，人们长线远距离出行受到限制，旅游业一度萎缩。以2003年是否出现旅游业拐点为分界线，可以将上述水利旅游地分为两类，一类是2003年旅游人次和旅游收入保持增长的水利旅游地，包括江都、清远和南京；另一类是2003年旅游人次和旅游收入显著下降的水利旅游地，这一类包括宜昌和济源。

以江都、清远和南京为代表的水利旅游地，经济基础较好、人口密集，可自由支配收入较高，当地居民出游率也较高，旅游障碍较小，2003年"SRAS"压抑了长线远距离出行，却为短线近距离旅游提供了机会。江都2002年吸引了旅游者27.86万人次、2003年增加到32.60万人次，旅游人次持续增长，没有因"SRAS"出现旅游增长的拐点；清远2002年吸引旅游者418万人次、2003年增加到518万人次；南京某国家级水利风景区2002年吸引旅游者3万人次、2003年增加到3.33万人次；这表明江都、清远和南京等水利旅游地吸引了大量短线旅游者，在"SRAS"中仍然保持水利旅游的持续发展。

以宜昌和济源为代表的水利旅游地，多以长线型旅游为主。根据历年宜昌旅游业统计公报，1997年宜昌接待的海外游客是12万人次，此后每年超过15%的速度增长，到2002年接待海外游客42.01万人次，2003年显著下降到10.17万人次，仅是上年的1/4左右，2004年缓慢回升至14.02万人次，可见国际超长线水利旅游客源市场在宜昌和济源占据了重要的一席之地。省内游客只占国内游客的60%左右，省外主要客源地包括重庆、河南、山东和四川，由于旅游路途时间较长，交通瓶颈影响了长线型客源的快速增长。另外，受限于资源、区位的影响，当地经济基础相对较弱，当地居民出游率比起江苏、广东等地相对较低，因此长线型远距离旅游者居多。济源没有专门的旅游业统计公报，只分列了国内旅游和入境旅游的情况，在2000年济源成功举办了"世纪旅游年暨小浪底黄河三峡旅游节"活动，并成功申报"中国优秀旅游城市"，当年旅游人次比上年增长61.70%[①]。2002年济源接待旅游人次103.5万人次，2003年受"SRAS"影响较大，接待国内外旅游者仅90万人次，比上年同比下降13%，在2004年回升至108万人次。宜昌和济源等水利旅游地自产游客量相对东部地区较少，以中长线型旅游客源为主，受"SRAS"等突发事件影响较大，导致旅游业波动性较强。

到了2008年，受到美国金融危机的拖累，全球经济速度放缓，江都、清远、宜昌等水利旅游地旅游增长速度放缓，但没有出现类似2003年的旅游拐点现象，很大程度上得益于各水利旅游地加强促销，如各地纷纷发放旅游消费券或景区、民航降价等，以降价促销的方式吸引了水利旅游者。

（二）年度特征

前文已选择了四个地区的水利旅游吸引量进行分析。这里对水利风景区密集的市一级水利旅游地的9年旅游人次进行汇总，如表5-2所示。

国家级水利风景区数量超过3个，可以视为最典型的水利旅游地。表5-2中罗列了市一级水利旅游地的需求吸引量情况，即水利旅游需求吸引量用旅游人次表示。表5-2表明，从2000年到2008年，我国水利旅游地的旅游人次增长非常显著。山东水利旅游地潍坊市有诸城潍河水利风景区、昌乐仙月湖风景区、安丘汶河水利风景区、寿光弥河水利风景区、昌邑潍河水利风景区、潍坊市峡山湖水利风景区共6个国家级水利风景区。山东潍坊和安徽六安、内蒙古赤峰是目前为止我国国家级水利风景区最密集的三大水利旅游地。其中山东潍坊和安徽六安都位于我国腹地，交通便捷旅游活动频繁，2012年这两个水利旅游地旅游吸引量是2001年的7.38倍和6.64倍：山东潍坊2000年旅游接待人次

---

① 济源2000年旅游人次76万人，1999年为47万人，（76-47）÷47×100% = 61.70%

是 546 万人次，到 2012 年增长到 4256 万人次，安徽六安 2001 年接待的旅游人次是 160 万人次，到 2012 年增长到 1547 万人次，潍坊和六安两个水利旅游地的旅游吸引量增加得较快。

表 5-2 中的 27 个水利旅游地是国家级水利风景区比较集中的地区，是比较典型的水利旅游地。在这 27 个典型水利旅游地中山东省最多，如潍坊、聊城、东营、淄博和枣庄，其次是河南，如信阳、驻马店和焦作，还有浙江的宁波、绍兴和湖州，另外还有江西的宜春、景德镇和吉安。但是山东、河南、浙江和江西的水利旅游地接待的旅游人次差异较大，到 2008 年这 27 个典型水利旅游地中接待的旅游人次超过 1 亿人次的有 6 个，分别是潍坊 1.883 亿、宁波 3.544 亿、绍兴 2.475 亿、淄博 1.660 亿、吉安 1.065 亿、湖州 1.573 亿（不考虑上海）。由此可见接待旅游人次较多的水利旅游地大多数在山东和浙江，这表明山东和浙江的水利旅游需求吸引量在全国处于领先地位。

表 5-2　　2000—2012 年 27 个典型水利旅游地的旅游人次

水利旅游地	所在省	国家级水利风景区(个)	历年国内旅游人次（万人次）												
			2000	2001	2002	2003	2004	2005	2006	2007	2008	2009	2010	2011	2012
潍坊	山东	6	546	577	665	672	775	890	1042	1421	1883	2331	2968	3632	4256
六安	安徽	6	—	160	185	130	212	263	305	388	477	577	700	975	1547
赤峰	内蒙古	6	—	233	280	144	310	340	368	412	472	520	580	644	720
信阳	河南	5	—	—	—	—	237	363	—	615	744	892	1010	1160	1484
张掖	甘肃	5	55	56	62	62	68	81	88	93	104	116	188	350	522
宁波	浙江	4	1242	1400	1621	1742	2042	2396	2745	3143	3544	3962	4624	5185	5748
绍兴	浙江	4	758	849	1017	1028	1226	1523	1836	2228	2475	2894	3489	4188	4866
平凉	甘肃	4	—	60	84	75	103	116	138	165	177	351	421	531	700
聊城	山东	3	—	—	—	386	441	498	567	645	734	872	1057	1235
东营	山东	3	—	—	—	127	165	197	243	330	431	637	640	780	938
淄博	山东	3	445	511	586	596	772	929	1097	1331	1660	2057	2544	3064	3497
枣庄	山东	3	—	—	—	—	450	450	545	670	844	1034	1409	1804	1357
宜春	江西	3	133	165	202	205	266	321	385	522	523	669	890	1100	1685
景德镇	江西	3	—	—	262	303	505	586	667	767	908	1081	1305	1558	1973
吉安	江西	3	—	—	—	312	362	509	665	769	910	1065	1226	1402	1812	2080
驻马店	河南	3	—	128	168	—	—	350	405	472	650	837	1118	1396

续表

水利旅游地	所在省	国家级水利风景区（个）	历年国内旅游人次（万人次）												
			2000	2001	2002	2003	2004	2005	2006	2007	2008	2009	2010	2011	2012
焦作	河南	3	—	222	474	597	693	805	950	1203	1452	1682	1937	2256	2576
淮安	江苏	3	297	389	346	407	492	550	635	736	857	1010	1156	1398	1611
泰州	江苏	3	—	294	333	352	423	491	571	665	792	933	1071	1285	1467
湖州	浙江	3	351	532	792	709	864	1089	1302	1687	1973	2322	2855	3520	4191
宣城	安徽	3	—	—	—	156	249	281	327	440	415	536	645	897	1328
荆门	湖北	3	386	317	378	305	370	381	439	509	544	662	868	1102	1504
鄂尔多斯	内蒙古	3	—	130	155	141	226	310	381	438	498	372	492	506	593
长春	吉林	3	825	1007	1093	1038	1108	1229	1381	1607	1922	2246	2612	3084	3512
通化	吉林	3						138	177	205	270	334	392	465	547
上海	上海	3	8030	8459	9033	7848	8891	9583	10149	10876	11646	12360	21463	23079	25094
酒泉	甘肃	3	—	70	81	58	157	190	225	268	305	349	402	612	799
合计		97	13068	15559	18129	17057	21499	24608	27613	32163	34678	42537	57772	67162	77165

数据来源：各市2000至2013年《国民经济与社会发展统计公报》、各市所在省份2000至2013年的统计年鉴。"—"表示检索不到相关数据。

在27个典型水利旅游地中，2008年接待旅游人次低于500万人次的有9个：分别是安徽六安477万人次、内蒙古赤峰472万人次、甘肃张掖104万人次、甘肃平凉177万人次、山东东营431万人次、河南驻马店472万人次、安徽宣传415万人次，吉林通化270万人次，酒泉305万人次。安徽六安的水资源总量比较丰富（约99亿立方米），境内主要河流有淮河、渭河、史河、杭埠河等7条河流。新中国成立后，随着大规模治淮工程的兴起，先后建立了龙河口（万佛湖）、佛子岭水库、梅山水库、响洪甸水库和磨子潭等五大水库。五大水库以淠史杭综合利用工程为依托，是我国最大的人工灌区，是世界七大人工灌区之一，前四个大水库已经开发成了国家级水利风景区，还有淠史杭管理总局所辖的横排头水利工程、水门塘水库也都建成了国家级水利风景区。安徽六安地处大别山北坡，面积仅1.7976

万平方公里①，已经建成了我国国家级水利风景区最密集的水利旅游地。六安人口约681万，由于人口总量不大，旅游接待服务有限。2008年接待旅游人次接近500万，几乎与当地人口总量相差无几。如果过分强调水利旅游需求吸引量增加，而忽视水利旅游地承载力，不仅影响水利枢纽工程的正常运行，也影响水利旅游业的可持续发展，严重的更会造成水利旅游地社会、生态环境的破坏。

（三）季节特征

水利旅游需求吸引量存在季节性波动，这是因为旅游业是淡旺季明显的行业，气候与旅游出行活动密切相关，如晴天比雨天出游的人数多，春夏秋比冬天出游的人数多等。人们休闲时间的差异与出游活动也密切相关，如黄金周、周末节假期间比工作时间出游的人数多，周末比平常出游的人数多。水利旅游客流量不可避免受这些因素的影响，出现淡旺季的差异。另外，受到水利活动的限制，水利旅游需求吸引量也不可避免地受到波及。例如，夏季不同程度洪涝灾害出现的时候，水库型水利风景区内水位上涨，为了保障旅游者安全，会采取一定限制客流量的措施。到了冬春季节水利设施维护检修的黄金季节，清理库底淤泥或者大坝加固等水利工程检修活动，也会对旅游者出游带来不便，甚至暂时停业或者限制旅游者活动范围等。

一般有如下公式来测算旅游季节性波动的强弱，公式如下②：

$$R = \sqrt{\sum_{i=1}^{12}(x_i - 8.33)^2/12} \quad (5.1)$$

其中，R 为季节性强度指数，x_i 是各月游客量占全年的比重。R 越接近0，旅游需求时间分配越均匀，反之则旅游淡旺季差异越大。就一般情况而言，R 值越接近于0越好，这样旅游淡旺季差异不明显，由旅游设施闲置而造成的损失就越小。

（1）南京水利旅游季节性分析

限于获取数据的难度，这里选择南京某国家级水利风景区的水利

---

① 百度百科：《六安》，2014年7月，http://www.luancts.com/zyjj.asp。
② 保继刚、楚义芳：《旅游地理学》，高等教育出版社2002年版，第35—39页。

旅游数据进行分析。水利旅游人次以该景区办公室提供的数据为准。同时为了便于对比，参照南京市旅游局公布的数据进行参照。选取南京市星级饭店接待人数和外国人接待人次，主要是为了反映南京国内旅游、入境旅游情况与南京水利旅游情况的对比。经过计算，南京水利旅游、国内旅游和入境旅游的原始数据和季节性强度指数 R 值分别如表 5-3 和图 5-4 所示。

表 5-3　2007 年和 2008 年南京水利旅游、国内旅游、入境旅游接待人次

	南京水利旅游接待人次（水利风景区接待人次）		南京国内旅游接待人次（星级饭店接待人次）		南京入境旅游接待人次（入境旅游登记人次）	
	2007 年	2008 年	2007 年	2008 年	2007 年	2008 年
1 月	2424	1148	237082	251797	40821	42196
2 月	2514	3522	212000	180218	54520	63375
3 月	1420	2211	280884	275260	95029	112968
4 月	7249	6154	282989	222608	96687	111460
5 月	8932	12006	294351	517429	104934	73125
6 月	2326	2915	280818	326406	105170	82816
7 月	1339	1014	295882	344615	111537	98749
8 月	697	1319	260665	313846	88054	90892
9 月	3661	2040	243084	350115	102818	108739
10 月	12610	6364	294119	361652	115319	115012
11 月	6701	559	290312	375169	117315	125360
12 月	1840	832	207807	218224	101637	157094
总共	51713	40085	3179993	3362170	1133841	1181786

资料来源：一部分江苏省旅游局官方网站下载整理，另一部分笔者自行收集。

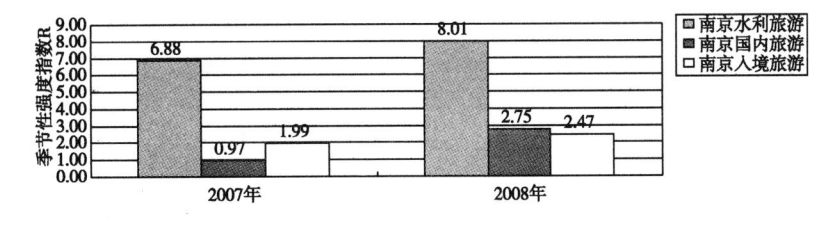

图 5-4　旅游季节性强度指数 R

水利旅游季节性偏重，淡旺季差异明显。从图5-4看水利风景区的季节性影响2008年比2007年显著，同时也比南京市平均水平显著。南京市国内旅游和入境旅游的季节性强度R值2007年是0.97、2.75，2008年是1.99、2.47，而水利旅游的季节性强度R值2007年是6.88，2008年是8.01。这表明相对于国内旅游和入境旅游，水利旅游季节性波动更明显，水利旅游吸引量淡旺季差异更大。

（2）季节性原因分析

水利旅游季节性明显的原因主要有以下几方面：

首先是水利旅游本身的原因。南京水利旅游人次从2007年的5万多人，下降到2008年的4万余人，这主要是因为2008年最后一个季度该国家级水利风景区进行大坝加固等水利设施正常维护工作（冬春枯水期是水利设施检修排险的最佳工作时间），为保障游客安全和顺利进行施工，限制了大批水利旅游者的进入，因此导致水利旅游吸引量下降。除了水利施工影响外，最佳适游期也决定了水利旅游的季节性。为了说明最佳适游期与水利旅游吸引量的关系，将2007—2008年的水利旅游接待人次波动状况用图5-5表示。

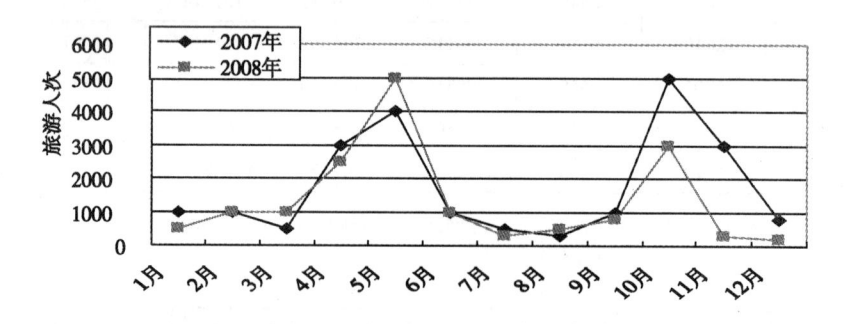

图5-5　2007—2008年南京水利旅游人次波动图

水利旅游淡旺季与黄金周制度密切相关。如图5-5所示，水利旅游需求吸引量高峰期在"五一"和"十一"黄金周前后。6—9月水利旅游需求吸引量较少，但这段时期却是南京国内旅游人次和入境旅游人次的高位平稳期，此时南京接待的国内外旅游者总和在30—

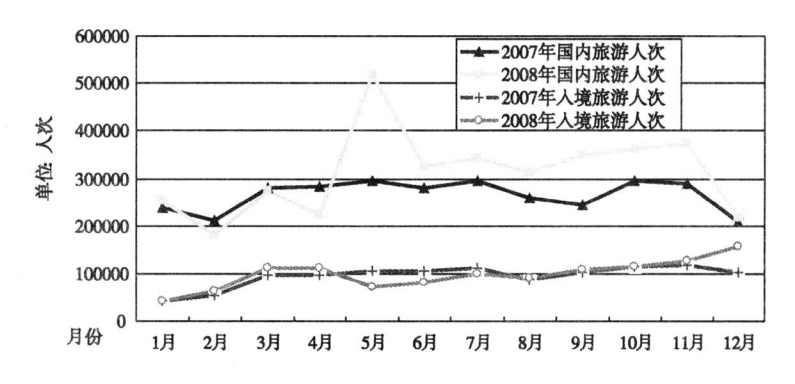

图 5-6　2007—2008 年南京国内旅游人次、国际旅游波动情况

40 万之间（表 5-3，例如 2007 年 6 月，国内旅游者 280818 人 + 入境旅游者 105170 人 = 385988 人）。水利旅游并没有完全吸引到这部分客源。其一因为水利旅游属于新兴旅游形式，水利风景区品牌没有深入人心、宣传营销工作刚起步，旅游者没有感知到水利旅游的存在，水利旅游需求吸引量较小。其二是受限于交通区位瓶颈。虽然离市区直线距离仅仅 49 公里，但由于南京长江大桥经常发生堵塞状况，二桥三桥过桥费较高，从市区直达水利风景区的公交线路没有，因此交通瓶颈限制了旅游团和散客的出行。

其次是案例地自身的原因。限于各方面条件限制，水利旅游案例地选择在南京，而南京除了是重点旅游城市外，还是重要的政治、商务、文化中心，国内外来访游客除了旅游者外，还包括商务公务旅行者，这部分客源并不受黄金周假期的制约，从图 5-6 中也可以看出 2007 年各月南京国内游客量比较平稳，保持在 25 万人左右，即使是冬春这种传统旅游淡季也不例外，而且国内游客量在稳中还有升，到了 2008 年国内游客量已经增长到每月 30 万人次左右。2008 年由于北京奥运会，我国的入境游客量大幅增加，入境游客在结束北京行程后向我国各重点旅游城市辐射，9 月以后南京接待的入境游客量每个月都超过了 10 万人，因此入境游客的季节性变动超过了 2007 年。

第二节 基于引力模型的水利旅游需求吸引量测算

下文对我国水利旅游吸引量的测算，仅局限于吸引对象是需求方面的吸引量，即水利旅游需求吸引量的测算。主要有以下两个原因：

原因之一是吸引对象是供给方面的吸引量，涉及水利旅游食、住、行、游、购、娱各大类型的企业数量，并没有统计资料，如果以水利风景区作为吸引对象的代表，在参考文献[1]已经进行测算，限于篇幅这里不再赘述。

原因之二是如果按照重要性而言，需求吸引量比供给吸引量更重要。这是因为论数量，水利旅游地吸引的旅游人次总数远大于水利风景区水利旅游供给企业的数量；论变化，旅游人次总数随着水利旅游地的生命周期、宣传攻势、社会环境等因素变化极快，而水利风景区等水利旅游供给企业一旦建立，在短时间（如一年）内是比较稳定，不会发生太大变化，相对而言不需要过度关注。

无论是反映我国古代先进水利技术的四川都江堰水利工程（李冰主持）、京杭大运河（扬广等主持）、河北引漳十二渠、黄河河套古灌区等，还是目前处于世界先进水平的长江三峡大坝、黄河小浪底等现代水利枢纽工程，都对人们有着巨大的吸引力，水利景观的独特性及水资源的人文性，与其他类型的旅游资源是有显著差异的，正是这种差异性令人们感到好奇，吸引人们离开自己的居住地到异地去欣赏这些水利景观，从而形成水利旅游流，能吸引到的水利旅游流的总和即水利旅游需求吸引量，对其进行测算，对水利旅游地的后续发展有重要意义。

在传统的旅游吸引力研究中，实际上也涉及旅游需求吸引量的测算。按照测定内容的构成情况来分，一般可以分为两种：直接法和间

---

[1] 丘萍、章仁俊：《国家级水利风景区分布及影响因素研究——基于空间自相关和固定效应模型的实证》，《统计与信息论坛》2009年第5期。

接法。直接法即利用前期的历史数据，通过线性回归、灰色预测等方法预测未来几年的旅游吸引量。直接法在有较多数据积累的情况下，易于建模，但是割裂了旅游与其他因素的关系，在宏观环境发生重大变化时，预测会发生偏差。间接法即旅游吸引量和社会经济因素之间的关系进行分析，此方法易于找出有规律性的影响因素，但不能对未来几年的发展趋势进行预测。水利旅游统计数据公布的时间是在2000年后，时间较短，没有较长的前期历史数据，会影响预测的精度，同时水利旅游很容易受到突发事件的影响，从而导致预测的偏差，如四川水利旅游资源丰富，有建于公元前256年的都江堰水利枢纽，它也是全世界迄今为止，年代最久、唯一留存、以无坝引水为特征的宏大水利工程，而且是国家4A级旅游景区、国家级风景名胜区。2008年四川汶川地震，都江堰（县级市，隶属成都）距离汶川约100公里，距离成都48公里。汶川地震发生后，都江堰旅游业受到重大打击。2008年接待456万人次，比汶川地震前的2007年下降了56.88%[①]。一年后都江堰水利旅游开始复苏，2009年五一黄金周期间接待旅游者32.64万人次，同比增长4.14%[②]。

一 引力模型原理

引力模型最初来自于物理学定理的万有引力模型：

$$F = K \frac{M_1 M_2}{D^2} \quad (5.2)$$

其中，F是两个物体之间的引力，K是摩擦系数，M_1、M_2是两个物体的质量，D是两个物体的距离。

引力模型应用到旅游业中，M_i是两地GDP、旅游资源、人口等，

[①] 都江堰市政府：《2008年都江堰市国民经济和社会发展统计公报》，http://hi.baidu.com/wanquanyou/blog/item/5b72ebc42354c8a18226ace2.html. 2009-04-27 11:06.

[②] 都江堰市旅游局：《都江堰市假日旅游指挥部办公室2009年"五一"假日工作总结》，http://www.djyly.com.cn/article.php content=18949. 2009-05-04.

F 是旅游地旅游人次，D 是客源地到旅游地的距离①。其中如果 M_i 的数量过多时，引力模型的回归拟合优度 R^2 较小。李山②基于引力模型逆推的旅游吸引力经验公式是：

$$Q_k = \frac{T_k}{\sum_{j=1}^{m} KP_J^{1-\beta}G_j^{\beta}\exp(-\lambda\gamma_{jk})} \tag{5.3}$$

其中，Q 是旅游吸引力，T_k 是 k 省某年的实际国内旅游人次，P_j 是各省的人口数，G 是 GDP，γ_{jk} 是省会城市的球面距离，经验值取 $\lambda = 0.00322, \beta = 0.38$。李山模型经验值的基础是 1994—2004 年共十年的旅游人次等数据，对于水利旅游这个新兴吸引物并不完全适用。

在交通规划中，交通的发生量和吸引量是研究的热点，引（重）力模型③是最常用的公式，如前所述，引力模型最早出现在 1929 年 William Reilly 提出的雷利法则（Reilly' Law of Retail Gravitation），随后进行了多次修正。现根据是否有约束特征可以将引力模型分为三类。

（1）无约束引力模型

无约束引力模型的基本形式为：

---

① 靳诚、陆玉麒、徐菁：《基于域内旅游流场的长三角旅游空间结构探讨》，《中国人口资源与环境》2009 年第 1 期；张鹏、郑垂勇、丘萍：《基于引力模型的国内旅游研究》，《软科学》2008 年第 9 期；郭为：《入境旅游》，《基于引力模型的实证研究》，《旅游学刊》2007 年第 3 期。

② 李山：《旅游圈形成的基本理论及其地理计算研究》，华东师范大学 2006 年版，第 45 页。

③ Gravity Model，被译为重力模型或引力模型，在交通规划中一般被称为重力模型，主要考察交通中出发地发生量（又称出行量）和目的地的吸引量（又称到达量）之间的关系，因此可以预测下一个阶段的交通发生和吸引量。但 Gravity Model 被引入到贸易、旅游等方面的研究后，主要考察社会经济类的变量之间的关系，将原先出发地（或目的地）的发生量（或吸引量）替换成了出发地（或目的地）GDP、人口、旅游资源等，所以被译为引力模型。社会经济变量之间关系不如交通变量之间关系简单直接，因此引力模型的预测精度已不准确，更多的是用来说明变量之间的关系，而不是预测功能，这里为叙述方便，统一用引力模型来指 Gravity Model。

$$T_{ij} = K\frac{P_i A_j}{d_{ij}^2} \tag{5.4}$$

在交通规划中，T_{ij} 是出发地 i 和目的地 j 之间的出行量，P_i 是出发地 i 的总产生量，A_j 是目的地 j 的总吸引量，d_{ij} 是出发地 i 和目的地 j 之间的距离。

靳诚[①]、张鹏[②]、郭为[③]等在研究引力模型和旅游流的关系时，T_{ij} 是客源地 i 和旅游地 j 之间的旅游流，旅游流即游客在旅游空间场内的迁移现象，换句话说也就是旅游地 j 能从客源地 i 吸引到的旅游者人数，即旅游吸引量（或旅游需求量）。旅游流强调的是旅游者动态的迁移现象，而旅游吸引量强调的是静态的旅游总人次，但本质是一样的，都是指旅游者。P_i 是客源地 i 的经济、人文属性（如GDP、人口总量、出游率、收入水平等），A_j 是旅游地 j 的旅游特征（如旅游资源总量、景区等级等）。

（2）单约束引力模型

单约束引力模型的基本形式为：

$$T_{ij} = \frac{P_i[A_j f(d_{ij})]}{\left[\sum_{j=1}^{n} A_j f(d_{ij})\right]} \tag{5.5}$$

上式中 T_{ij}、P_i、A_j 与式（5.4）相同，$f(d_{ij})$ 是分布阻抗函数，与距离相关。

（3）双约束引力模型

双约束引力模型的基本形式为：

$$T_{ij} = \frac{P_i[A_j f(d_{ij})]}{K_i K_j} \tag{5.6}$$

上式中 T_{ij}、P_i、A_j 与式（5.4）相同。

由于实际数据是稀疏矩阵，故采用无约束引力模型。稀疏矩阵是

[①] 靳诚、陆玉麒、徐菁：《基于域内旅游流场的长三角旅游空间结构探讨》，《中国人口》，《资源与环境》2009 年第 1 期。

[②] 张鹏、郑垂勇、丘萍：《基于引力模型的国内旅游研究》，《软科学》2008 年第 9 期。

[③] 郭为：《入境旅游》，《基于引力模型的实证研究》，《旅游学刊》2007 年第 3 期。

指 OD 矩阵中有部分元素没有数据。这是因为在旅游统计过程中，都以旅游人次和旅游收入作为统计指标，这些指标能够对不同旅游地进行比较，分辨出各地旅游吸引力的大小。在本书中水利旅游地的旅游人次是水利旅游需求吸引量，水利旅游需求吸引量是明确的，但是要分辨水利旅游需求吸引量的来源地就不容易，也就是要分辨水利旅游地的客源分布状况。查阅了各省旅游局官方网站，只有一小部分网站公布了当地旅游客源分布状况，数据并不完整。而且也没有对客源地出行方向进行统计的资料，这部分数据也不完整。数据不完整的 OD 矩阵即稀疏矩阵，谢香君（2008）[①]、褚琴（2003）[②] 的研究表明：对于稀疏矩阵最好选用无约束引力模型，并用最小二乘法对无约束引力模型进行标定和检验，常用的软件有 SPSS、Eview 和 Stata。

二 水利旅游需求吸引量的影响因素

以吴必虎为代表的一般观点认为：旅游（游憩）流是客源地的出游力、目的地的吸引力、OD 对（指交通规划中的出发地 origin 和目的地 destination 对应关系）之间的影响决定的[③]。按照这一观点，水利旅游需求吸引量的影响因素来自三个方面：水利旅游吸引力、客源地出游情况、客源地与水利旅游地之间的成本和距离。

（一）水利旅游吸引力的影响

虽然第三章的水利旅游吸引力指标比较全面，并且得出的水利旅游地吸引力测算结果比较可靠，但是测算过程相对比较复杂，在实际应用中不方便。虽然得出的评价值可以进行相互比较、排序，但并非具体的数值。因此，考虑用几个与水利旅游吸引力直接相关的指标来代替水利旅游吸引力的值，这样更直观，在引力模型中也比较可行。引力模型以具体水利旅游地作为研究对象，水利旅游地和客源地是分

[①] 谢香君：《重力模型标定方法及应用研究》，《交通标准化》2008 年第 8 期。

[②] 褚琴、陈绍宽：《重力模型标定方法及应用研究》，《交通运输系统工程与信息》2003 年第 2 期。

[③] 吴必虎、徐斌、邱扶东等：《中国国内旅游客源市场系统研究》，华东师范大学出版社 1999 年版。

开的,这里主要关注水利旅游地中能对旅游者产生直接吸引力的因素。

在水利旅游地吸引力评价指标中抽取指标,分别是国家水利风景区、水产品数量、星级酒店数量和水利经营收入。但是考虑到旅游者到访水利旅游地并非因为直接感应到水利经营收入的高低。水利经营收入高说明水利管理良好,水利文化氛围浓厚,但旅游者是为景观而来,这里用A级景区来代替水利经营收入。因此构建以下函数来近似模拟水利旅游吸引力,函数如下:

$$A(x_i) = f(NWP, AP, APO, SH) \quad (5.7)$$

式中,$A(x_1,x_2,\cdots)$是水利旅游吸引力(Attract),NWP是水利旅游地的国家级水利风景区数量(National Water Park,NWP),AP是水利旅游地的国家级A景区数量,包括1—5A景区(the sum of A Park,AP),APO是水利旅游地的水产品产量(the output of Aquatic products,APO),SH是水利旅游地的星级饭店总数(The total number of star-rated hotels,SH)。

(二) 客源地因素的影响

前人引力模型中一般用客源地GDP、人口作为衡量旅游客源地影响旅游流的因素,这里采用出游率来衡量客源地居民的出游能力。据国家旅游局官方网站公布的历年《中国旅游业统计公报》,2004—2007年我国居民国内旅游的出游率分别是84.8%、92.7%、106.1%、122.5%,出游率不断上升,表明我国城镇居民和农村居民的旅游意愿在逐年增强,尤其在2007年,出游率增长较快,比2006年增长了16.4个百分点(122.5% - 106.1% = 16.4%)。水利旅游需求吸引量不仅和客源地出游率有关,还和客源地人口总量有关。人口总量越大,出游人数越多,客源地居民出游能力越强,水利旅游地吸引到旅游流的概率越大。出游能力强也要得到经济基础的支撑,国际经验表明人均GDP超过1000美元,居民消费结构和消费层次会发生质的超越,旅游不再是奢侈品而变成大众普通消费品。虽然这一经验有待进一步考证,但是从一定程度上说明居民经济承受能力对旅游需求的产生和实现是有影响的。但是不能简单地用人均GDP

来代替居民经济承受能力，人均可支配收入比人均 GDP 更有效地反映居民经济承受能力，人均可支配收入是指个人收入扣除向政府缴纳的个人所得税、遗产税和赠予税、不动产税、人头税、汽车使用税以及交给政府的非商业性费用等以后的余额。

因此，这里用以下函数来模拟水利旅游客源地的居民出游能力：

$$O(y_i) = f(TR, P, DI) \tag{5.8}$$

TR 表示客源地 i 的出游率（tour rate, TR）；

P 表示客源地 i 的人口总量（population, TP）；

DI 表示客源地 i 的可支配收入（discretionary income, DI）。

值得注意的是，收入是具有滞后效应的。除了当年收入用于旅游花费外，一些家庭会把收入的一部分存储为旅游基金，若干时间后，会把几年前的收入用于现时的旅游活动，即收入具有滞后效应。因此，下文对水利旅游是否存在收入滞后效应也进行检验。

（三）距离与成本的影响

旅游和旅行并不完全相同，旅游是一种休闲活动，在旅游地需要娱乐和食宿等开支，旅行活动只是旅游活动中的一种。旅游者作为一个理性的经济人，水利旅游吸引力不仅仅因为距离的增加而衰减，同时也会因为旅游成本（也称旅游花费，包括娱乐、食宿等）的增加而衰减，基于此用旅行成本和距离作为变量。

$$D(z_{ij}) = f(d_{ij}, C_{o,ij}) \tag{5.9}$$

其中，D_{ij} 是广义距离，d_{ij} 是客源地 i 和水利旅游地 j 之间的距离，$C_{o,ij}$ 是其水利旅游地的餐饮、食宿等除交通外的水利旅游成本。

三 基于引力模型的水利旅游需求吸引量测算

在旅游研究中，引力模型的一般形式是：

$$T_{ij} = \frac{O(x_1, x_2, \cdots)^\alpha D(y_1, y_2, \cdots)^\beta}{R(z_1, z_2, \cdots)^\gamma} \tag{5.10}$$

其中，T_{ij} 是从客源地 i 到目的地 j 的旅游流，$O(x_1, x_2, \cdots)$ 是客源地（origin）影响旅游流的因素 $x_1, x_2, \cdots$ 的表达式，$D(y_1, y_2, \cdots)$ 是目的地（destination）影响旅游流的因素 $y_1, y_2, \cdots$ 的表达式，$R(z_1,$

$z_2,\cdots$）距离表达式，包括影响因子 $z_1,z_2,\cdots$，α、β、γ 是待定的经验参数。

针对水利旅游需求吸引量的影响因素特点，对引力模型进行相应修改，得到研究需要的基于引力模型的水利旅游需求吸引量测算模型：

$$T_{ij} = \frac{A(x_j)^\alpha O(y_i)^\beta}{D(z_{ij})^\gamma}$$

$$= \frac{[NWP_j^{\alpha_1} \times AP_j^{\alpha_2} \times APO_j^{\alpha_3} \times SH_j^{\alpha_4}] \times [(TR_i \times P_i)^{\beta_1} \times DI_i^{\beta_2} \times DI_{i-1}^{\beta_3}]}{f(d_{ij}^{\gamma}, C_{o,ij}^{\gamma})}$$

(5.11)

表 5-4　　　　　　　　式（5.11）各变量的含义和说明

变量	含义	说明
T_{ij}	表示从客源地 i 到水利旅游地 j 的旅游流	反映水利旅游地的吸引量
NWP_j	表示水利旅游地 j 中国家级水利风景区的数量	反映水利旅游吸引力
AP_j	表示水利旅游地 j 中国家级 A 景区数量	反映旅游地吸引力
APO_j	表示水利旅游地 j 中水产品产量	反映水利旅游地水产美食情况
SH_j	表示水利旅游地 j 中星级饭店总数	反映水利旅游地接待能力，星级饭店越多，旅游流到访概率越大
$TR_i \times P_i$	表示客源地 i 的出游量，TR_i 是出游率，P_i 是总人口，两者之积是出游的人数	反映客源地 i 的外出旅游偏好
DI_i	表示客源地 i 的可支配收入	反映客源地 i 的出游消费能力
DI_{i-1}	表示上年客源地 i 的可支配收入	反映 $t-1$ 年客源地 i 的消费情况
d_{ij}	表示水利旅游地 j 和客源地 i 的距离	反映水利旅游的吸引半径
$C_{o,ij}$	表示在水利旅游地 j 的旅游花费	反映水利旅游的平均花费情况
α、β、λ	表示经验参数	反映各变量与水利旅游需求吸引量的关系

资料来源：当地旅游局官方网站公布的历年旅游抽样统计公报，d_{ij} 数据来源于铁道部公布的铁路客运里程表，其他来源于当地统计局官方网站公布的统计年鉴或国民经济与社会发展统计公报。

为了方便计算，一般对式（5.11）取对数形式（5.12）：

$$\ln T_{ij} = \alpha_1 \ln NWP_j + \alpha_2 \ln AP_j + \alpha_3 \ln APO_j + \alpha_4 \ln SH_j +$$
$$\beta_1 \ln(TR_i \times P_i) + \beta_2 \ln DI_i + \beta_3 \ln DI_{i-1} - \gamma \ln f(d_{ij}, C_{o,ij}) \quad (5.12)$$

基于引力模型的水利旅游需求吸引量测算方程用式（5.12）表示，依此做实证分析。

第三节 中国水利旅游需求吸引量的测算

一 样本选择

使用市一级水利旅游地作为样本。这主要是考虑到省一级旅游地的水利旅游形象不够突出，即使是像江苏、山东、河南等水利旅游发展较好的地区，以其旅游人次作为水利旅游需求吸引量，也无法令人信服。众所周知，江苏以江南园林特色，山东以齐鲁孔儒文化为传统旅游吸引物，这些地区的旅游动机并不单纯是水利旅游吸引力，还包括历史人文景观、自然景观和商务动机等。为此，缩小到市一级水利旅游地的旅游人次作为水利旅游需求吸引量更可靠，例如宜昌的旅游人次即典型的水利旅游需求吸引量表示。

对市一级的水利旅游地进行三道筛选，首先，筛选出国家级水利风景区超过3个的市一级水利旅游地共27个，详见表5-2。然后，筛选出有详细客源分布数据的水利旅游地。由于旅游抽样信息公布不完整，查阅了全国31个省、27个水利旅游地（市）的旅游局官方网站，仅得到湖北、江苏、浙江、山东、广东、四川和宁夏七省比较详细的客源市场分布数据，可以用来做水利旅游需求吸引量测算模型的实证分析。其中，数据最完整的是浙江省客源分布数据，起止时间从2001—2008年，即从国家级水利风景区2001年开始评定就有统计；数据最少的是宁夏，客源分布数据仅2007—2008年；其余的湖北、江苏、四川、广东的客源地分布状况的数据大约是2003—2007年。在这27个市级旅游局网站检索没有找到相关客源分布数据，于是用省一级客源分布做为平均值进行替代。最后，筛选出吸引半径大于0的省，此时只剩下5个省，去掉了四川和宁夏。由于同一个省的水利

第五章 水利旅游吸引量的理论模型和实证测算

旅游地客源分布比例是一样的,都采用该省客源分布作为平均值进行替代。因此各省选一个市一级水利旅游地旅游人次作为水利旅游需求吸引量测算的样本,分别是江苏淮安、山东潍坊、湖北宜昌、浙江宁波和广东茂名共5个。

二 数据说明

数据来自各城市2008年的国民经济与社会发展统计公报,每个水利旅游地各30组数据,一共150组数据供式(5.12)测算。

最初的设想是建立2001—2008年这5个水利旅游地的不平衡面板数据,由此建立面板数据支撑的引力模型,通过个体效应或者时间效应来说明江苏淮安、山东潍坊等5个水利旅游地的初始差异。但是考虑到需要具有一般意义,以便为其他水利旅游地提供参照,因此选择了最近的2008年数据,对水利旅游需求吸引量进行不分地区的一般性测算,以期能给其他水利旅游地提供实用的结论。

三 分析过程

水利旅游需求吸引量测算模型的10个解释变量相关系数矩阵见表5-5。

表5-5 水利旅游需求吸引量测算模型的各变量间简单相关系数矩阵

	$\ln(T_{ij})$	$\ln(NWP_j)$	$\ln(AP_j)$	$\ln(APO_j)$	$\ln(SH_j)$	$\ln(TR_i \times P_j)$	$\ln(DI_i)$	$\ln(DI_{i-1})$	$\ln(D_{ij})$	$\ln(C_{o,ij})$	$\ln(2d_{ij}+C_{o,ij})$
$\ln(T_{ij})$	1.000	0.076	0.538	0.090	0.729	0.289	0.445	0.428	-0.595	0.011	-0.595
$\ln(NWP_j)$	0.076	1.000	0.477	0.095	-0.114	-0.019	0.033	0.046	-0.197	-0.036	-0.197
$\ln(AP_j)$	0.538	0.477	1.000	-0.410	0.645	0.210	0.214	0.204	-0.393	-0.005	-0.393
$\ln(APO_j)$	0.090	0.095	-0.410	1.000	-0.075	-0.232	-0.088	-0.077	0.286	0.034	0.286
$\ln(SH_j)$	0.729	-0.114	0.645	-0.075	1.000	0.173	0.278	0.262	-0.288	0.023	-0.288
$\ln(TR_i * P_j)$	0.289	-0.019	0.210	-0.232	0.173	1.000	-0.123	-0.131	-0.089	-0.297	-0.089
$\ln(DI_i)$	0.445	0.033	0.214	-0.088	0.278	-0.123	1.000	0.993	-0.306	0.183	-0.306
$\ln(DI_{i-1})$	0.428	0.046	0.204	-0.077	0.262	-0.131	0.993	1.000	-0.284	0.189	-0.284

续表

	ln (T_{ij})	ln (NWP_j)	ln (AP_j)	ln (APO_j)	ln (SH_j)	ln ($TR_i \times P_j$)	ln (DI_i)	ln (DI_{i-1})	ln (D_{ij})	ln ($C_{o,ij}$)	ln ($2d_{ij}+C_{o,ij}$)
ln (D_{ij})	-0.595	-0.197	-0.393	0.286	-0.288	-0.089	-0.306	-0.284	1.000	-0.109	1.000
ln ($C_{o,ij}$)	0.011	-0.036	-0.005	0.034	0.023	-0.297	0.183	0.189	-0.109	1.000	-0.109
ln ($2d_{ij}+C_{o,ij}$)	-0.595	-0.197	-0.393	0.286	-0.288	-0.089	-0.306	-0.284	1.000	-0.109	1.000

利用计量经济学软件 Eview，对 2008 年的数据进行 logist 多元回归拟合分析，得到了水利旅游需求吸引量的引力模型的 7 个拟合方程，分别是方程（5.13）、（5.14）、……（5.18）、（5.19），结果汇总到表 5-6。

表 5-6　　水利旅游需求吸引量拟合的引力模型参数

方程		(5.13)	(5.14)	(5.15)	(5.16)	(5.17)	(5.18)	(5.19)
T_{ij}							√	√
ln (NWP_j)	α_1	-0.801 *** (-2.693)	-0.889 *** (-3.247)	-0.996 *** (-3.834)	-1.023 *** (-3.913)	-1.296 *** (-8.543)	-1.280 *** (-8.448)	-1.285 *** (-8.500)
ln (AP_{jt})	α_2	1.138 *** (3.536)	1.212 *** (4.133)	1.248 *** (4.453)	1.248 *** (4.431)	1.610 *** (13.025)	1.557 *** (13.467)	1.596 *** (13.775)
ln (APO_j)	α_3	1.685 *** (7.088)	1.757 *** (8.115)	1.730 *** (8.473)	1.702 *** (8.331)	1.965 *** (14.197)	1.896 *** (15.074)	1.948 *** (15.194)
ln (SH_j)	α_4	0.627 ** (2.020)	0.510 * (1.792)	0.370 (1.362)	0.328 (1.202)	\	\	\
ln ($TR_i \times P_i$)	β_1	0.539 *** (5.704)	0.587 *** (6.424)	0.539 *** (6.683)	0.516 *** (6.407)	0.546 *** (6.841)	0.534 *** (6.727)	0.559 *** (7.009)
ln (DI_i)	β_2	3.045 (1.240)	2.241 (0.973)	1.556 *** (-15.184)	1.511 *** (5.437)	1.680 *** (5.966)	1.588 *** (5.851)	1.643 *** (6.078)
ln ($DI_{i,t-1}$)	β_3	-1.145 (-0.492)	-0.515 (-0.237)	\	\	\	\	\
ln (d_{ij})	γ_1	-1.240 *** (-12.278)	-0.952 *** (-5.034)	\	-1.128 *** (-15.081)	-1.082 *** (-12.335)	-1.137 *** (-15.222)	\
ln ($C_{o,ij}$)	γ_2	\	14.714 (0.423)	\	\	-0.131 (-1.187)	\	\
ln ($2d_{ij}+C_{o,ij}$)	γ_3	\	\	-1.078 (-15.184)	\	\	\	-1.087 *** (-15.272)
判定系数 R^2		0.848	0.876	0.883	0.882	0.882	0.879	0.880
调整后的判定系数 R^2		0.834	0.862	0.874	0.872	0.872	0.872	0.872

续表

方程	(5.13)	(5.14)	(5.15)	(5.16)	(5.17)	(5.18)	(5.19)
回归标准误差	0.679	0.617	0.591	0.594	0.595	0.596	0.595
残差平方和	34.086	27.823	26.231	26.503	26.516	27.014	26.880
对数似然比	-80.361	-72.038	-69.622	-70.045	-70.065	-70.828	-70.624
赤池信息量	2.155	1.977	1.869	1.879	1.880	1.874	1.869
DW值	1.581	1.761	1.968	2.008	1.911	1.999	1.950

说明：该表中的括号内是解释变量的 t 统计值，*是指 t 统计值的显著性水平，***（三个上标 *）是指 t 统计值的显著性水平 sig. ≤0.01，**（两个上标 *）是指 t 统计值的显著性水平范围 0.01≤ sig. ≤0.05，*（一个上标 *）是指 t 统计值的显著性水平 sig. ≤0.10。

分析过程如下：

（1）剔除无效解释变量

剔除无效解释变量的两个原则，首先，考虑其实际意义，如果符合实际，该解释变量可以放入引力模型中，反之亦然。其次，考虑其统计意义，如果该解释变量通过 t 统计值的显著性水平检验，该解释变量可以保留，否则剔除。

按照这两个原则，首先考虑解释变量的实际意义。在引力模型的广泛应用中，对作为分母的变量"距离 d_{ij}"一直存在争论，d_{ij} 表示客源地 i 和目的地 j 的距离，一些观点认为可以直接用距离 d_{ij} 作为引力模型的分母项。但是，一些相反的观点认为一旦确定了客源地 i 和目的地 j，那么两地之间的距离 d_{ij} 是个常数，无法解释与客源地 i 同样距离 d_{ij} 的旅游地，吸引到的游客量不一样的现象，于是持这些观点的学者指出应该用旅游成本 $C_{o,ij}$ 来代替距离 d_{ij} 作为引力模型的分母，因为阻碍旅游者出行的因素并不仅仅是两地之间的距离，而且还包括成本。为了验证这两种观点对水利旅游需求吸引量的引力模型是否有影响，这里给出了分母 $f(d_{ij}^\gamma, C_{o,ij}^\gamma)$ 的三种形式：

①第一种形式，只考虑 d_{ij}

把方程（5.12）简化成只考虑距离 d_{ij} 的情况，

$$\ln T_{ij} = \alpha_1 \ln NWP_j + \alpha_2 \ln AP_j + \alpha_3 \ln APO_j + \alpha_4 \ln SH_j$$
$$+ \beta_1 \ln(TR_i \times P_i) + \beta_2 \ln DI_i + \beta_3 \ln DI_{i,t-1} - \gamma_1 \ln d_{ij} \quad (5.13)$$

参数 γ_1 是正数，因为在方程（5.12）中是分母，而且根据吸引力距离衰减规律，距离与水利旅游需求吸引量成反比，即离水利旅游地较远的地区，只能吸引到较少的旅游者。方程（5.13）中其他参数待定（多元回归的统计学原理及具体过程见参考文献①，这里不再赘述。）表 5-6 中，用 * 表示各回归系数统计量对应的显著性水平。

根据表 5-6，方程（5.13）的判定系数是 0.848，在几个方程中判定系数最小，这说明方程（5.13）的拟合优度是几个方程中相对最差的，应该舍弃。

②第二种形式，同时考虑距离 d_{ij} 和成本 $C_{o,ij}$

把方程（5.12）转化成同时考虑距离（d_{ij}）和成本（c_{ij}）的形式：

$$\ln T_{ij} = \alpha_1 \ln NWP_j + \alpha_2 \ln AP_j + \alpha_3 \ln APO_j + \alpha_4 \ln SH_j + \beta_1 \ln(TR_i \times P_i) + \beta_2 \ln DI_i + \beta_3 \ln DI_{i,t-1} - \gamma_1 \ln d_{ij} - \gamma_2 \ln C_{o,ij}$$

(5.14)

同理，参数 γ_1、γ_2 是正数，因为在方程（5.12）中是分母，其他参数待定，拟合结果如表 5-6 中方程（5.14），$C_{o,ij}$ 的回归系数是 14.714，t 统计值是 0.423，查表后得到对应的显著性水平是 0.673 > 0.10，没有通过显著性水平 0.10 的检验，因此其回归系数 14.714 没有带 *，就方程（5.14）的形式而言，应该剔除成本 $C_{o,ij}$ 这个解释变量。在方程（5.14）中可自由支配收入 DI_i 和上年可自由支配收入 $DI_{i,t-1}$ 的 t 统计值 0.973、1.240 都没有通过显著性检验，因此这两个解释变量的回归系数 2.241、-0.515 也没有带 * 号，应该在方程（5.14）中剔除。至此，方程（5.14）表明成本 $C_{o,ij}$、可自由支配收入 DI_i、上年可自由支配收入 $DI_{i,t-1}$，三个解释变量都没有通过显著性水平 0.10 的检验，调整后的判定系数 R^2 是 0.862，比方程（5.13）拟合得好一些。

③第三种形式，考虑第四章假设的水利旅游成本形式，假设每公里旅行成本是 1 元，到达水利旅游地的旅行成本是 $d_{ij} * 1$ 元，需要往

---

① 易丹辉：《数据分析与 EVIEWS 应用》，中国统计出版社 2007 年版，第 35—48 页。

返，因此往返的旅行成本是 $d_{ij} * 1 * 2$ 元。方程（5.12）转换成方程（5.15）的形式：

$$\ln T_{ij} = \alpha_1 \ln NWP_j + \alpha_2 \ln AP_j + \alpha_3 \ln APO_j + \alpha_4 \ln SH_j + \beta_1 \ln(TR_i \times P_i)\beta_2 \ln DI_i + \beta_3 \ln DI_{i,t-1} - \gamma_3 \ln(d_{ij} \times 1 \times 2 + C_{o,ij}) \quad (5.15)$$

表 5-6 的结果表明，方程（5.15）的判定系数 R^2 是 0.883，调整后的判定系数是 0.874，是在方程（5.13）-（5.19）中拟合优度最高的，这表明同等情况下考虑旅游成本的方程比仅仅考虑距离 d_{ij} 的方程拟合优度相对好一些。

如前所述，我们仍想保留星级饭店总数 SH_j，毕竟在表 5-5 的相关系数矩阵中，星级饭店总数 SH_j 和水利旅游地旅游需求吸引量 T_{ij} 的相关系数是 0.729，是所有解释变量里相关程度最高的，考虑此在回归方程（5.13）的基础上剔除了未通过显著性检验的上年客源地可自由支配收入 $DI_{i,t-1}$ 后，加入星级饭店总数 SH_j，重新进行了回归拟合，得到方程（5.16），星级饭店总数 SH_j 的回归系数是 0.328，t 统计值是 1.202，查表后对应的显著性水平是 0.233＞0.10，没有通过显著性检验，最后变量星级饭店总数 SH_j 被剔除。

同理，试图保留旅游花费 $\ln C_{o,ij}$ 这一解释变量，虽然在表 5-5 中该变量与水利旅游需求吸引量的相关系数仅 0.011，是所有变量中相关性最小的，但是它说明了不同旅游地之间旅游成本的差异。在表 5-6 的方程（5.17）中，水利旅游地的旅游花费 $\ln C_{o,ij}$ 的回归系数是 -0.131，t 统计值是 -1.187，查表后对应的显著性水平是 0.239＞0.10，没有通过显著性检验，因此水利旅游花费 $\ln C_{o,ij}$ 被剔除。

在以上五种形式的方程（5.13）—（5.17）中，有一些解释变量的回归系数 t 统计值没有通过 0.10、0.05、0.01 各水平的显著性检验，分别是水利旅游地的星级饭店总数 SH_j、上年客源地可自由支配收入 $DI_{i,t-1}$、水利旅游花费 $C_{o,ij}$。对这三个变量进行剔除后，对引力模型进行重新拟合，得到新的方程（5.18）—（5.19）。

（2）选择最合适的引力模型形式

剔除变量后，得到的新方程（5.18）—（5.19）的各解释变量的回归系数都通过了显著性检验，为了选择最合适的引力模型形式，比较各项检验指标：

判定系数 R^2 和调整后的判定系数 R^2 （Adjusted R-squared） 都是表明方程拟合优度的检验指标，判定系数 R^2 与解释变量的个数有关，解释变量个数越多，判定系数 R^2 就会越大，调整后的判定系数 R^2 能克服这个弱点，在解释变量个数不同的条件下，得出公平一致的 R^2。因此一般用调整后的判定系数 R^2 作为判定的依据。方程（5.18）—（5.19）调整后的判定系数都是 0.872，表明拟合优度高，方程拟合好。

检验指标对数似然比（Log likelihood）是反映残差大小的，对数似然比越大，残差就越小，方程相对越正确。方程（5.18）的对数似然比是 -70.828 < 方程（5.19）的对数似然比 -70.624，表明方程（5.19）相对更好一些。

检验指标赤池信息量（Akaike info criterion，AIC）越小说明模型越精确，方程（5.18）的赤池信息量是 1.874 > 方程（5.19）的赤池信息量 1.869，从这个检验指标看方程（5.19）相对更好一些。

检验指标 DW（Durbin-Watson stat）是用于检测残差序列的自相关性，DW = 2，表明残差服从正态分布，DW 统计值一般越接近 2，方程越好，2 > 方程（5.18）的 DW 统计值 1.999 > 方程（5.19）的 DW 统计值 1.950，从这个检验指标看方程（5.18）相对更好一些。

至此，得到我国水利旅游需求吸引量测算模型的经验方程：

①只考虑距离 d_{ij}

$$\ln T_{ij} = -1.280 \times \ln NWP_j + 1.557 \times \ln AP_j + 1.896 \times \ln APO_j + 0.534 \times \ln(TR_i \times P_i) + 1.588 \ln DI_i - 1.137 \ln d_{ij} \quad (5.18)$$

②考虑水利旅游成本 $(1 \times d_{ij} \times 2 + C_{o,ij})$

$$\ln T_{ij} = -1.285 \times \ln NWP_j + 1.596 \times \ln AP_j + 1.948 \times \ln APO_j + 0.559 \times \ln(TR_i \times P_i) + 1.643 \ln DI_i - 1.087 \ln(1 \times d_{ij} \times 2 + C_{o,ij})$$

$$(5.19)$$

方程（5.18）和（5.19）是我国水利旅游需求吸引量测算的经

验方程,是基于引力模型的水利旅游需求吸引量测算表达式(5.12)的具体形式。方程(5.9)多考虑了一个解释变量,方程准确度比方程(5.8)稍高一点,但是工作量也稍微大一些,总体而言,就水利旅游需求吸引量而言,旅游成本 $C_{o,ij}$ 对其虽然有影响,但影响较小,如果一些地区缺乏旅游花费 $C_{o,ij}$ 数据时,可以直接用方程(5.18)的形式。

四 结果分析

从我国水利旅游需求吸引量测算方程的回归系数来看:

(1) 水产品产量对水利旅游需求吸引量影响较大。

在方程(5.18)、(5.19)中,水利旅游地的水产品产量是对水利旅游需求吸引量影响最大的一个变量,水产品产量 APO_j 的回归系数分别是1.896、1.948,是方程(5.18)、(5.19)中最大的回归系数,而且显著性水平都达到了0.000,这说明水产品产量与水利旅游需求吸引量是显著相关的。在对南京金牛湖国家级水利风景区进行实地调研时,也发现许多一日游游客是受到水库中新鲜水产品的吸引慕名而来,尤其是自驾车游客。金牛湖水利风景区中水库所产的鱼、蟹、虾、蚌等原生态产品及加工品,尤其是蟹黄包、豆花虾、酸菜鱼等美食备受旅游者青睐。这主要得益于大型水库或城市水源地水质新鲜,水产品产量丰富。

由于采用的是对数形式,方程可以用弹性理论来解释,即在其他条件不变的情况下,水产品产量每增加1个百分点,能增加1.896或1.948个百分点的游客量,即水产品产量对水利旅游需求吸引量有显著的拉动作用。

(2) 推拉作用是旅游吸引力的表现,是水利旅游需求吸引量发生的根本性力量。

根据吸引力的"推—拉理论","旅游推力因素"是指旅游者个体内心深处无形的、内在的旅游需求,"旅游拉力因素"是指某一特定旅游地和有形的吸引物(如良好的休闲接待设施、文化与历史资源等)对旅游者的吸引使其离开居住地到目的地旅游的作用力。旅游推力因素可以解释人们为什么要出游，旅游拉力因素则经常用于解释人们为什么选择某个旅游地而非其他旅游地[①]。

基于引力模型的我国水利旅游需求吸引量测算方程，较好地体现了旅游吸引力推拉作用力的特征。A级景区，由旅游局2001年开始评定的，A级（包括A、AA、AAA、AAAA、AAAAA五个等级）景区代表了我国旅游景区的质量水平，A级景区数量越多，该水利旅游地的旅游特色越显著，对潜在旅游者的拉动力越明显。在方程（5.18）、（5.19）中，水利旅游地国家A级景区数量AP_{ij}的回归系数分别是1.557和1.596，与水利旅游需求吸引量成正相关关系，在其他条件不变的情况下，A级景区数量每增加1个百分点，能增加1.557和1.596个百分点的游客量，即国家A级景区数量对水利旅游需求吸引量有显著的拉动作用。

需要说明的是，水利旅游地并不是只有水利风景区的旅游地，而是其首先是旅游地，拥有一定质量和数量的旅游景区，该旅游地的水利特色与其他旅游地相比更突出，在现在或今后旅游地发展中，水利旅游特色能不断增加，成为旅游地的水利特色品牌，成为吸引力旅游者的显著特色。根据笔者在互联网上检索的结果，所有的国家级水利风景区都已经是国家A级景区，但大部分国家级水利风景区是AA、AAA级旅游景区，AAAA级以上景区较少，但AAAA级及以上的景区才是最吸引旅游者的"招牌景区"，如江苏溧阳的天目湖景区（国家AAAA级景区，国家级水利风景区），江苏姜堰的溱湖景区（国家AAAA级、国家湿地公园、国家级水利风景区）等都是常州市、泰州市两个旅游地吸引旅游者的招牌景区，旅游号召力比较强，水利旅游品牌优势显著。

人均每年可支配收入对水利旅游需求吸引量也有重要影响。在方程（5.18）、（5.19）中，客源地i的可支配收入DI_i回归系数分别是1.588和1.643，即在其他条件不变的情况下，人均每年可支

---

① 陈德广：《旅游驱动力研究——基于开封市城市居民出游行为的微观分析》，河南大学博士论文2007年，第62—63页。

配收入每增加1个百分点，能增加水利旅游地1.588和1.643个百分点的游客量，也就是说可支配收入对水利旅游需求吸引量有显著的推动作用。前人的旅游引力模型在分析客源地推力时，按照国际惯例"当年人均GDP超过1000美元时，国内旅游开始兴盛"的说法，人均GDP的指标广泛地进入旅游引力模型的研究探讨，但实际上得到的旅游引力模型拟合效果不够理想，如张鹏研究国内旅游的引力模型时，判定系数R^2为0.649，孙瑞娟将人均GDP引入旅游引力模型中，得到的判定系数R^2为0.66[①]，前人研究表明人均GDP对旅游有影响。但笔者认为这是间接性的影响，近年来我国国民经济快速发展，GDP总量上升迅猛，人均GDP水涨船高，旅游属于消费性支出，旅游消费需要可支配收入，可支配收入的多少也决定了旅游需求实现的数量和质量。人均GDP的增长由投资、外贸、消费三辆马车拉动，旅游是消费中的一小部分，因此旅游消费与人均GDP之间的相互影响相对弱一些，旅游消费与人们可支配收入的增加相互影响相对强一些。从表5-6也可以反映出来，方程（5.13）—（5.19）的判定系数R^2最小的是0.848，最大的是0.883。每年人均可支配收入代替人均GDP，得到的引力模型拟合优度要高一些，模型的精度有所改进。

（3）扣除重复计算的景区对水利旅游需求吸引量的影响。

在方程（5.18）、（5.19）中，国家级水利风景区的数量NWP_j的回归系数分别是-1.280和-1.285，表面上看是水利旅游地的国家级水利风景区数量和该水利旅游需求吸引量成反比关系，这与逻辑是不符合的，同时也割裂了方程（5.18）、（5.19）的完整性。可以这样理解：国家级水利风景区是国家A级景区，如果国家级水利风景区NWP_j和A级景区AP_j的回归系数同时为正数，那么国家级水利风景区对水利旅游需求吸引量的影响就会被重复计算，这在逻辑上是不通的，因此解释变量国家级水利风景区NWP_j的系数应该为负，剥离一

---

① 孙瑞娟、任黎秀、王焕：《区域旅游贸易引力模型的构建及实证分析——以南京市国内客源市场为例》，《世界科技研究与发展》2007年第6期。

部分重复计算的影响。从实际意义上讲，不能认为在其他条件不变的情况下，国家级水利风景区 NWP_j 每减少 1 个百分点能增加 1 个百分点的水利旅游需求吸引量 T_{ij}。相对于 A 级景区，国家级水利风景区数量较少，在市一级的旅游地国家级水利风景区数量最多 6 个，最少 0 个，NWP_j 的数值也不高，因此即使 NWP_j 的系数为负，对水利旅游需求吸引量的负向作用也不大。

(4) 距离和旅游成本对水利旅游需求吸引量有一定的负向作用。

方程 (5.18) 距离变量的回归系数是 -1.137，方程 (5.19) 包含距离的旅游成本的回归系数是 -1.087，距离和旅游成本这两个解释变量都与水利旅游需求吸引量成反比。与水利旅游地的距离越远，交通时间越长，旅游者耗费的精力、金钱、时间就越多，愿意支付这些代价的潜在旅游者就越少，水利旅游需求吸引量就会越少，按照方程 (5.18)，距离每增加 1 个百分点，水利旅游需求吸引量就会减少 1.137 个百分点。按照方程 (5.19)，旅游成本 ($2d_{ij} + C_{o,ij}$) 每增加 1 个百分点，水利旅游需求吸引量就会减少 1.087 个百分点。旅游成本 ($2d_{ij} + C_{o,ij}$) 对水利旅游需求吸引量是有负向作用的。前人的旅游引力模型结果也得出了类似的结论，张鹏等测算出来的距离回归系数是 -0.907，孙瑞娟等测算出来的距离回归系数是 -1.23，笔者的测算结果是 -1.137，这与前人结果相差不多，结果在可接受范围内。

(5) 出游量与水利旅游需求吸引量正相关。

出游量由人口总量与出游率相乘而得到，在交通规划中，出行量和吸引量是紧密联系的一对变量，在旅游引力模型中通常用客源地人口总量来表现客源地的推动作用力，客源地人口出于工作、家庭、经济状况等原因，一年中能够出游的人群只是客源地人口总量中的一部分。这一部分通常用出游率来表示，一个客源地的出游率高表示当地旅游需求旺盛。随着宏观经济的波动，出游率也会增长或低落。出游量和水利旅游需求吸引量是一对相关的变量，从客源地产生的一部分出游量会流入水利旅游地，成为水利旅游地的需求吸引量，在方程 (5.18)、(5.19) 中，出游量的回归系数分别是 0.534 和 0.559，系数是方程中最小的，而且没有超过 1，表明在其他条件不变的情况下，出游量（$TR_i \times P_i$）每增加1个百分点，能增加水利旅游地0.534和0.559个百分点的客流量，增加的出游量比水利旅游需求吸引量增长要多，出游量对水利旅游需求吸引量有推动作用。

综上所述，结论是水利旅游需求吸引量是指水利旅游地能吸引到的旅游人次，用引力模型来测算，能够得到水利旅游地随距离变化的旅游人次分布情况，也能够得到客源地和水利旅游地各自因素对水利旅游需求吸引量的影响程度，从而为水利旅游地寻找最有利的潜在目标客源市场提供建议。水利旅游需求吸引量是水利旅游吸引力的真实表现和最终目的。不仅受到水利旅游地本身的影响，而且也受各个客源地出游状况的影响。通过引力模型来测算水利旅游需求吸引量的客源分布状况，得到了经验性的回归方程（5.18）和（5.19）。两个回归方程表明水利旅游地的水产品产量、A级景区数量和客源地的人均年可支配收入，都与水利旅游需求吸引量正相关，水利旅游地和客源地的距离或旅游成本与水利旅游需求吸引量负相关。

本章小结

本章围绕水利旅游吸引量展开，分为两部分：首先，对水利旅游吸引量进行解析。吸引对象有供给方和需求方，将水利旅游吸引量按此划分成供给吸引量和需求吸引量，并论述其特征，回顾水利旅游供需发展过程。其次，在引力模型的基础上，用2008年数据得到了我国水利旅游需求吸引量测算的经验方程。结果表明：在其他条件不变的情况下，水利旅游地的A级景区数量每增加1.557个百分点，或者水产品产量每增加1.896个百分点，或者客源地的出游量每增加0.534个百分点，或者人均年可支配收入每增加1.588个百分点，能使水利旅游地的旅游流增加1个百分点。客源地的距离每增加1个百分点，吸引到的旅游者会相应减少1.137个百分点。

另外由于水利旅游供给吸引量没有具体统计资料，如果以水利风景区作为供给吸引量代表，那么在参考文献①中已经进行测算。而且对于水利旅游开发而言，水利旅游需求吸引量比供给吸引量更重要，因此这里没有再对水利旅游供给吸引量进行测算。

---

① 丘萍、章仁俊：《国家级水利风景区分布及影响因素研究——基于空间自相关和固定效应模型的实证》，《统计与信息论坛》2009 年第 5 期。

第六章　水利旅游吸引对象的理论模型和实证测算

在第三章、第四章和第五章的分析中，分别对水利旅游吸引力、吸引半径、吸引量进行了分析。但都是以水利旅游供给方为视角，对省一级水利旅游地的宏观分析，没有涉及对吸引对象的微观探讨，尤其是吸引对象对水利旅游感知的内容没有涉及。旅游者是水利旅游的需求方，是水利旅游面对的客源市场，在服务经济和体验经济盛行的现代社会，如果不对目标客源市场特征进行分析，可能会导致水利旅游经营的失败。因此吸引对象对水利旅游的感知测算具有一定的现实意义和理论意义。

既然本章以微观分析为主，以水利旅游需求方（旅游者）为视角，那么选择一个具体的水利旅游地进行局部分析，采用与水利旅游吸引对象面对面访谈和问卷调查等方式，能够了解吸引对象对水利旅游的感知情况，得出具体结论。因此本章分为两部分：第一部分，论述吸引对象和水利旅游吸引力的关系，了解吸引对象对水利旅游的感知过程，这个感知过程也是水利旅游吸引力对吸引对象产生作用的过程。在此基础上提出吸引对象特征对水利旅游的感知假设。第二部分，选择具体的水利旅游地作为案例，基于问卷调查数据和访谈内容，通过参数和非参数检验的统计方法，了解吸引对象对水利旅游的感知差异情况，以期得到一些具体的结论，指导水利旅游的开发。

第一节 水利旅游吸引对象的感知分析

一 感知过程分析

水利旅游吸引力感知的研究首先要明确主客体关系，主体是吸引对象（旅游者），客体是水利旅游。水利旅游吸引力的感知是反映吸引对象和水利旅游吸引力之间互动关系的内容，吸引对象对水利旅游的感知过程，也是水利旅游吸引力对水利旅游需求方发生作用的过程。水利旅游产生吸引力、吸引半径和吸引量，吸引量是吸引对象的集合，只有吸引对象（旅游者）感知到水利旅游产生的吸引力，那么水利旅游吸引力才是有效率的，否则只会成为沉没成本。

水利旅游吸引力能引发心理动机，通过吸引对象的行为来体现。由第二章可知，水利旅游吸引对象分为供给方和需求方，这里重点探讨需求方，即以旅游者视角为主进行探讨。根据这一思想，吸引对象对水利旅游的感知过程，如图6-1所示。

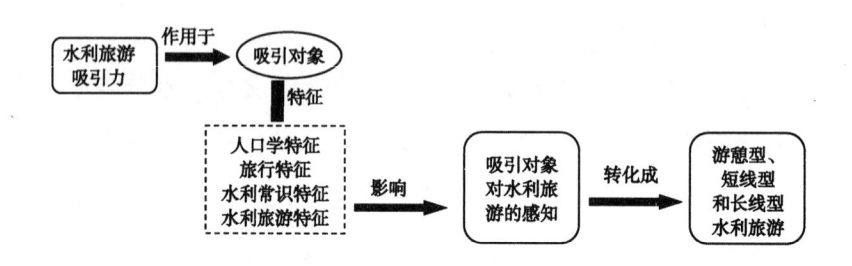

图6-1 吸引对象对水利旅游的感知过程

图6-1描述了吸引对象对水利旅游的感知过程，也是水利旅游吸引力与吸引对象相互作用的过程：通过水利旅游吸引物和吸引场相互作用，形成水利旅游吸引力，在水利旅游吸引力的感召作用下，产生了一部分吸引对象，这部分吸引对象具有一定的特征可供识别，如人口学特征、旅行特征、水利常识特征和水利旅游特征等，具有这些特征的吸引对象比较容易感知到水利旅游吸引力。再通过供给方一系

列的诱导措施，如旅行社或大众媒体推介水利旅游线路、水利旅游的广告宣传等，吸引对象对水利旅游从吸引力感知阶段转化到具体的水利旅游活动，再根据成本和距离的差异，分成短线型、中线型和长线型等三种类型。为了更清晰地识别这三种类型，比较三种类型的差异用表6-1列述。

表6-1　　　　水利旅游的游憩型、短线型和长线型的比较

	比较	短线型水利旅游（即游憩）	中线型和长线型水利旅游
供给方	吸引力起因	附带型，主业水利，兼顾旅游，水利景区社区化	主导型，主业旅游兼顾水利活动，水利社区景区化
	吸引半径	以水利风景区为核心，以城市行政区划范围为边界	以水利旅游地为核心，随着水利旅游吸引力的增加，以全省、全国、全世界为边界
	水利景观搭配	单一水利景观	重要水利景观，并搭配重要人文、自然景观
	水利旅游设施	较少，主要依托城市内的购物、餐饮、住宿等设施	较多，水利风景区自筹的水产品加工基地、餐饮、住宿等设施
	主导力量	政府主导，供给方隶属政府机构行政部门	市场主导，供给方以企业居多，包括旅行社、酒店、车辆管理公司等
需求方	吸引对象	以当地居民为主	本市市民、本省、本国甚至跨国居民并重
	吸引重点	以散客为主	以自驾车自助团、旅游团为主
	消费特点	公益型为主，消费较低	效益型为主，消费较高
	重游程度	频率高	频率低

如果识别出这些最易感知到水利旅游的吸引对象特征，那么水利旅游供给方可以将目标客源群体范围进一步缩小，在吸引半径内，用有限的人财物资源对这部分特征群体进行水利旅游宣传促销。为此，将水利旅游吸引对象的特征进行细化，并提出假设进行检验。

二　感知假设提出

水利旅游和其他消费活动一样，首先吸引对象是对水利旅游吸引力的感知；其次才是水利旅游行程的安排、旅游活动的开始。对于水利旅游的需求方而言，吸引对象对水利旅游的感知研究是在旅游者意识环境中水利旅游由陌生到熟悉的过程，是水利旅游吸引力被感知的过程。水

利旅游活动结束后，旅游者留下的是回忆和体验，根据是否满意，反馈到旅游者心理动机中，作为下次是否再次从事水利旅游活动的参照。

旅游者自身的人口学特征、经济能力、旅行习惯、对水利工程的了解程度、以往的水利旅游体验等，都会影响吸引对象对水利旅游的感知、影响水利旅游吸引力的作用，影响水利旅游活动的现实成行。同时，吸引对象这些特征也是水利旅游供给方关注的问题。因为这些特征的识别有助于水利旅游供给方找到目标客源市场，了解目标客源市场的细节情况，便于开展有针对性的促销活动。从人口学特征、旅行特征、水利常识特征、水利旅游活动特征等四个方面，就吸引对象对水利旅游的感知关系，提出四组假设。具体如下。

（一）人口学特征方面的假设

假设1：吸引对象的性别状况，对水利旅游吸引力的感知无显著性差异。

假设2：吸引对象的年龄，对水利旅游吸引力的感知无显著性差异。

假设3：吸引对象的收入状况，对水利旅游吸引力的感知无显著性差异。

假设4：吸引对象的居住地，对水利旅游吸引力的感知无显著性差异。

人口学特征是最容易识别的客源市场特征，了解哪些人群最容易感知到水利旅游吸引力，是识别和开发这部分潜在客源群体的有效手段。

（二）旅行特征方面的假设

假设5：吸引对象每年旅游次数，对水利旅游吸引力的感知无显著性差异。

假设6：吸引对象每年旅游花费，对水利旅游吸引力的感知无显著性差异。

假设7：吸引对象旅游信息的获得，对水利旅游吸引力的感知无显著性差异。

假设8：吸引对象旅游交通工具的选择，对水利旅游吸引力的感知无显著性差异。

随着小康社会的到来，旅游已经成为人们生活中不可缺少的娱乐活动。水利旅游是一种新兴的、独特的旅游方式，已形成旅游习惯的人群更容易感知到水利旅游的吸引力。

(三) 水利常识特征方面的假设

假设9：吸引对象对水利功能的了解程度，对水利旅游吸引力的感知无显著性差异。

假设10：吸引对象关于水利工程的了解程度，对水利旅游吸引力的感知无显著性差异。

假设11：吸引对象关于水利旅游价格的了解程度，对水利旅游吸引力的感知无显著性差异。

生命体对外界信息的感知是有选择性的，熟悉的事物感知得较多，陌生事物感知得较少。对水利功能、水利工程等水利常识熟悉的人群，能够容易地感知到水利旅游吸引力。

(四) 水利旅游特征方面的假设

假设12：以往游憩型水利旅游体验，对水利旅游吸引力的感知无显著性差异。

假设13：以往短线型或长线型水利旅游体验，对水利旅游吸引力的感知无显著性差异。

假设14：水利旅游满意度，对水利旅游吸引力的感知无显著性差异。

假设15：水利旅游吸引力的感知，对水利旅游花费情况无显著差异。

假设16：水利旅游吸引力的感知，对水利旅游停留时间无显著性差异。

已有的水利旅游体验及其满意度，是旅游者对水利旅游吸引力的现场评价。如果旅游者认为比较满意，那说明水利旅游对吸引对象具有一定的吸引力。如果吸引对象能深刻地感知到水利旅游吸引力，那么吸引对象是愿意延长停留时间来继续欣赏，旅游花费就越多。例如，水利旅游资源比较丰富，旅游者不愿意错过，那么就需要更多时间进行游览，随着时间的延长，需要解决餐饮甚至住宿问题，实际旅游成本就会上升，旅游花费随之增加。

针对人口学特征、旅行特征、水利常识特征和水利旅游特征四个方面提出吸引对象特征假设后，需要对这些假设进行假设检验，才能筛选出能影响吸引对象对水利旅游感知的有效特征，为水利旅游供给方的微观经营决策提供参考。基于此，选择具体的水利旅游吸引对象展开水利旅游感知问卷调查，与水利旅游者进行面对面交流，收集吸引对象特征的相关信息，了解吸引对象对水利旅游的感知状况和水利旅游吸引力对吸引对象的影响状况。

第二节 基于假设检验的水利旅游吸引对象感知测算

假设检验是抽样推断统计中应用最普遍的统计方法，它是利用样本的实际资料来检验事先对总体某些数量特征所做的假设是否可信的一种统计分析方法[1]。根据上节分析，吸引对象对水利旅游感知的四组假设，适宜用假设检验这种分析工具。

假设检验的基本步骤如下：建立有关总体的假设、确立适当的统计量、确定显著水平、抽取样本、计算统计量的值、做出统计决策[2]。

根据是否已知总体分布可以将假设检验分为两种形式：参数检验和非参数检验。在参数检验过程中，往往是假定总体分布已知来对其参数进行检验，这类检验方法只适合总体分布已知的情况。非参数检验是在缺乏足够信息对一个总体是否服从特定的分布的情况下对统计量进行估计的方法。非参数检验的实际应用范围比参数检验广泛，但参数检验的结果相对非参数检验更加严谨可靠。

---

[1] 高祥宝、董寒青：《数据分析与SPSS应用》，清华大学出版社2007年版，第139—195页。

[2] 刘顺忠：《数理统计理论、方法、应用和软件计算》，华中科技大学出版社2005年版，第18—29页。

一 参数假设检验

参数假设检验的具体方法很多,根据样本总体数量,参数检验可以划分为如独立样本检验、T检验和方差分析。T检验适合于两样本总体均数差别的比较,方差分析则适用于两样本总体以上的均数差别比较。每组假设的选项都在两组以上,因此选用方差分析。

方差分析主要用于研究定序变量、定距或定比变量之间的关系,根据考虑的因素个数分为单因素方差分析、交互作用双因素方差分析、无交互作用双因素方差分析共三种。这里采用的是单因素方差分析。

单因素方差分析的基本过程:

(1) 建立假设

根据实际情况建立相应假设。

(2) 由样本数据求总平方和 S_T、组内离差平方和 S_e,组间离差平方和 S_A:

$$S_T = \sum_{i=1}^{r} \sum_{j=1}^{n_i} (x_{ij} - \bar{x})^2$$

$$S_e = \sum_{i=1}^{r} \sum_{j=1}^{n_i} (x_{ij} - \bar{x}_i)^2, \bar{x}_i = \frac{1}{n_i} \sum_{j=1}^{n_i} x_{ij}$$

$$S_A = \sum_{i=1}^{r} \sum_{j=1}^{n_i} (x_{ij} - \bar{x})^2 \tag{6.1}$$

(3) 构造统计量:

$$F_\alpha = \frac{\dfrac{S_A}{(r-1)}}{\dfrac{S_r}{(n-r)}} \tag{6.2}$$

如果 F_α 所对应的显著性水平 α 小于一定值(如 0.01、0.05、0.10),则拒绝原假设,否则接受。

二 非参数假设检验

非参数检验有卡方检验、二项分布检验、游程检验、单样本的分布特征检验(one-sample Kolmogorov-Smirnov test)等。其中卡方检验适用于多个定类或定序变量之间关系的研究，这里采用卡方检验，又称χ^2检验。

卡方检验的基本过程：

（1）建立假设

根据实际情况建立相应假设。

（2）确立统计量

把实轴分成$(-\infty, +\infty)$ k个不相交的区间：$(-\infty, a_1], (a_1, a_2], \cdots, (a_{k-1}, +\infty]$。

设样本$x_1, x_2, \cdots, x_n$的观察值落在第i ($i = 1, 2, \cdots, k$) 个区间的个数中，即实际频数为f_i，则实际频率为$\frac{f_i}{n}$。

（3）构造统计量

$$\chi^2 = \sum_{i=1}^{k} \frac{(f_i - np_i)^2}{np_i} \qquad (6.3)$$

如果χ_α^2所对应的显著性水平α小于一定值（如0.01、0.05、0.10），则拒绝原假设，否则接受。

三 假设检验模型

假设检验的模型是基于方差分析和卡方检验对以上四组假设进行检验的模型。

假设检验模型的步骤设计如下：

步骤1：数据是否符合正态分布。如果是，则进入（2）；如果否，按照文献①进行数据转化（公式如（6.1）），再进入步骤2。

步骤2：方差是否相等。如果是，则进行方差分析。如果否，则进入（3）。方差相等时，Levene Stat. 统计量为0。

步骤3：卡方检验。如前所述，如果方差齐性，则可以进行方差分析，方差分析是参数检验，限制要求较多，当不满足限制条件时，可以采用非参数检验进行数据处理，主要方法有卡方检验、游程检验

---

① 张力：《SPSS在生物统计中的应用》，厦门大学出版社2005年版，第78—79页。

和符号轶检验等。这里采用卡方检验。

以上过程通过软件 Matlab 和 SPSS 完成。

第三节 水利旅游吸引对象感知测算案例分析

本节的案例分析研究思路分三步，首先说明案例选择依据、案例概况及问卷发放说明；其次对问卷进行描述性分析；最后对上节提出的假设进行检验。

一 选择依据和案例概况

（一）选择依据

案例选择应当充分考虑案例地的典型性、代表性，以使得研究具有说服力和示范性[①]。在水利旅游吸引对象的感知研究中选取案例主要考虑几点：

首先，应是水利旅游发展时间较长、水利旅游资源较丰富的地区。从第三章的水利旅游地吸引力测算结果来看，江苏、河南、湖北、浙江等地的水利旅游作为案例较合适。

其次，根据生命周期理论，水利旅游吸引力和其他事物一样应有成长—发展—衰退的一个过程，因此选择的案例地最好能够尽量反映出这些发展过程。水利旅游吸引力的重要物质载体离不开水利风景区，要反映水利旅游吸引力的发展变化过程，案例地应该是水利风景区密集之地。以江苏为例，图 6-2 是江苏水利风景区分布示意图，表明了水利旅游旺盛的地区是淮安、泰州、南京和扬州。在江苏 13 个地市中，如果论旅游资源质量是苏南明显强于苏北，尤其以南京和苏州旅游资源质量最优。整个江苏的两个 5A 级景区秦淮河风光带、苏州园林大景区都在这两市，两地的 A 级景区数量也是整个江苏最多的，而整个江苏的 A 级景区又是全国数量最丰富的省份之一。但是如

---

① 黄燕玲：《基于旅游感知的西南少数民族地区农业旅游发展模式研究》，南京师范大学地理科学学院 2008 年，第 45 页。

果论水利旅游资源的质量和丰富程度,则与前相反,水利旅游资源是苏北强于苏南。同时也发现水利旅游资源围绕在水资源丰富的地区,如在图6-2中,淮安宿迁的4个国家级水利风景区围绕洪泽湖展开,南京、扬州和泰州的7个国家级水利风景区围绕着长江南北两岸展开,苏州、无锡和常州的3个国家级水利风景区围绕着太湖展开。因此,淮安、泰州、南京、无锡和扬州是水利旅游吸引力旺盛,水利旅游吸引对象集聚的地区,是比较理想的案例地点。

图6-2 江苏水利风景区分布示意图(2008年)

然后,考虑浙江省的水利风景区密集分布情况,如图6-3所示。

截至2012年6月,浙江省共有国家级水利风景区23个,其中以衢州、湖州、天台、绍兴的国家级水利风景区最为丰富,是水利旅游发展潜力较大的区域。

最后,限于研究者的主客观条件,选择获取水利旅游微观数据难度相对较小的区域。在本研究中案例分析的主要目的在于阐述吸引对象对水利旅游吸引力的感知发展过程,这属于微观分析。在电话联系或走访了以上各地后,仅获得了南京和衢州的国家级水利风景区的景区规划、经营状况的数据和文本,并进行了问卷调查和工作人员访谈。

据此,本次研究选择南京作为吸引对象对水利旅游感知的分析案例,主要依托南京衢州两地的4个国家级水利风景区的发展经验和问

图 6-3　浙江水利风景区分布示意图（2011 年）

卷进行分析。

（二）案例地水利旅游概况

1. 南京水利旅游概况

南京水利旅游依托的是金牛湖和外秦淮河两个国家级水利风景区。

位于南京六合区的金牛湖始建于 1958 年，集水面积为 124.14 平方公里，总库容量 9600 万立方米，是南京市最大的人工水库。湖中水产丰富，其中银鱼产量已超江苏太湖，成为特色水产。金牛湖旁的金牛山上有茉莉花茶园，是江苏名歌《茉莉花》的发源地，文化历史遗迹中还包括金牛山上的马烈女庙遗址等。目前开发的旅游项目有水上自行车、天然泳池、画舫橡皮艇和农家乐等。2008 年年底至 2009 年中，为了增强历史文化和名山古寺文化的吸引力，金牛湖水利风景区利用冬春枯水期进行了堤坝维护和金山禅寺改建扩建工程，以提升整个国家级水利风景区的综合吸引力。金牛湖水利风景区经营权归景区办公室，所属权明晰，遵循谁投资谁受益的原则，由景区管理机构进行投资并收取相应旅游费用。

外秦淮河国家级水利风景区是指从三汊河河口闸到武定门闸以下 500 米，全长近 12.2 公里，总面积 3 平方公里的水利工程管理区域。

外秦淮河国家级水利风景区的行政主管部门是江苏省水利厅和南京市水利局。从2002年至2008年，南京市政府投资35亿元对外秦淮河实施了护城河整治工程，在外秦淮河和长江交汇的三汊河口，兴建了亚洲唯一的大型双孔护镜门型河口闸，以调节长江水位和外秦淮河水位的落差导致的水位不稳问题。双孔护镜门型河口闸荣获了2008年中国水利建设工程最高奖大禹奖。由于属于政府投资的公共物品，外秦淮河水利风景区处于开放式免费公园的状态，目前已开发外秦淮河画舫、水利文化展览馆和渡江胜利纪念馆等项目。外秦淮河水利风景区的起因是城市基础环境整治和水利基础设施建设，吸引人们利用水利设施开展旅游的原始动因，只是在完成环保、水利任务之后，为了使水利风景资源得到更进一步的利用，而附带进行旅游开发活动。这类滨江堤坝、水闸景观是全国大部分城市防洪排涝工程美化绿化亮化成果的缩影。以游憩型水利旅游为主，在外秦淮河水利风景区中，吸引对象活动频繁、早晚人流量大等游憩特征较突出，主要满足市民就近游憩的需求。由于吸引对象的频繁进出，受访对象普遍表示比较熟悉外秦淮河内的水利工程设施及水质、水流以及周边景观状况。

2. 衢州水利旅游概况

衢州水利旅游依托的是四大水利旅游区，分别是江山市峡里湖生态风景区、江山月亮湖水利风景区、衢州市乌溪江水利风景区和衢州市信安湖水利风景区。

各水利旅游区的水利旅游发展状况如下：

衢州江山市峡里湖生态风景区是2003年第三批国家级水利风景区，依托峡口水库而建，是国家级重点风景名胜区——江郎山的四大景区之一，位于钱塘江主要源头之一的浙西南部的仙霞山脉。因坐落在浙、闽、赣三省毗邻的浙西南重镇峡口镇峡里村而得名，是一个风景优美，集观光、休闲、度假、避暑为一体的旅游胜地。峡里湖峡口水库位于浙江省江山市境内江山港上游峡口镇以北2公里的峡东村，兴建于1966年，1971年大坝主体工程完工，1973年电站并网发电。2005年被国家防总确认为全国防洪重点中型水库，2007年被鉴定为三类坝，2009年实施除险加固工程，水库大坝为混凝土重力坝。2009年水利旅游平均年接待游客量9.3万人次，门票及其他营业收入1800万元，其中门票收入600万元，客房收入400万元，餐饮收入400万元，购物及其他收入400万元；年创利润600万元。

江山月亮湖水利风景区是2004年评定的第四批国家级水利风景区，月亮湖因坐落在江山最有名的太阳山下，取阴阳对应和山水相映成趣而得名。江山月亮湖水利风景区目前有农家乐12家；野外拓展训练有跳出真我（高空单杠）、迈向成功（空中断桥）、巨无霸天梯、水上缅甸桥、信任背摔等项目。多年来水利旅游发展平稳。

衢州市乌溪江水利风景区是2010年第十批国家级水利风景区，以1958年和1979年相继建成的黄坛口水库电站枢纽工程和湖南镇水库电站枢纽工程为依托而建立，是高峡水库和智能化水电站的综合体，具有一定的典型示范作用。2010年，该水利风景区内已有旅游接待床位600多个，餐位1800多个，2009年共接待水利旅游者10.8万人次，水利旅游经营收入618万元。目前该景区内的生态旅游项目正在进行改造提升档次，进一步提高接待能力。

衢州市信安湖水利风景区是2011年评审的第十一批国家级水利风景区，依托标志性建筑衢州塔底水利枢纽工程扩展而建。信安湖国家级水利风景区规划面积15.2平方公里，由衢江城区段和乌溪江下游段两大部分组成。景区以5.5平方公里的信安湖为依托，以鸡鸣湿地、塔底水利枢纽、城区名胜古迹等独特的自然人文景观为纽带。2010年起致力于将信安湖打造成衢州的"西湖"，增加衢江两岸景点的开发和水上旅游项目的建设，努力建成国家4A级旅游景区。

（三）调查概览

水利旅游吸引对象一般是以个人为计量单位，根据不同的人口学特征、旅行特征、水利熟悉程度特征可以划分为很多群体。要找到水利旅游感知群体比较困难，如果用南京市民作为水利旅游吸引对象，采集信息相对容易，但是范围太大，很难识别出是否是水利旅游潜在目标群体。如果用一般的南京旅游者作为水利旅游吸引对象，涉及旅游团的行程编排、景点等情况，采集信息比较困难。而且如果在一般景区进行问卷调查，那么调查对象已经是具有某种旅游偏好特征的群体。例如，对历史文化感兴趣的人们，通常到南京会欣赏中山陵、明孝陵等历史遗迹，在这些一般景区进行旅游者调查，所得水利旅游吸引力感知有偏低的嫌疑。

因此，验证水利旅游吸引对象感知假设的问卷采集选择在水利风景区内进行。这是因为这里人流量比较集中，重游率较高，这部分人群对水利熟悉程度较高，吸引对象是否感知到水利旅游吸引力比较容易识别，水利旅游游憩型、短线型和长线型三类吸引对象丰富。

此次南京水利旅游感知的案例调查时间分为2008年11月和2009年4月两个时段，衢州水利旅游感知的调查时间为2011年5月。

考虑到冬春季是水利旅游的淡季，同时也是水利工程加固维修的最佳时段，选择冬季来访对水利旅游供给方较合适。旅游者较少，工作人员相对较空闲，同时又能兼顾了解水利工程的具体内容，因此选择冬春季节对水利风景区进行考察，与水利旅游供给方进行访谈。根据第五章内容，春末至中秋这段时间是水利旅游的旺季，4—5月又是黄金周密集的月份（清明节黄金周和劳动节黄金周相距不远），气候也适宜外出旅游活动。2009年南京金牛湖水利风景区也加入了南京公园年卡景区联盟，旅游人次随之激增。选择这个时段对水利旅游者进行问卷调查，识别水利旅游吸引对象特征比较容易。同时，问卷发放还应在水利旅游行程即将结束时进行，因为此时旅游者对水利旅游全过程有了完整的认知。2009年4月清明节黄金周、2009年5月劳动节黄金周共六天，在南京外秦淮河水利风景区（主要包括三汊河口双孔护镜门型闸、石头城公园、武定门闸公园、外秦淮河堤防）、南京金牛湖水利风景区发放了300份问卷，当场回收。2011年5月五一黄金周共三天，在衢州月亮山和信安胡两地再各发放了300份问卷，当场回收。筛选出有效问卷526份，占87.66%，经过统计学软件SPSS13.0进行信度检验，信度检验的Cronbach's alpha coefficient值是0.734，表明数据比较稳定，可以接受。

二 描述性分析

影响吸引对象对水利旅游感知的因素比较多，这里考察水利旅游吸引对象四个方面的特征,这四个方面的特征分别是:人口学特征、旅行特征、水利常识特征和水利旅游特征。

(一)吸引对象人口学特征的描述性分析

人口学特征是描述本次水利旅游吸引对象总体特征的工具,本次吸引对象只包括需求方的特征,主要关注旅游者的特征,供给方的特征不考虑。人口学特征从年龄、性别、月收入和居住地四个方面进行识别,基本情况如表6-2所示。

表6-2 水利旅游吸引对象(需求方)人口学特征描述性分析

吸引对象人口学特征		总体情况 百分比	游憩型水利旅游 频数	游憩型水利旅游 百分比	非游憩型水利旅游 频数	非游憩型水利旅游 百分比
性别:	1. 男	48%	124	50%	128	46%
	2. 女	52%	124	50%	150	54%
年龄:	1. 18岁以下	5%	20	8%	6	2%
	2. 18—25岁	26%	55	22%	83	30%
	3. 25—35岁	13%	5	2%	67	24%
	4. 35—45岁	37%	92	37%	100	36%
	5. 45—55岁	13%	55	22%	11	4%
	6. 55岁以上	6%	25	10%	11	4%
月收入:	1. 1000元以下	36%	99	40%	89	32%
	2. 1000—2000元	40%	109	44%	100	36%
	3. 2000—3000元	15%	22	9%	56	20%
	4. 3000—4000元	3%	10	4%	6	2%
	5. 4000—5000元	4%	5	2%	17	6%
	6. 5000元以上	2%	2	1%	6	2%
常住地:	1. 市内	27%	40	16%	106	38%
	2. 省内	50%	186	75%	81	29%
	3. 长三角皖鲁京粤	10%	10	4%	44	16%
	4. 豫鄂冀闽湘赣	7%	5	2%	25	9%
	5. 其他	6%	5	2%	22	8%
有效样本量(526)			248		278	

说明:非游憩型水利旅游是指短线型和长线型水利旅游。年龄划分是基于人生重大事项来划分,南京是个高校密集的城市,18—25岁属于在校学生群体,这在两个水利风景区中有明显的识别特征,25—35岁属于两口之家到三口之家过渡的群体,这部分群体有收入、身体健康,出游率较高,55岁以上一部分人开始安度晚年,这在水利游憩性吸引人群中也较多见。常住地外省排序是按《江苏省旅游业统计公报》中"国内旅游客源分布地"顺序而定。

表6-2表明：

（1）性别比例基本相当。吸引对象中男性占48%，女性占52%，基本相当。

（2）吸引对象的年龄群体中以18—25岁和35—45岁的人群。18—25岁的群体占吸引对象的26%，这表明吸引到较多的学生群体。18—25岁也是人生精力最旺盛的阶段，出游欲望比较强烈。35—45岁的群体占吸引对象的37%，合起来占到受访人群的63%，这表明水利旅游吸引到较多的中年群体，在调查过程中发现，这部分群体一般是自驾车游的代表，收入较稳定，旅游成为一种潮流。

（3）水利旅游吸引对象的月收入主要在3000元以下。月收入水平在1000元以下的吸引对象占到36%，在1000—2000元的吸引对象占到40%，在2000—3000元的吸引对象占到15%，三者相加占到91%，这说明受访人群中绝大部分月收入都在3000元以下。因此水利旅游供给方应当充分重视中低收入、中低消费群体的市场特征，这一特征在指导水利旅游产品定价、促销上有意义。

（4）水利旅游吸引半径较小。在受访群体中，南京衢州本地游客占38%，本省内游客占29%，主要是来自扬州方向和杭州方向的临近客源，本省内游客加起来67%（38%+29%），已经超过2/3，外省游客比例占了1/3，这说明水利旅游吸引到的一日游游客较多，基本上水利旅游吸引对象是市内游憩型、省内短线型、省外长线型各占1/3。

（二）吸引对象旅行特征的描述性分析

将旅行特征的频数及百分比列入表6-3。

表6-3　水利旅游吸引对象（需求方）旅行特征描述性分析

旅行特征		频数	百分比	旅行特征		频数	百分比
（一）旅游次数	0次	30	5.70%	（二）旅游花费	500元左右	38	7.22%
	一—两次	80	15.21%		1000元左右	198	37.64%
	三—五次	302	57.41%		3000元左右	162	30.80%
	六—十次	64	12.17%		6000元以内	95	18.05%
	经常	50	9.51%		6000元以上	33	6.28%

续表

旅行特征		频数	百分比	旅行特征		频数	百分比
（三）旅游交通	公共交通	245	46.55%	（四）信息来源	他人介绍	288	54.75%
	自驾车	205	39.00%		互联网	132	25.10%
	旅游团	60	11.41%		旅行社	80	15.21%
	徒步	16	3.04%		其他传媒	26	4.94%

由表6-3可见：

（1）每年旅游次数以三至五次居多。受访人群的出游率和旅游花费水平较高，年出游五次以内的占了72.62%（15.21%+57.41%），旅游花费在千元以上的比例是92.78%（1%—7.22%）。以年为单位的旅游次数和旅游花费还是过于笼统，进一步分析发现受访人群中每次省内短线型旅游花费以500元居多（占67%），省外长线型旅游花费以3000元居多（占43%），每年旅游活动也以省内短线游居多。

（2）旅游交通方式的选择。水利旅游吸引对象中散客占绝对比例。自驾车和公共交通的比例占了85.55%（39.00%+46.55%），旅游团的比例仅占11.41%，这主要得益于在长三角地区交通运输比较发达。据《2008年统计年鉴》测算，江苏以全国2%—3%的轨道运输线路，负担着全国6%—8%的旅客运输量[①]。加上江苏私人汽车拥有量是193.85万台，仅次于北京、广东、山东和浙江，周末自驾车游在长三角地区非常流行。在对水利旅游满意度的调查中发现旅游者最不满意的旅游服务依次是：旅游交通34%、餐饮住宿14%、景区9%、旅行社8%，其他35%。由于水利旅游吸引的大部分是散客，水利风景区一般在远离闹市、水资源不易受污染的位置，旅游交通时间较长、交通沿线景区标识不清、停车位置模糊、过路过桥费过多等都对散客出行造成不利影响，因此水利旅游交通满意度较低。水利旅游市场开发吸引

---

① 2007年全国客运量2227761万人、其中铁路客运量市135670万人，江苏客运量187269.8万人，其中铁路客运量135670万人，江苏占8%、6%；当年全国铁路里程77965.9公里、公路里程3583715公里，江苏铁路里程1618.77公里、公路里程133732公里，江苏占全国的2.07%、3.73%。见《2008年中国统计年鉴》。

散客自助游为主,需要弱化交通瓶颈,如在重要交通路口设置标识和水利旅游品牌的宣传营销,开通地铁直达景区的线路等。

(3) 旅游信息来源渠道以口碑传播和互联网传播为主,分别占54.75%和25.10%,旅游信息来源于旅行社的比例占到了15.21%。可见水利旅游吸引力要被感知,比较有效的宣传方式是消费者口碑传播和互联网的形式,这也是散客出游的重要特征。

(三) 吸引对象水利常识特征的描述性分析

从问卷结果来看,人们对水利功能了解程度一般,水利旅游的知名度也一般,水利旅游门票价格定位合理。根据里克特五点量法,按照非常了解到完全不了解,分别赋予5分到1分,吸引对象对水利功能的了解程度平均得分是3.11,接近"一般"的分值3,这说明吸引对象对水利功能的了解在于泄洪、调节水位、蓄水等表面的功能。考察吸引对象感知的水利工程的情况,知道的占57%,表示不确定的占32%,水利工程了解程度的平均得分是3.49,即一般了解。对水利风景区的门票价格的评价是:18.55%的吸引对象认为比较贵,70.97%的认为合适,10.48%的认为比较便宜,总体上认为水利风景区门票价格比较合理。

(四) 吸引对象水利旅游特征的描述性分析

吸引对象感知到水利旅游吸引力后,有一部分吸引对象萌生水利旅游需求,转化成水利旅游活动,如短线型、中线型或长线型水利旅游等,此时就可以统计到水利旅游活动的次数、停留时间、满意度等水利旅游特征。将水利旅游特征的问卷频数及百分比列入表6-4。

表6-4　　吸引对象(需求方)的水利旅游特征频数状况

旅行特征		频数	百分比	旅行特征		频数	百分比
(一)短线型水利旅游经历	0次	174	33.08%	(二)中线型和长线型水利旅游经历	1—2次	330	62.74%
	1—2次	110	20.91%		3—4次	136	25.86%
	3—4次	52	9.89%		5—6次	18	3.42%
	5—6次	134	25.48%		7—8次	34	6.46%
	7次以上	56	10.65%		9次以上	8	1.52%

旅行特征		频数	百分比	旅行特征		频数	百分比
（三）满意度	非常满意	56	10.65%	（四）此次旅游花费情况	300元以下	250	47.53%
	满意	272	51.71%		300—600元	228	43.35%
	一般	170	32.32%		600—1000元	28	5.32%
	不满意	18	3.42%		1000—2000元	8	1.52%
	非常不满意	10	1.90%		2000元以上	12	2.28%
（五）停留时间	半天	94	17.87%	（六）购物情况	水库水产品	162	30.80%
	一天	388	73.76%		风光纪念册	46	8.75%
	两三天	18	3.42%		石玩玉器	30	5.70%
	四五天	16	3.04%		当地特产	204	38.78%
	一周左右	10	1.90%		什么都不买	84	15.97%

由表6-4可见：

（1）短线型水利旅游体验较多。短线型水利旅游是指在离家较近的水利风景区的日常散步等短线活动。根据表6-4，从来没有在城市防洪堤坝、滨江绿地活动过的吸引对象占33.08%，短线型水利旅游经历较多（每年超过五次）的吸引对象占了36.13%（25.48%+10.65%），两极分化的程度比较明显，"从来没有"和"有较多短线型水利旅游经历"的吸引对象在数量上相距不远，一般而言在水利风景区短线游的人群中，对水利的了解程度要深一些。

（2）中线型和长线型水利旅游经历1至2次的比例较高。有过1至2次水利旅游经历的受访人群占受访人群总数的62.74%，在访谈中了解到这些水利旅游地大多数是江苏溧阳天目湖、姜堰溱湖、无锡梅梁湖、衢州的江山、信安胡、天台山等；有过3至4次中线型和长线型水利旅游经历的人群占吸引对象的25.86%，两者之和是88.60%。在访谈中也发现此次受访人群中重游率大概占到1/4。

（3）水利旅游的满意度中等。对本次水利旅游非常满意的比例是10.65%、满意的比例是51.71%，两者之和是62.36%，满意度均值是3.66，这表明满意度中等，介于满意与一般之间。分析其原因，有可能是在黄金周期间形成旅游高峰期，造成旅游过程中交通拥堵、旅行食宿费用增加而影响了水利旅游的体验过程,从而造成旅游满意度中等。

(4) 水利旅游总花费在600元以内,停留时间在一天以内,属于典型的一日游中线型旅游消费。本次受访的水利旅游吸引对象的旅游消费300元以内的占47.53%,在600元以内的占43.35%,两者之和达到90.88% (47.53% +43.35% =90.88%),停留时间一天以内的占91.63% (17.87% +73.76 =91.63%),这些数据显示大部分吸引对象是省内中线客源,旅游消费水平较高。

(5) 水产品和当地特产成为水利旅游购物的首选。春末夏初是鱼虾蟹蚌最佳食用季节,如每年4月的江苏姜堰溱湖八鲜美食节(自2005年始,每年一届)、每年8月的北京密云水库鱼王美食节(自2004年始,每年一届)、9月的南京金牛湖湖鲜美食月(自2005年始,每年一届)等都是水利旅游吸引力较强的水库特产节庆。由于水利设施通常会形成水库,水质清洁,旅游者对水库水产品的质量有信心,很多旅游者慕名前来品尝美食,顺道观赏水利景观。在本次问卷调查中,关于旅游购物,购买了水产品的受访人群比例是30.80%,购买了当地特产的受访人群比例是38.78%,而石玩玉器、吉祥符兽、风光纪念册等购买比例都没有超过10%,水利旅游吸引对象中未购物的比例是15.97%。显然在水利旅游商品供给中,水产品和当地特产备受青睐。水产品的生产和销售也是水利旅游特有的优势,但最大的困难就是水产品的季节性,在秋冬季节水产品比较稀缺,这也局限了水利旅游购物的开发潜力。

(五) 吸引对象水利旅游吸引力感知的描述性分析

王海鸿在研究旅游吸引力时,提出了感知度的概念,它包括旅游资源感知度、旅游饭店感知度、旅游交通感知度、旅游服务感知度五个方面,通过模糊集函数进行整合[1]。这种方法是基于一个假设,假设在决策过程中旅游者对旅游五个方面的感知是同等重要的。这就对旅游者信息完备性要求较高,但很多情况下出游决策过

---

[1] 王海鸿:《旅游吸引力分析及理论模型》,《科学·经济·社会》2003年第4期。

程是模糊笼统的,如工作单位决定集体出游,员工即使对旅游目的地的这五个方面毫无感知,或者只对著名的旅游景点有感知,他们也会决策是否出游。进一步讲,如果有两个或多个旅游目的地供其挑选,绝大多数人会以当地著名旅游景点作为抉择的首要依据。因此,与其把水利旅游的感知分解成食、住、行、游、购、娱六大方面的感知,让旅游者进行评价时难于取舍,不如就把水利旅游感知作为一个整体,供旅游者选择。

(1) 总体情况

吸引对象对水利旅游吸引的感知评价如表6-5所示。

表6-5　　吸引对象(需求方)的水利旅游吸引力感知状况

吸引对象认为水利旅游吸引力:	总体情况	短线型		中线型和长线型	
	百分比	频数	百分比	频数	百分比
很大-5分	19.17%	76	30.65%	25	8.93%
较大-4分	34.86%	94	37.90%	89	32.14%
一般-3分	42.95%	72	29.03%	154	55.36%
较小-2分	1.70%	4	1.61%	5	1.79%
没有-1分	1.32%	2	0.81%	5	1.79%
样本量	526	248		278	
平均值	3.69	3.96		3.45	

由此可见,吸引对象对水利旅游吸引力的感知评价并不高,平均值是3.69,介于一般与较大之间。这主要是因为水利景观相对于名山大川而言,虽然独特,但审美深度和娱乐性不强,对旅游者的吸引力不大。短线型水利旅游者对水利旅游吸引力的评价平均分是3.96,而中线型和长线型的旅游者对水利旅游吸引力的评价平均分是3.45,略低于短线型的旅游者,这主要是因为中线型和长线型旅游者的旅行成本比短线型高,相对于付出的成本,中线型和长线型要求获得更高的效用,而南京水利旅游景观相对于南京夫子庙、中山陵和总统府等历史人文景观,显然后者景观对旅游者的吸引力要大一些。

(2) 具体水利景观的吸引力描述

将以上样本的水利景观吸引力频数及百分比列入表6-6。由前文第五章第一节可知，水利景观类型可以分为水库型、城市河湖型等类型，供给方较偏向于开发水库型和河湖型水利旅游，那么需求方对具体的水利景观感知如何，是否也有特殊偏好。这里将水利景观类型重新细分为水库型、水利枢纽型、城市滨江堤防型、天然河湖型、湿地公园型、水土保持型、古今运河型，吸引对象对这7种类型吸引力的感知情况如表6-6所示。

表6-6　吸引对象（需求方）水利景观类型吸引力感知状况

水利旅游景观类型	五点分值	备注
1. 水利旅游吸引力（总体情况）	3.69	您感觉这些类型的水利旅游对您的吸引力是： 很大-5分； 较大-4分； 一般-3分； 较小-2分； 没有-1分。
2. 水库型	3.62	
3. 水利枢纽型	3.64	
4. 城市滨江堤防型	3.83	
5. 天然河湖型	4.06	
6. 湿地公园型	4.14	
7. 水土保持型	3.79	
8. 古今运河型	4.00	

水利旅游对人们有一定的吸引力，其中水利设施型景观吸引力较小，自然型景观吸引力较大。在表6-6中，水利旅游吸引力的得分按照高到低分为1—5个分值，水利旅游的整体吸引力平均得分是3.69，接近分值4，表明水利旅游吸引力较大。其中，湿地型和天然河湖型吸引力评分值超过了4，结合自然景观的水利景观吸引力较大。而水库型、水利枢纽型、水土保持型的旅游吸引力评价值低于4。表明从需求方看，水库、水利枢纽、水土保持等以水利为特色的景观吸引力较小。

水利旅游供需吸引力的错位。比较图5-1和图5-2的水库型、自然河湖型、城市河湖型等的景观供给特征，可以发现，就本次调查而言，水利旅游供给方和需求方之间对水利景观的偏好存在差异：从

图5-1和图5-2来看，水库型景观旅游供给占据明显优势，表明供给方认为水库型景观较能满足旅游者审美偏好，对旅游者吸引力较大。而从表6-6看，水库型（得分3.62）、水利枢纽型景观（得分3.64）相对其他水利景观而言，旅游吸引力最弱，表明需求方认为水库型景观的吸引力较小。相反地，2006年湿地型水利景观数量增长最快，表明当年水利旅游供给有所增加，近几年数量也在缓慢增长。根据水利风景区的评定数据计算，截至2008年年底湿地型的国家级水利风景区共24个，而水库型的国家级水利风景区共177个，自然河湖型的国家级水利风景区共54个，显然湿地型和自然河湖型水利风景区的数量远远小于水库型国家级水利风景区景观数量。这表明从水利旅游供给的角度，湿地型和自然河湖型水利景观供给不足。然而根据表6-6，湿地型和自然河湖型水利景观的吸引力得分是4.14和4.06，这表明吸引对象认为湿地型和自然河湖型这两种类型的吸引力最大。因此，简单地说，水利旅游供给和需求吸引力存在一定程度的不协调：近年来，水利主管部门积极供给水库型水利旅游产品却不受吸引对象的青睐，而需求方偏爱的湿地型和自然河湖型水利景观的水利旅游产品却供给不足。

这种水利旅游供需吸引力错位的原因主要在产权制度上的缺陷。国家级水利风景区的评定部门是水利主管部门的最高行政机构，而水库、水利枢纽、滨江堤防等水利设施本身就属于水利各级主管部门投资建设，对这些设施拥有产权和使用权。利用这些水利设施进行旅游开发或者申报评级，既在职权范畴以内又顺应水利经济发展趋势，障碍比较少。因此水利设施型景观吸引的水利旅游供给数量较多。而自然河湖型、湿地型景观虽然在水利设施的隶属范围内，但还分别隶属国土资源部门、环境保护部门、园林部门等，存在多头管理的障碍，旅游开发引起的申报评级和利益分配难以协调，导致这些自然河湖型景观的水利旅游供给吸引力较小。同时水利行业又担负着水资源管理的任务，水利旅游仍处于副业的摸索阶段，水利旅游宣传促销的手段、技巧、人财物资源尚未理顺，造成了人们对水利旅游相当陌生。在本次抽样调查的受访人群中，提及是否了解水利风景区的问题，调查对象中不了解的占 18.8%，听说过的占 25%，一般了解和比较了解的占 53%，貌似一般了解和比较了解的占了大多数（53%）。为了做对比，选取 A 级景区作为参照，当提及是否了解 A 级景区时，一般了解和比较了解的占到了 90%，不了解的为 0。显然水利风景区的知名度没有 A 级景区的知名度高，这在一定程度上也说明了人们对水利旅游的感知尚处于起步阶段。

三 假设检验结果分析

对以上 16 个假设进行参数检验和非参数检验，而后对结果进行解释。

（一）检验过程

限于篇幅，将结果列入表 6-7。

表 6-7　　水利旅游吸引力感知与各因素的假设检验

类别	因素（总体）	正态分布检验 K-S 统计量	Sig.	方差齐性检验 Levene Statistic 统计量	Sig.	参数检验：ANOVA 组间平方和	组内平方和	F 统计值	Sig.	非参数检验：K-W 的法 Chi-square	Sig.	结论
人口学特征	性别	3.556	0.000	0.001	0.971	1.261	2238.82	1.959	0.162			接受
	年龄	2.083	0.000	2.612	0.017					33.198	0.000	拒绝
	收入	1.780	0.004	0.374	0.772	0.006	0.449	0.158	0.958			接受
	居住地	3.567	0.000	7.095	0.000					28.734	0.000	拒绝
旅行特征	年旅游次数	2.090	0.000	1.634	0.195	0.020	0.435	0.529	0.715			接受
	年旅游花费	1.017	0.252	0.072	0.371	0.072	0.371	1.133	0.362			接受
	旅游信息获取渠道	2.052	0.000	2.532	0.053	0.056	0.399	1.583	0.195			接受
	交通工具	2.006	0.001	1.201	0.310	0.002	0.453	0.073	0.974			接受
水利常识特征	水利功能了解程度	3.721	0.000	1.139	0.345	8.076	26.477	3.889	0.08			接受
	水利工程了解程度	4.790	0.000	4.695	0.001					33.437	0.000	拒绝
	水利旅游价格了解	1.752	0.004	1.134	0.351	0.060	0.595	1.281	0.290			接受

续表

类别	因素（总体）	正态分布检验 K-S统计量	Sig.	方差齐性检验 Levene Statistic统计量	Sig.	参数检验：ANOVA 组间平方和	组内平方和	F统计值	Sig.	非参数检验：K-W的法 Chi-square	Sig.	结论
水利旅游特征	短线型体验	1.752	0.004	0.657	0.583	0.038	0.405	1.409	0.252			接受
	中线长线型体验	2.516	0.000	1.130	0.353	0.021	0.634	0.427	0.788			接受
	水利旅游满意度	5.561	0.000	10.402	0.000					63.433	0.000	拒绝
	（水利旅游花费）	1.670	0.008	5.103	0.002					11.154	0.025	拒绝
	（水利旅游停留时间）	2.969	0.000	6.831	0.000					15.989	0.003	拒绝

说明：方差齐性检验：Test of Homogeneity of Variances；组间平方和：Between Groups；组内平方和：Within Groups。在非参数检验中，采用的是克鲁斯卡尔—瓦里斯（Kruskal-Wallis）H检验法，其统计量是Chi-square检验统计量，与单因素方差分析（AVOVA）一样，都是检验多个独立样本的方法。

对表6-7进行解读：

（1）第一步，正态分布检验。正态分布的检验统计量是K—S统计值，如果显著性水平Sig. >0.05数据，则服从正态分布。按照此条件，在表6-7中，服从正态分布的只有一个，旅行特征中的旅游花费的正态分布检验的K—S统计值是1.017，其显著性概率（Sig.）是0.252，Sig. = 0.252 > 0.05，因此没有理由拒绝原假设，认为"旅游花费"这组数据服从正态分布假设。其他组数据的显著性概率Sig. <0.05，故都不隶属正态分布。当统计资料不服从正态分布时，不能进行方差分析，需通过适当的数据转换，然后用转换后的数据进行方差分析。根据K—S统计量，如果显著性水平Sig. <0.05的数据，则不服从正态分布，即除了"旅游花费"外的各组数据需要按照如下步骤进行转化：

$$x' = \lg x \tag{6.4}$$

式中，x是原始数据，x'是转化后的数据。

另外，由于最开始输入SPSS软件中的数据是选项，大部分属于定类数据，不便进行假设检验，为了进行验证假设，首先需要将字符型转换成数据型（定类数据转换定比数据），具体方法见文献①。其次进行 K—S 统计值的分布检验，如果不服从正态分布，再按照式(6.4)，进行数据转换。

（2）第二步，方差齐性检验。方差齐性检验是用统计量 Levene Statistic 来衡量的，以数据组"性别"为例，"性别"的 Levene Statistic（统计量）是 0.001，相应的显著性概率 Sig. 值是 0.971，当取 Sig. = 0.05 时，Sig. = 0.971 > 0.05，因此没有理由拒绝原假设，即认为方差相等齐性。相反地，如果统计量 Levene Statistic 的显著性水平 Sig. < 0.05，则说明此数据组方差不齐，以此类推，六个数据组（"年龄""居住地""水利工程了解程度""满意度""水利旅游花费""水利旅游停留时间"）Levene Statistic 统计量的显著性水平 Sig. < 0.05，无法满足方差齐性的条件，故只能采用非参数检验的方法进行分析。其余数据组是方差齐性，可以用参数检验的单因素方差分析。

（3）第三步，方差分析。方差分析是依据 F 统计值进行判定，如果 F 统计值的显著性水平 Sig. 小于某个值，如 0.10、0.05 和 0.01，则拒绝原假设；反之，则接受原假设。所有经过单因素方差分析的数据组都没有拒绝原假设，这些数据组 F 统计值对应的显著性水平 Sig. 都小于 0.05，故接受原假设。在统计学上，认为这 10 个数据组的特征对水利旅游吸引力的感知没有显著性差异，这 10 个数据组分别是性别、收入、年旅游次数、年旅游花费、旅游信息获取渠道、交通工具、水利功能了解程度、水利旅游价格了解程度、短线型体验、中线型和长线型体验。

（4）第四步，克鲁斯卡尔—瓦里斯（Kruskal-Wallis）H 检验法，进行非参数检验。根据表 6 - 7，六个数据组的方差不齐，因此选用非参数检验，得到 Kruskal-Wallis（克鲁斯卡尔—瓦里斯）H 统计量的渐进分布 Chi-square 值。如果 Chi-square 值对应的显著性水平 Sig. <

---

① 高祥宝、董寒青：《数据分析与 SPSS 应用》，清华大学出版社 2007 年版，第 139—195 页。

0.05，则拒绝原假设，在统计学上认为这些数据组的特征对水利旅游吸引力的感知有显著性差异。根据表6-7表明，得到了与单因素方差分析相反的结论：用非参数检验的六个数据组全部拒绝原假设，在统计学上认为年龄、居住地、水利工程了解程度和水利旅游满意度的特征对水利旅游吸引力有显著差异；同时，水利旅游吸引力的特征也对水利旅游花费和水利旅游停留时间有显著差异。

综上所述，在这16次假设检验中，能使用单因素方差分析的有10次：性别、收入、年旅游次数、年旅游花费、旅游信息获取渠道、交通工具、水利功能了解程度、水利旅游价格了解程度、短线型体验、中线长线型体验。如果设定显著性概率 Sig. =0.05，参数检验统计量的 Sig. >0.05，则表示接受原假设，这10次检验的结果是全部接受原假设。非参数检验的有6次，包括年龄、居住地、水利工程了解程度、水利旅游满意度、水利旅游花费、水利旅游停留时间。如果非参数检验统计量的 Sig. <0.05，表示应该拒绝原假设，那么这6次非参数检验的结果是全部拒绝原假设。一般而言，参数检验比非参数检验更有效，毕竟研究总体分布（或转化后）服从正态分布，而且大部分数据是定距尺度或定比尺度测量的结果，包含了更多的信息。

（二）结果解释

（1）人口学特征中的年龄和居住地，对水利旅游吸引力的感知有显著性差异。

在统计意义上，表6-7中年龄和居住地的 Kruskal-Wallis（克鲁斯卡尔—瓦里斯）H 统计量的渐进分布 Chi-square 值分别是 33.198 和 28.734，对应的显著性概率 Sig. =0.000。这表明年龄和居住地的特征对水利旅游吸引力的感知是有显著性差异的。

至于年龄特征对水利旅游吸引力的感知有显著性影响，与实际相符合。在前文中，已将水利旅游划分为短线型、中线型和长线型，城市河湖型水利风景区是依托城市防洪设施建成的公共绿地，这些公共绿地吸引市民进行日常休闲短线型活动，如散步、晨练、遛狗等。使用公共绿地最多的人群是已退休的老人、未成年的孩子或专职家庭主妇。这些人群的年龄特征非常明显，频繁地在城市河湖型水利风景区进行短距离游憩，表明短线型水利旅游对其是有一定吸引力的。问卷过程中也发现水利旅游中线型和长线型的旅游者，大多数是35—45岁的青壮年人群，这部分人群精力旺盛、经济基础稳定，比较容易感知到水利旅游吸引力，易出游。

至于居住地特征对水利旅游吸引力感知有显著性影响，这与前面吸引半径、吸引量的研究相符合。前文中的距离衰减规律已表明，旅游吸引力随着距离的增加而衰退。居住地不同，与水利旅游地的距离就不同，存在能量消耗或者媒介阻隔情况，旅游者感知水利旅游吸引力的能力就有差别，吸引半径增加的同时，感知减弱，吸引量也在减少。

因此，水利旅游供给方在开发目标客源市场时，吸引半径内的客源群体要有效识别。例如，如果水利风景区根据自身吸引力状况，定义的目标客源群体是短线型水利旅游，这就要考虑开发针对老人、青少年和妇女的娱乐内容。例如，很多城市河湖型水利风景区都划分了体育功能区，放置康体运动器材。同时考虑这部分人群的安全，在堤坝处、近水区加设保护性措施。如果设定目标客源群体是中线型或长线型水利旅游，供给方应在吸引半径内的客源地针对青壮年群体进行促销，如提供详细的自驾车游线路，或者与客源地旅行社联合安排水利旅游线路，注重食宿交通的合理安排。

（2）旅行特征对水利旅游吸引力的感知无显著性差异

在统计意义上，旅行特征的四个假设都没有拒绝原假设，这说明旅游者的旅行习惯并不会影响吸引对象对水利旅游吸引力的感知。对于水利旅游供给方而言，这是一个较好的信息，即在对吸引半径内的客源群体进行有针对性的宣传促销时，不必考虑目标客源群体的旅行习惯，如年旅游次数、年旅游花费、旅游信息获取渠道和交通工具等。

（3）水利常识特征中的水利工程了解程度，对水利旅游吸引力的感知有显著性差异

在统计意义上，"水利工程了解程度"因素的Kruskal-Wallis（克鲁斯卡尔—瓦里斯）H检验法的Chi-square＝33.437，对应的显著性

概率 Sig. =0.000 <0.05。这说明水利工程了解程度不同，会影响到水利旅游吸引力的感知。当对水利工程了解较浅时，人们也许并没有发现水利旅游对其有吸引力。此时水利旅游供给方通过大众媒体进行适时宣传，诱发人们对水利工程产生好奇。随着对水利工程了解的逐渐加深，水利旅游对他们的吸引力也在加强。

（4）水利旅游特征中的满意度，对水利旅游吸引力的感知有一定影响，对水利旅游花费和停留时间也有一定影响

Nicolas 认为旅游吸引力越大，表明吸引对象对旅游地的满意度越高，旅游停留时间就会越长[1]，从而旅游花费越高。这一观点得到了本问卷的支持。在表 6 - 7 中，水利旅游满意度的 Chi-square = 63.433，Sig. =0.000 <0.05。这表明水利旅游满意度对水利旅游吸引力的感知是有显著性影响的。当旅游者觉得水利旅游过程较为满意时，一部分旅游者觉得今后可以重游，此时这部分旅游者感知到水利旅游是很有吸引力的。

在表 6 - 7 中，水利旅游吸引力（因素是水利旅游花费）的 Chi-square = 11.154，Sig. = 0.025 < 0.05，水利旅游吸引力（因素是水利旅游停留时间）的 Chi-square = 15.989，Sig. = 0.003 < 0.05，这表明感知到的水利旅游吸引力不同，对水利旅游花费和水利旅游停留时间的特征有显著性差异。即当旅游者认为水利旅游比较有吸引力，仍然可以细细品鉴，其在水利旅游地的停留时间就会延长，或者通过购买纪念品等来让其更有纪念意义，购买纪念品属于旅游购物，水利旅游购物离不开水库特产——鲜活或加工水产品，购物等旅游花费的增加，也是吸引对象对水利旅游感知加深的行为表现。因此，提升吸引对象对水利旅游的感知程度有助于延长吸引对象的水利旅游停留时间、增加水利旅游花费，从而对提高水利旅游效用具有重要意义。

---

[1] Nicolas Peypoch and Bernardin Solonandrasana. On "E-Attraction" Tourism Destination-Extension and Application. *America*：*Physica-Verlag HD*. 2002：293 - 306.

(三) 假设检验结论

(1) 年龄因素、居住地因素、水利工程的了解程度和水利旅游满意度的差异，对水利旅游吸引力的感知在统计上有显著性差异。从年龄因素看 18—25 岁的青年群体和 36—45 岁的中年群体，比其他年龄群体更容易感知到水利旅游吸引力，这部分群体将成为水利旅游的重要客源。从居住地因素看，水利旅游吸引力正处于上升阶段，需要加强水利旅游形象的推广，重视短线型、中线型水利旅游客源的开发。以发展中线型水利旅游为主，随着水利旅游地知名度的提高，逐步由中线游开发到长线游。从水利工程的了解程度看，对水利工程越了解，越容易感知到水利旅游吸引力。从满意度因素看，满意度越高，越容易感知到水利旅游的吸引力。因此水利旅游供给方需要加强对目标客源群体的宣传促销，加强水利工程的配套讲解，注意水利科学知识的普及，同时注重旅游服务，以优质服务提高旅游者在水利旅游过程中的满意度。

(2) 水利旅游吸引力是影响吸引对象的旅游花费和停留时间的重要因素。

本章小结

本章以微观分析为主，以水利旅游需求方（旅游者）为视角，经过多重比较，最后选择南京和衢州作为水利旅游吸引力感知的案例地点。水利旅游吸引力的感知是吸引力对象与水利旅游互动关系的体现。为此提出了吸引对象四个方面特征对水利旅游吸引力感知是否有影响的假设，这四个方面特征是人口学特征、旅行特征、水利常识特征和水利旅游特征。通过与旅游者面对面访谈和问卷调查等方式，在 SPSS 软件的参数和非参数检验下，有六个因素拒绝了原假设，结果如下（就本次抽样而言）：(1) 人口学特征中年龄因素和居住地因素拒绝了原假设，这表明不同年龄段的人群和不同居住地的人群对水利旅游吸引力的感知是存在差异的。(2) 旅行特征中的所有因素都接受了原假设，这表明吸引对象的旅行特征对水利旅游吸引力的感知没有显著性影响。(3) 水利常识特征中水利工程了解程度因素也拒绝了原假设，这表明对水利工程了解程度的深浅不一，会造成水利旅游吸引力感知的差异，即对水利工程了解得越多，越容易感知到水利旅游吸引力，越容易萌发水利旅游需求，这部分对水利工程比较了解的人群，和青壮年年龄段的人群一样，是水利旅游供给方的重点开发对象。(4) 在水利旅游特征中，水利旅游满意度也拒绝了原假设，这表明水利旅游满意度对水利旅游吸引力的感知有显著性影响。同时水利旅游吸引力的感知不同，也对水利旅游花费和停留时间有显著性影响。(5) 在描述性分析中，还发现案例地吸引对象的一些具体特征：如本次受访人群出游率和旅游花费水平较高，年出游次数在五次以内的占72.62%、年旅游花费在1000元以上的比例占92.78%。散客占了绝对比例，自驾车和公共交通的比例占了85.55%。水产品和当地特产成为水利旅游购物的首选，各占30.80%和38.78%。旅游者认为水利旅游的吸引力是中等偏上，平均评价得分是3.69，介于较大4分和一般3分之间。

第七章 水利旅游吸引系统提升策略

前述章节从吸引力、吸引半径、吸引量及吸引对象的不同角度对水利旅游吸引系统进行了剖析和测算，在结合现实数据和数学模型的基础上得到了相关结论，如何在这些结论的基础上找出提升水利旅游吸引系统的战略和对策，以促进水利旅游的后续发展和提高水利旅游的综合效益是本章的研究目的。

关于水利旅游吸引系统的提升策略分为三个部分展开：第一部分明确水利旅游吸引系统提升的表现、意义和原则。第二部分从水利旅游吸引力、吸引半径、吸引量和吸引对象特征四个方面分别提出水利旅游吸引系统提升的局部策略，第三部分从水利旅游产业联动的角度讨论水利旅游吸引系统提升的整体策略，为水利旅游地行政管理部门、水利旅游地旅游企业（尤其是水利风景区）决策时提供参考。

第一节 水利旅游吸引系统提升的解析

水利旅游吸引系统提升是一个漫长曲折的过程，极易受到宏观环境的影响，例如2003年的"SRAS"公共安全事件，2007年的美国金融危机造成的经济短期下滑，2009年的H1N1流感病毒对全球的肆虐，对我国水利旅游乃至我国整个旅游业的发展形成一定阻碍。只有明确水利旅游吸引系统提升的意义，才能在波动性强的旅游业和大经济环境中，坚定信心地促进水利旅游的健康有序发展。只有在水利旅游开发过程中，遵守水利行业和旅游行业的基本原则，才能确保水利旅游吸引系统的正常提升，确保水利旅游的开发与我国国民经济的发展协调统一，实现有效率的可持续发展。

一 水利旅游吸引系统提升的界定

水利旅游吸引系统是一个比较抽象的系统,现象是抽象系统的表现形式,水利旅游吸引系统的提升需要一系列现象来表达。具体而言,从整体上看,提升后的水利旅游吸引系统表现为水利旅游产业的整体提升、水利旅游效益的稳定增长、水利旅游地的繁荣发展等具体的现象;从局部上看,水利旅游吸引系统的提升表现为水利旅游吸引力更强、吸引半径更大、吸引量更多、吸引对象感知更深刻,满意度更高等。为研究需要,对水利旅游吸引系统提升的概念界定如下:

水利旅游吸引系统提升是水利旅游吸引系统各组成部分都得到良性发展和提升,从而使水利旅游产业得到全面提升,水利旅游效益得到稳定增长。

二 水利旅游吸引系统提升的意义

水利旅游吸引系统提升是旅游地生命周期发展的需要。水利旅游的发展正在起步,水利旅游吸引系统赖以存在的物质载体——水利旅游地属于新兴旅游地,与传统观光型旅游地相比,现在的水利旅游地旅游形象不够鲜明,对潜在的旅游者吸引力不强,水利旅游需求一直处在不温不火的状态。新兴旅游地与传统旅游地的差异在于:传统旅游地旅游形象已经深入人心,新兴旅游地知名度较低,水利旅游要想崭露头角,作为新兴的旅游地无疑需要在水利旅游形象打造、宣传上继续努力。而对于已经进入衰退期的传统旅游地,拥有一批稳定的回头客和口碑传播优势。如何在旅游者已经厌倦传统旅游地之前,开发出新的旅游资源和线路,使得传统旅游地经过更新获得升级。在传统旅游地的水利旅游资源无疑是较好的新鲜旅游资源。

国外有一些成功的经验可以借鉴:一些大型水利枢纽已经到了正常使用年限,根据勘察结果,新的水利枢纽设施已经另外选址兴建,这些被废弃的水利枢纽设施包括大坝、水力发电设备、水库、附属办公楼等设施,就成了潜在的旅游资源。过去这些水利工程设施限于安全和管理规定是谢绝参观的,但是现在水利枢纽不再承担正常的水利事务后，人们将其开发成水利遗址公园，以百年水利文化为旅游宣传特色，又将水库分成小块，供承租者进行渔业生产或者农家乐，附属办公楼重新改建成分时度假酒店，成为当地新兴的旅游地，每年吸引大批游客观光、度假。主要旅游活动有了解百年水利文化、尝试小型水力发电模型、观看泄洪奇观纪录片、享用生态水产品、水上运动及垂钓等。由于在原有设施上进行改建，基本保留原貌，花费改建成本较少，水利旅游成本也较低，受到经营方和大众旅游者的青睐。

水利旅游吸引系统的提升也是水利经济可持续发展的需要。一直以来，水利行业作为公共物品，不具有排他性，极易出现搭便车现象，而且投资额巨大，在没有出现大规模洪涝灾害之前，大部分人不愿意参与投资，因此在新中国成立以后，水利建设基本上采用各级政府财政投资或按照工资比例收取防洪建设费等方式对水利建设注资，基层水利工程由于缺乏必要修缮经费，在洪峰过境时会出现不同程度的险情，这归根到底还是由于水利行业依赖输血性投入所致。最近30年来建设的水利枢纽工程，开始考虑水利综合功能，包括水电、渔业、灌溉、防洪、旅游等多种功能的综合。这些都成为水利经济的热点，是将输血性投入转变成自给自足的供血型投入的有益尝试。目前，虽然水利旅游在水利经济中的份额很低，所创造的经济效益和社会效益不尽如人意，造成这种现象的原因之一是水利旅游吸引力较弱，吸引到的旅游者有限，只有增强水利旅游吸引力，增加水利旅游吸引量，获得更大的综合效益才是解决问题的关键。而这说到底也是要以提升水利旅游吸引系统为根本解决办法。另外，水利旅游有其自身的优势，相对水利经济的其他投入，水利旅游资金投入少，能解决水利行业中的富余劳动力和水库移民的就业压力，不需要进行高科技高技能的培训就可以上岗。同时，水利旅游能为当地旅游业创造品牌和口碑，带动当地经济发展。

水利旅游吸引系统的提升是从众多旅游地竞争中脱颖而出的需要。随着人们生活水平的提高，旅游成为日常生活中不可或缺的娱乐休闲方式，据《中国旅游统计年鉴（2007年）》，各大城市的出游率分别是：北京210.3%、呼和浩特152.9%、苏州142.8%、杭州

205.8%，福州 152.4%、武汉 265.3%、广州 242.6%、重庆 210.4%、成都 253.9%、昆明 274.8%，这些出游率高的城市本身也是我国传统旅游地，一日游、短线自驾车游成为常态。当人们在传统旅游地旅游多次而厌倦后，周围新兴陌生的旅游地开始受到旅游者关注。传统旅游缺乏水利旅游特色，如果水利旅游地的旅行社、政府加强对旅游者的宣传促销，以客源地所没有的水利特色胜出其他旅游地，那么将能创造出新兴旅游热点城市。但前提是水利旅游地自身吸引力得到提升，才能让旅游者留得住、留得久。

水利旅游吸引系统的提升需要政府主导。回顾最近新兴旅游地的崛起过程：为了庆祝抗日战争胜利60周年和红军长征胜利60周年，中共中央办公厅、国务院办公厅联合发布了《2004—2010年全国红色旅游发展规划纲要》，直接拉动了全国红色旅游的繁荣，井冈山、百色、瑞金、西柏坡等旅游地的红色旅游异军突起，2004年井冈山旅游人次160万人次，旅游收入8.6亿，2005年增加到220万人次，旅游收入12亿[1]，同比分别增长37.5%、39.52%，这个增长速度远远超过全国旅游收入增长速度12.21%。随着我国社会主义新农村建设的深入发展，为了进一步促进城乡文化交流和统筹城乡发展，农业部和国家旅游局又将2006年定为中国乡村旅游年，乡村旅游和农业旅游得到蓬勃发展。成都、北京、上海等所辖县镇、郊区的农家乐遍地开花。以北京为例，2005年北京农业观光园达到512个，比2004年增长39.1%，农业观光旅游收入4.1亿元，增长49.3%，民俗旅游户达到8691个，接待人数为770万人次，增长28.4%，全市农民人均纯收入达到7860元，比2004年增长8.1%[2]。

由此可见，和上述红色旅游、农业旅游一样，水利旅游的发展也需要政府主导。2009年安徽旅游局和水利局联合签署了《安徽水利

---

[1] 陶明：《上半年接待游客133万人次，井冈山旅游快速发展》，http://www.jgsol.com/article/2006-5-3/830-1.htm。

[2] 匿名：《2005年本市农业观光旅游收入达到4.1亿元》，http://bjyouth.ynet.com/article.jsp?oid=7683471&pageno=1 2006-2-15。

旅游合作框架协议》。根据《安徽水利旅游合作框架协议》，省旅游局和省水利厅将建立会商机制、合作机制，并积极探索投入机制，联合挖掘水利资源中的旅游产品优势，打造一批精品水利风景旅游区，共同促进水利与旅游和谐发展。双方合作的内容包括：（1）开展调研，出台发展意见；（2）编制规划，策划旅游项目；（3）制定规范，提升管理水平；（4）合力打造，培养示范典型；（5）组织活动，加大宣传力度；（6）开展研究，强化工作指导等。

　　水利旅游吸引系统的提升能为新兴旅游地创造水利旅游品牌。就现状而言，我国水利旅游地和传统旅游地是明显错位的，也就是说我国最典型的水利旅游地并不是我国最具吸引力的旅游地。传统旅游地如北京、上海、广州、杭州、苏州、西安、桂林等。这些旅游地的国家级水利风景区数量并不多，但传统历史人文特色显著，新兴的水利旅游特色常常被忽略。而最典型的水利旅游地，如果根据水利风景区数量多寡来识别，那么依次是：内蒙古赤峰、安徽六安、山东潍坊（各6个国家级水利风景区，截至2008年底）、河南信阳、甘肃张掖（各5个国家级水利风景区，截至2008年底）、浙江绍兴、宁波、甘肃平凉（各4个国家级水利风景区，截至2008年底）。换种方式，如果根据第三章和第四章的结果来识别，那么依次是：江苏淮安和泰州（各有3个国家级水利风景区）、浙江宁波、绍兴、湖州（各超过3个国家级水利风景区）、山东潍坊、聊城、淄博和东营（各超过3个国家级水利风景区）、河南信阳、驻马店、焦作（超过3个国家级水利风景区）、湖南衡阳（各有2个国家级水利风景区）、广东茂名、清远（各有2个国家级水利风景区）等。显然无论按照哪种方式识别，我国最典型的水利旅游地都属于"二线"或"新兴"旅游地，这些新兴旅游地都缺乏如北京故宫、苏州园林这样的"世界级"旅游资源，相对于"一线"旅游地，如淮安、泰州这样典型水利旅游地的传统人文沉淀不够深厚，旅游品牌特色不显著。如果与"一线"旅游地正面竞争，都推历史文化或山水观光游，无异于以弱竞强。在旅游市场划分理论中，强调人无我有，人有我优的差异竞争策略，这一策略为新兴的旅游地的发展指明了方向，即在水利旅游方兴未艾之际，抓住自身显著水利旅游特色的机遇，积极宣传促销，尤其在夏季人们偏好亲水活动之前，借助独特水利景观、新鲜的水库水产品、优质水源等，打响"二线"、"新兴"旅游地的水利旅游品牌，将能扬长避短，在蓬勃发展的旅游业中占据一席之地。

三 水利旅游吸引系统提升的原则

水利旅游吸引系统提升的过程也是旅游地水利旅游开发的过程，涉及水利旅游资源的开发、水利旅游客源市场的开拓、水利旅游地食、住、行、游、购、娱各部门的衔接，水利旅游企业与政府的关系协调等。水利旅游吸引系统的提升要考虑到两条原则：水利原则和旅游原则，其中水利原则是水利旅游开发与其他旅游开发最重要的差别。

水利原则：分清主次。水利旅游吸引系统的提升中包括水利旅游吸引力的提升，水利旅游吸引力的提升依赖于水利旅游资源开发，而水利旅游资源依赖于水利枢纽设施，水利枢纽设施是水利风景区的主体，因此，水利风景区的质量和数量对水利旅游吸引力的提升有重要意义，水利旅游吸引力提升能促进水利旅游吸引系统提升。水利枢纽中水利行业与旅游或其他行业要分清主次：即要区分在不同时间段、不同水资源情况下，水利风景区所担负的不同功能，分清水利行业与旅游业、渔业、水电业和航运业的主次功能。一些以城市防洪排涝水利设施为主要水利旅游景观的水利风景区，例如江苏的南京外秦淮河、泰州凤凰河、宿迁中运河等国家级水利风景区，依托的都是城市河流及其水利设施，在非汛期其担负的防汛抗旱排涝职能较轻，可以在一年中绝大多数没有汛情的时候开展水利旅游，还可以与沿岸的众多人文历史景点搭配，如外秦淮河沿岸的鬼脸照镜、中华门遗址；泰州凤凰河沿岸的戏曲文化和桥梁文化；宿迁中运河沿岸的乾隆行宫、项羽故居等，不仅是市民的日常休闲场所，也吸引了大批旅游者前往。在汛期过后，为保障水利旅游质量，应加紧控制水质污染，保持水源清洁。除了这类承担较轻防洪排涝功能的水利枢纽设施类型外，还有另外一类承担较重的航运、调节水资源总量、发电等重大水利功能的水利枢纽设施，它们气势恢宏的建筑体量、丰富多变的自然景观和水利景观对旅游者极有吸引力，例如湖南衡阳的大源渡航电枢纽（我国第一个航运和水电结合、以电养航、综合效益高的项目）、广西河池的龙滩水电站（仅次于长江三峡的特大型水电工程）等。这些水利枢纽设施承担着航道、发电、防洪、调水、灌溉等繁重的水利职能，水利旅游的活动范围有限。对于这些大型水利枢纽，它们的水利主管部门认为在大部分时间和空间上，水利职能是主要的，而旅游职能是次要的，将水利旅游划分在次要地位，认为水利旅游的社会效益高于经济效益，在不妨碍水利设施正常运作的前提下，允许适时适机地开展水利旅游活动。例如在距离这些大型水利枢纽工程一定范围以外的地区划定水利旅游范围区域，根据面积大小建设观景台、游览步道、科普乐园、沙滩球场、漂流等旅游设施，以水利工程观光、品尝农家乐、参观水利博物馆为主，水利旅游活动内容比较单一。另外，基于旅游安全和水利设施运作等考虑，对于水力发电、航道通航、鱼类洄游通道、开闸泄洪等独特的水利景观，除了观赏地点的较远外，通常还有一定的时间约束性。对于本地游客还可以等待最佳观赏时机，外地旅游者大多数情况是可遇而不可及的。水利旅游开发要抓住有利时机，在能开展水利旅游的时间段和空间段，加强水利旅游信息的透明度，如提前公布开闸泄洪日期、航道行船的时间安排，策划与水利或水资源有关的旅游节庆活动等，来进一步增强水利旅游吸引力，增加水利旅游吸引量和提高水利旅游吸引对象的满意度，使水利旅游吸引系统得到提升，最终也提高水利旅游的经济效益和社会效益。

旅游原则：（1）经济效益适度原则。张凌云[①]在研究旅游吸引力时，就提出了旅游的"门槛范围"概念，认为"旅游门槛范围是指供应一定量的旅游商品所要求的最低限度人口所在的地区范围"，后来又提出了"门槛人口"的概念，"门槛人口是指某个旅游地维持保

---

① 张凌云：《市场评价：旅游资源新的价值观——兼论旅游资源的几个理论问题》，《旅游学刊》1999年第2期，第47—52页。

本状态时所需要的最低人口数量",张凌云用微积分方法给出了门槛范围和门槛人口的计算公式,并提出了重要观点"如果旅游地的实际吸引范围比门槛范围要小的话,那么旅游地是不经济的,也可以认为是缺乏吸引力的,反之,实际吸引范围越大,则经济效益越高,吸引力越强。"张凌云的观点是微观经济学中企业盈亏平衡点测算理论在旅游中的应用,表达了一个非常重要的观点,旅游业是由无数旅游企业组成的,如果旅游企业无法吸引到足够的旅游者购买其旅游产品(包括景区、酒店、交通等),就无法获得维持旅游企业自身生存和发展所需的资金,长期下去无法实现盈亏平衡的旅游企业会在竞争中被淘汰出局,这些破产的旅游企业是不经济的。水利旅游也一样,如果水利旅游地无法通过水利旅游品牌,吸引到旅游者前来观光度假旅游,那么水利旅游地会走向衰弱;如果水利风景区长期处于亏损状态,正在发展中的水利风景区就会失去发展动力。如果水利旅游景区、饭店等水利旅游需求量和供给量逐渐萎缩,以水利旅游为品牌的旅游地特色不再彰显,将会进一步减少旅游者的到来,水利旅游吸引力和吸引量的降低,会进一步加重水利风景区的亏损状态,如此形成水利旅游吸引系统的恶性循环,最终导致水利旅游发展停滞不前。因此水利旅游吸引系统必须得到稳步提升,水利旅游经济效益也要稳步提升,这就要求水利旅游地必须积极进行市场推广、旅游营销,吸引旅游者前来观光游览,在满足大众水利旅游需求的同时,也能使正在发展的新兴水利旅游地能够继续生存和发展。(2)安全优先。开展水利旅游,要确保水利工程安全、水质安全、人员安全。水利旅游的一个重要特征就是与水利工程相互依存,同时存在,没有水利工程,水利旅游便失去了基础。在洪峰过境分流泄洪时,在旱期水库缺水时,在水力发电机组发电时,都要考虑旅游者对水利工程是否有影响,水利工程正常运行是否对旅游者安全或生态安全造成影响。

  保障社会和环境效益原则。水利旅游与其他旅游形式最显著的差异是,水利旅游依赖的水利工程景观资源,其中很大一部分是国家防汛抗旱、涵养水源、蓄水排涝的公共产品投资,公共产品是基于全社会共同利益考虑的,因此水利旅游吸引系统的提升,还要考虑到不能损害水利为公众带来的社会效益。沿防洪堤展开的滨江绿地，是市民早晚、周末社会活动和日常交流的地方，水利旅游设施适当考虑对大众的公益性开放。这些地区也是水利旅游促销的好场所，例如水利旅游消费券的发放，水利风景区宣传等。水利旅游开发过程中对生态环境的要求比其他形式旅游开发更严格，水利风景区的人为污染后果是极其严重的，水利风景区大多数具有水库，水库的蓄水是当地工农业、人民生活不可或缺的资源，因此水利旅游的开展要以生态环境的免遭破坏为前提。

水利旅游发展适度原则：（1）水利风景区数量适度发展。水利旅游发展的核心是水利风景区，水利风景区由国家或省级水利部门评定，水利风景区的数量和质量必须适度。根据水利部的《水利风景区发展纲要》要求"在2010年，水利风景区达到500家左右，到2020年，水利风景区达到1000家"。但是该目标的理论依据尚未清楚，目前实践中关于水利旅游的经验积累还不够丰富，基本上是延续其他景区的管理模式，却忽视了水利风景区涉及的水安全性问题、库区移民问题、防汛抗旱问题、农田灌溉问题、水产渔业问题、水利风景区季节性修缮问题等，这些都是其他一般景区所不涉及的、但对水利风景区来说却又不可避免的常见问题。笔者曾对五类国家级景区的政策规制和年审批数量进行过实证分析，水利风景区处于相对优势地位。但是值得注意的是，我国这五类国家级景区，尤其国家4A级景区、国家森林公园，都已经存在超量发展过快膨胀的问题，这是值得水利风景区借鉴。国家级景区的粗放式管理、资源没有得到合理保护和开发，方方面面管理体制没有理顺，申报成功以后合格国家级景区的标准又是什么等问题，都没有系统研究讨论，与国外国家公园的建设相距较远。一些国家级景区已经认识到这一系列问题，其中国家建设部、国土资源部已经走在了前列：从2005年开始两年时间，国家建设部严肃整顿国家级重点风景名胜区的过量旅游开发问题，2006年包括桂林漓江、长江三峡等13家国家级重点风景名胜区受到警告处分勒令整改；2003年以来国土资源部、国家建设部就已经有意识地将申报工作由每年一次，改为二至三年一次，给景区管理部门充足的时间整顿内务，给学术领域充足的实践展开研究、给行政主管部门充足的空间理清思路，不再每年疲于申报疏于景区管理。（2）水利风景区功能适度。我国按照水库型、城市河湖型等将水利旅游资源和水利风景区进行分类，从供给的角度看是比较清晰可行的，但如果从需求的角度看则不便于水利旅游开发决策。这里按照水利风景区功能侧重点的差异，将其分为科研科考型、审美观光型和混合型。首先，对于科研科考型水利风景区，水利科研价值极高，美学观赏价值稍差，对旅游者开放受到相关限制。例如江苏省江都水利枢纽旅游区（第一批水利风景区），是长江南水北调水利枢纽工程东线工程的起点，也是我国最大的引江枢纽工程，集灌溉、排水、通航、发电于一体的综合利用工程，主要配套工程有：节制闸12座，船闸4座，涵洞3座，鱼道2条，变电所及90公里长新通扬运河等输水渠道。江都水利枢纽具有极高的科研和科考价值，但没有相应专业知识背景的普通旅游者却很难得到审美乐趣，而且参观范围和旅游活动也受到限制，对旅游者的吸引力相对较小。科研科考型水利旅游地不宜过多的开发水利旅游，担负水利职能更重要。其次，对于审美观光型水利风景区，其中的水景观观赏价值极高，而且与丰富的人文旅游资源相得益彰，对普通旅游者有强烈的吸引力，旅游人次（即水利旅游需求吸引量）逐年上升，食、住、行、游、购、娱等旅游配套设施完善，是水利旅游的主体。审美观光型景观不限于自然河湖型，水库型、湿地型等水利风景区也在其中。审美观光型水利风景区面向的是大众旅游者，可以积极开发。最后，对于混合型水利风景区，这类型的水利风景区范围最广，科考价值和景观价值都比较突出，也是水利旅游开发的重点对象。例如江苏姜堰市溱湖风景区（第五批水利风景区，湿地型），有极重要的科考价值，是水生生物群落、湿地生物群落和陆生生物群落的重点保护区，这一区域被划分为仅对科学研究开放的保护性区域。溱湖其他水域可以对大众旅游开放，例如一年一度的中国溱潼会船节等。在水利风景区内进行功能分区严格管理，这是旅游和保护结合得较好的典型案例。

四 局部提升与整体提升

由前文阐述可直观地了解到水利旅游吸引系统提升的具体表现。

从局部和整体的关系看，水利旅游吸引系统提升策略可以分为两类：局部提升策略和整体提升策略。局部提升策略是指水利旅游吸引力提升策略、水利旅游吸引半径提升策略、水利旅游吸引量提升策略、水利旅游吸引对象感知提升策略等。整体提升策略是指水利旅游吸引系统如何整体提升的策略。整体提升包括水利旅游吸引力等几个组成部分的全面提升，也包括水利旅游效益的稳定增长，水利旅游地的繁荣发展等具体表现形式。水利旅游吸引系统属于水利旅游产业的组成部分，水利旅游系统内协调发展，能带动水利旅游吸引系统的提升，从而带动整个水利旅游产业的提升，水利旅游产业的发展态势如何，在一定程度上可以作为抽象的水利旅游吸引系统的指针，同时水利旅游吸引系统提升最终目的也是为了水利旅游产业的良性发展。因此，下文关于水利旅游吸引系统整体提升策略将结合水利旅游产业提升展开论述。

第二节 水利旅游吸引系统局部提升策略

水利旅游吸引系统局部提升策略包括水利旅游吸引力、吸引半径、吸引量及吸引对象感知的提升策略。

一 水利旅游吸引力提升策略

（1）在条件成熟的地区，注重将水利资源转化成水利旅游资源，提升水利旅游吸引物的质量和数量。

水利旅游吸引力一般以水利旅游地整体魅力来体现。水利旅游地整体魅力的增长是当地水利旅游发展的表现，是水利旅游吸引力提升的具体反映。在第三章的研究中，我们发现水利旅游地基础（吸引场）发展较好，可是水利风景区等水利旅游资源（吸引物）的开发稍显滞后，也就是说水利旅游地的旅游基础设施随着经济的快速发展而明显改善,可是水利旅游资源的开发,尤其是国家级水利风景区的数量和质量的增长仍有待改善和加强。以浙江、山东和江苏三省为例:截至2008年,浙江大型水库23座,中型水库117座,小型水库3646座,总库容$350×10^8$立方米,灌溉农田$133.3×10^4$余平方千米,每年向城镇居民及工业供水约$80×10^8$立方米,年发电量为$55×10^8$千瓦时,在防洪、灌溉、供水、发电、养殖、旅游等方面都发挥了显著效益,为促进浙江省经济发展和保证城乡居民的生命财产安全发挥了重要作用[1]。山东大型水库32座、中型水库134座和小型水库5000多座,并有众多的拦河坝闸,许多大中型水利工程依山傍水,风景优美[2]。江苏省流域性堤防6600余千米,大中型水库47个,小型水库861个,大中型涵闸300多座,大中型泵站159座,拥有机电排灌动力460万千瓦,基本建成了防洪、除涝、灌溉、治渍和调水五套水利工程体系[3]。浙江、山东和江苏的水利基础发展较好。截至2010年底,浙江、山东、江苏三省国家级水利风景区的数量分别是22,50,23个。浙江大中型水库是140个,山东大中型水库是146个,江苏大中型水库是47个,大中型水库是水利旅游资源最集中的地区,浙江、山东和江苏的国家级水利风景区占各省大中型水库总数的比例分别是11%、19%、36%。由此比例看,相对于江苏比例36%,浙江比例11%和山东比例19%较低,这表明浙江和山东水利旅游资源还有很大的开发潜力,浙江和山东可根据自身的水利旅游资源开发状况、在大中型水库中积极开发水利旅游资源,形成水利旅游吸引物的聚集效应,提升当地水利旅游品牌,增强水利旅游吸引力,吸纳当地劳动力的旅游就业,促进地方经济的增长。

(2)发挥水利旅游品牌叠加效应,提升水利旅游吸引力

水利旅游吸引力要想增强,在各旅游地竞争中脱颖而出,在提高

---

[1] 应丽云、黄显勇、毛明海:《论浙江省水利旅游区的布局形式》,《浙江大学学报》(理学版)2002年第4期。

[2] 崔千祥、崔丽中、王福忠等:《发展山东省水利旅游的探索》,《山东农业大学学报》(自然科学版)2005年第4期。

[3] 江苏省水利风景区发展规划纲要(苏水管[2007]95号)。

水利旅游吸引物方面，还需要参考以下策略：

首先，积极申报国家级品牌。水利风景区申报成国家级水利风景区、国家A级景区、世界遗产、国家森林公园、国家自然保护区等国家级品牌，有助于提升水利旅游吸引物的知名度和竞争力，加强水利旅游对旅游者的吸引力。同时申报国家级景区品牌的过程也是加强水利风景区内部管理，加强产业链纵向横向沟通的必要途径。同时，对水库水质的等级的申报，如国家地表水环境质量等级标准等；对水利风景区内的水产品进行品牌申报，如江苏洪泽湖龙虾、阳澄湖大闸蟹、天目湖鱼头等都可以申报国家绿色食品标志，打响水产品的国家级品牌。

其次，注意集中度和依托度的结合。为了增强水利旅游吸引力，在开发水利风景区时，尽量在优秀旅游城市或历史文化名城选址，依托原有的旅游基础，如客源基础、景观搭配基础和酒店餐饮基础等，可以节省水利旅游开发的成本。如果当地水利风景区质量较高，又致力于发展水利旅游的情况下，水利旅游地应积极申报城镇旅游品牌，例如潍坊、赤峰和六安是我国国家水利风景区最集中的三个旅游地，潍坊和赤峰已经是优秀旅游城市，而六安仅有所辖的寿县是历史文化名镇，2008年才开始申报优秀旅游城市。六安是2000年才开始转变成省直属市，城市建设起步相对较晚，但作为新兴城市形象、旅游品牌尚未明晰时，创建水利旅游城市的形象相对比较容易，六安正是看到这样的机遇，积极打造安徽水利旅游品牌——六安水利旅游线路。类似地，在表5-2中为了提升水利旅游吸引力，需要积极打造水利旅游吸引物依托度的还有东营、枣庄、驻马店和宣城，这些水利旅游地目前也正在积极申报优秀旅游城市等城市品牌，以提升地方形象和素质，为提升旅游地水利旅游吸引力服务。

（3）策划水利旅游活动，增强水利旅游地吸引力

为了增强水利旅游吸引力，积极打造水利体验类旅游产品和水利旅游节庆。我国水库大坝、水力发电等水利资源丰富，总量在全世界排名第三。这庞大的水利资源已经成为一种旅游吸引力，使国际国内游客趋之若鹜想来看看，旅游目的之一就是想知道水利设施如何运作

的，水力如何发电的，但现实中各类水利风景区中对应的体验类旅游产品却非常少，往往只开发了水上自行车、钓鱼、游船画舫等缺乏水利文化的娱乐方式。而"当一天水利工人"、"当一天水库移民"等体验类的旅游产品更加有新意。这些水利体验类活动能帮助旅游者了解水利工人如何当纤夫拉石砌坝，了解如何当一名水文工作人员利用水速仪测量水文信息，模拟预报雨量和收集水蒸发技术等，了解政府对水库移民的安居工程，既满足了城镇旅游者的好奇，又满足了水利工程单位渴望被大众理解的需要，而不是开发千篇一律的农家乐与大坝观光、水库戏水的简单模式，极大增强水利旅游对旅游者的吸引力。

二 水利旅游吸引半径提升策略

由第三章和第四章的研究表明，我国水利旅游存在地区发展不平衡，按照各地区实际情况，合理构建不同层次的水利旅游品牌，是水利旅游展开差异竞争的需要，也是各地水利旅游吸引力提升的重要策略。按照第三章水利旅游吸引力强弱评价和第四章水利旅游吸引半径测算，结果表明我国不同的水利旅游地对应了不同的目标客源市场，一共分为三级：按照这个目标客源市场识别思路，能保证旅游者获得不低于平均值的水利旅游效用，在一定程度上能减少盲目对外进行水利旅游促销造成的人财物资源浪费。水利旅游吸引半径具体可以参考表4-2，当然也要结合当地水利旅游发展实际情况进行修正。

水利旅游吸引半径提升策略主要集中在明确划分三级水利旅游地，依据是第四章所阐述的水利旅游吸引半径结论。按照这三级水利旅游地划分各地区的客源范围，有利于找准目标客源市场，划分有效市场份额，对水利旅游吸引半径内的客源进行重点促销，在保有各自有效市场份额的基础上，对水利旅游吸引半径进行一定扩展也是有效的。

（一）一级水利旅游地

一级水利旅游地包括：北京、河北、江苏、浙江、安徽、江西、山东、河南、湖北、湖南和广东共 11 个，可以开发跨省长线型水利旅游。

（1）尤其以江苏、河南、山东、湖北、广东、浙江为代表的水利旅游地，水利旅游吸引力最强，在第三章的水利旅游测算结果（表3－15）中排在前 6 位，得分 30 以上；而且在第四章的水利旅游吸引半径的测算（表 4－2）中，这六个省一级的水利旅游地吸引半径均大于 1000 公里，表现出较强的跨省吸引旅游者的能力。这六个省均有其显著的水利文化特色：江苏的南水北调东线源头、洪泽湖和太湖水利枢纽等水利文化品牌、广东的珠江水利文化品牌、河南黄河水利文化品牌、山东胶东调水工程、南四湖和东平湖等水利文化品牌、湖北三峡水利文化品牌、浙江以京杭大运河为代表的古代水利文化品牌和以新安江水库（千岛湖）为代表的现代水利文化特色。这些水利旅游地有较大的水资源地域优势，大力宣传这六省所属的大江大河水利旅游品牌，具有其他地区不可比拟的地域优势。这六省人文历史积淀厚重，交通便利、人们生活水平较高，旅游基础较好，重点水利风景区如长江三峡大坝风景区、黄河小浪底风景区、江都水利枢纽等可进入性强，其所在地理区位离主要旅游客源市场都比较近。如果充分利用这些优势采取积极措施，就能促进水利旅游蓬勃发展。除了广东外，江苏、河南、山东、浙江、湖北的省界彼此相邻，其他五省地缘关系密切，按省会城市计算这五省的距离，最近的是南京距汉口 397公里，最远的是汉口距济南 1184 公里①，这表明这五省彼此相距在1000 公里以内，说明都在彼此的水利旅游吸引半径以内。这五省的水利旅游既需要相互竞争，又需要彼此合作输送旅游客源。因此这五省水利旅游企业，尤其是旅行社，需要注重互惠互利，避免水利旅游价格的恶性竞争。这些地区的旅游与水利主管部门要在彼此信任的基础上，实现信息互通、相互协调、利益共享，并及时总结水利旅游发展的成功经验，为我国其他地区水利旅游发展提供参考和模板。

（2）湖南、北京、江西、安徽、河北的水利旅游吸引力仍然能从

---

① 南京火车站网站 http://www.njstation.com/的铁路里程查询。

省外吸引到旅游者。在第四章测算的水利旅游吸引半径 $d_{ij,08}$（表 4 - 2）中，吸引半径 $d_{ij,08}$ 都大于 0，吸引半径 $d_{ij,08}$ 最大的是湖南 1179.99 公里，最小的河北 244.29 公里。湖南小水电比较发达，山区型、平原型水电站、水库众多。湖南水利旅游吸引力较强，例如湖南的江垭水库、水府庙水库不仅自然环境优美，还拥有温泉、南宋古窑遗址、宗教佛地天籁庵等人文资源，距离南岳衡山、张家界核心景区武陵源很近[1]。北京水利旅游的省外吸引半径 $d_{ij,08}$ 是 619.47 公里、安徽水利旅游的省外吸引范围 $d_{ij,08}$ 是 561.75 公里、四川水利旅游的省外吸引半径是 457.30 公里，扣除部分计算误差，可以认为北京、安徽和四川三省水利旅游吸引力的吸引半径在 500 公里左右。也就是说，根据北京、安徽和四川的水利旅游吸引力的状况和所需的旅游成本，按照全国平均水平，北京、安徽和四川的水利旅游在省外方圆 500 公里范围以内的潜在旅游者具有吸引力，省外方圆 500 公里范围以内的省市地区是重要的目标客源市场，是水利旅游促销宣传、洽谈旅行社推介水利旅游的主要范围。江西水利旅游的省外吸引范围是 331.17 公里，河北水利旅游的省外吸引范围是 244.29 公里，江西和河北水利旅游的省外吸引范围约是 300 公里左右，在距离江西和河北方圆 300 公里以内的省市地区，都属于江西、河北水利旅游促销的目标客源市场，如果超出 300 公里范围，有可能获得低于平均水平的水利旅游宣传效果，导致所获得的效益不高。

这表明一级水利旅游地的水利旅游吸引力较大，除了对本省内潜在旅游者具有吸引力外，对省外 1000 公里、500 公里、300 公里范围的省市地区有不同程度的吸引力，根据水利旅游地的接待规模、资金积累、人员结构，在保证省内旅游客源市场的同时，打响水利旅游品牌，积极地开拓省外旅游客源市场，获得更大的水利旅游效益。

（二）二级水利旅游地

二级水利旅游地包括：天津、山西、内蒙古、辽宁、广西、重庆、四川、贵州、新疆共 9 个，宜开发省内短线型水利旅游，以本省

---

[1] 杨淑琼：《湖南水利旅游发展前景及思考》，《湖南水利水电》2005 年第 1 期。

旅游者为重点吸引对象，注重水利一日游宣传。

二级水利旅游地的吸引半径 $d_{ij,04}$ 或 $d_{ij,08}$ 中有一个是负值，以本省边界为 0，负值是指在本省边界之内，正数是在本省边界之外。这是指根据天津、山西等二级水利旅游地的吸引力的状况和所需的旅游成本，按照全国平均水平，在 2004 年或 2008 年中，有一年天津、山西等地的水利旅游，对省外旅游者不具有吸引力。这说明水利旅游吸引力还不稳定，因此保守地估计，二级水利旅游地仍应以省内短线型水利旅游客源市场为主，在巩固近距离旅游客源市场后，随着水利旅游吸引力增加再向外扩展吸引半径和增加吸引量。

（三）三级水利旅游地

三级水利旅游地包括：吉林、上海、福建、海南、云南、陕西、甘肃、青海、宁夏、黑龙江共 10 个。

这些地区的水利旅游吸引力相对较弱，水利旅游吸引对象以本市市民为主，开发重点倾向于游憩型水利旅游。水利旅游吸引力较小，吸引半径也较小，吸引到的旅游者以本市一日游的游客居多，以周末休闲或日常休闲为主。由于三级水利旅游地吸引力与一级和二级水利旅游地相比太小，再加上距离长三角、珠三角、京津唐等经济发达地区较远，即距离主要旅游客源市场较远，能吸引到的外省水利旅游者较少，因此不如节约水利旅游的省外推介宣传费用，转向重点开拓本地水利旅游客源市场，以推广春夏季的亲水型、水产型的一日游水利旅游为主题，只要水利旅游吸引的旅游人次不断增加，水利旅游需求吸引量增大，仍然能获得较大的水利旅游经济效益。当然，为了避免与一级和二级水利旅游地的差距继续扩大，三级水利旅游地仍然需要加快水利旅游资源开发的步伐，抓紧时间积极申报国家级水利风景区品牌，依靠品牌水利风景区数量和质量的增加，赶上二级甚至一级水利旅游地。

三 水利旅游吸引量提升策略

吸引对象的总和即吸引量，水利旅游吸引量的提升是水利旅游供给方生存发展的关键。我国水利旅游吸引力总体仍然比较薄弱，水利旅游吸引量的提升，才能增加水利旅游经济效益，同时为库区居民提供固定或流动就业岗位，理顺水利经济体制。根据客源市场的特征，本书提出一些措施以供决策方参考。

分清水利旅游长线型、短线型和游憩型的需求特征，采取不同的营销策略。

如果旅游者选择长线型水利旅游，那么被选择的水利旅游地必须是水利旅游资源独一无二，具有非常高的审美价值，如宜昌的三峡大坝水利景观等。这类旅游者出行时间长，需要住宿、餐饮、导游、交通等完备的旅游行程安排。对于这类旅游者，水利旅游供给方需要充分考虑水利旅游行程的设计衔接，食、住、行、游、购、娱各方面的协调处理，更注重服务的细节，如注意客源地和水利旅游地是否有直达铁路和航空线路，水利旅游团的住宿或餐饮的经济要求，如开发的水库特产和水产品以保鲜时间长为主等。

如果旅游者选择省内短线型水利旅游，由于对省内情况比较熟悉，那么大多数旅游者以自驾车组团游或散客形式出游。此时，水利旅游供给方如果希望开发短线型水利旅游市场，不能像开发水利旅游长线型那样依赖客源地旅行社的推介，否则会引起旅游者对中介机构的不信任，采取大众传播媒体或水利风景区主动宣传的策略更有效。水利旅游供给方在酒店等住宿单位，向短线型旅游者提供水利旅游的自助手册等；或在重要交通枢纽如火车站、汽车站或高速公路路口等，出示水利风景区的明显标识。这一系列的细节措施都是为了向短线型旅游者提供方便，提高水利旅游的满意度和感知情况。

如果旅游者选择市内游憩型水利旅游，对本市的情况非常熟悉，以降价促销的方式更能让市民感知到水利旅游吸引力。尤其是推出水利风景区依托的水库鲜活水产品或鱼虾蟹蚌的特色菜肴，以降价或数量促销的方式，比较能吸引旅游者。由于距离近，也会提高水利风景区的重游率。

四 水利旅游吸引对象感知提升策略

根据第六章对南京水利旅游吸引力的感知研究，得到一些易于感知水利旅游吸引力的吸引对象特征，具有这些特征的人群是水利旅游潜在的吸引对象。如果要提升水利旅游吸引量，有针对性地开发这部分特征人群不失为一个有效的对策。

首先，水利旅游注重开发在吸引半径内的学生群体和中壮年群体。18—25 岁和 35—45 岁的人群是主要吸引对象，占到受访对象的 63%。高校学生在校期间周末假日有春游或秋游的习惯，寒暑假也是出游高峰期，而且高校学生精力旺盛家庭负担较轻，针对这一实际情况，如果以高校云集的地区，例如江苏、湖北、北京、陕西、湖南等地区作为水利旅游的目标客源地，那么水利旅游地应及时添加符高校学生特点的水利旅游产品。例如高校学生理解能力和知识吸收能力较强，但出游费用有限，根据这一客源市场特征，适时增加水利旅游中的游乐性、科普性、亲水性作为宣传亮点，提供水利枢纽设施的纪念册，在食宿方面则尽量偏向中等经济型。35—45 岁的人群是人生的事业和生活质量的高峰期，如果水利旅游地本身就是经济、贸易交流的中心或者距离经济贸易中心不远，例如沿海地区进出口贸易频繁的广东、山东、浙江等地区的水利旅游地，就应该把水利旅游与会展商务结合起来，积极抓住会展商务的契机，推出融会展商务、水利旅游、住宿接待为一体的会展水利旅游模式。针对会展商务客源群体的要求形象好、消费能力较高的特征，水利旅游地应致力于打造高品位、中高档餐饮、特色住宿的形象，可以在水利风景区附近的酒店形成会展场所、媒体传播平台、商业会务场所、影视摄影场地等多种盈利模式。如浙江杭州萧山区的中国水利博物馆，附设宝盛大酒店、度假别墅等，经常举办高端、时尚的商业会展节庆，水利旅游与商贸会展完美结合。

其次，结合吸引力距离衰减规律，距离水利旅游地越近的客源地，吸引量越大，水利旅游客源开发以近距离客源为主。同时，根据第五章水利旅游吸引量的测算结果，如果要提升水利旅游吸引量，水利旅游供给方选择在吸引半径内出游量高、人均可支配收入高的客源地进行重点促销，会收到事半功倍的效果。

再次，对水利工程熟悉的人群，更易感知到水利旅游吸引力，经常在开放型的水利工程处或城市防洪堤坝处游憩的人群，应该对这部分群体进行水利旅游宣传促销。

提高水利旅游过程中的满意度，是加深吸引对象对水利旅游感知程度、延长吸引对象的停留时间、增加水利旅游花费、提高水利旅游重游率的关键因素。这一系列过程是环环相扣紧密联系的，重游率的提高是水利旅游需求吸引量提升的途径之一，水利旅游需求吸引量的提升有助于提升水利旅游吸引系统，要使水利旅游吸引系统协调发展还需要水利旅游产业链的联动。

第三节　水利旅游吸引系统整体提升策略

水利旅游吸引系统的抽象性决定了其必须有一定的客观载体，客观载体可以反映水利旅游吸引系统变化的结果，水利旅游吸引系统的提升最终目的是为了使水利旅游产业得到发展和提升，因此水利旅游吸引系统的整体提升策略围绕如何提升水利旅游产业展开。

一　整体提升表现为水利旅游产业提升

水利旅游吸引系统内吸引力、吸引半径、吸引量等组成部分均有一定程度的发展，而且相互之间协调统一，那么水利旅游吸引系统整体得到提升，由此水利旅游综合效益增加，水利旅游产业得到有效发展。水利旅游产业中的涉及食、住、行、游、购、娱各方面服务的供给方共同发展，是一个令多方满意的结果。

水利旅游吸引系统的提升也可以看做水利旅游产业的提升，水利旅游产业是一个产业链，产业链内合理联动才是水利旅游产业得以提升的保障。水利旅游吸引系统的主线是水利旅游吸引力，而水利旅游吸引力形成的前提是存在水利旅游资源，水利风景区是水利旅游资源的主要载体，水利风景区又是水利旅游产业中食、住、行、游、购、娱中"游览"的对象。为了简述提升水利旅游产业的策略，这里以水利风景区为水利旅游产业的核心，通过水利风景区水利旅游产业链中的横向和纵向的联动策略，来说明水利旅游产业的提升策略。

二 水利旅游产业链横向联动策略

水利旅游产业链横向联动是指水利风景区与其他景区之间的沟通互动关系。

以水利风景区为水利旅游产业链的核心,如果没有水利风景区,那就成为一般旅游产业链了。水利旅游产业链横向联动是指景区之间的横向互动,主要是水利风景区和其他景区之间沟通信息互推客源的联动,例如各景区联合套票、旅游地的通用公园年卡等。增强年卡套票的功能,促进水利旅游地中水利风景区与自然或人文景区的联动互惠。水利风景区积极加入当地公园年卡套票范围。涉及水生态环境保护和居民用水安全,水利风景区的旅游活动不宜过多,倾向于少污染的生态旅游,加上每年均有不同程度的防洪排涝、加固排险等水利活动,水利风景区的适游期比一般的旅游景点相对短一些,集中在春夏秋三季,周末或者黄金周期间,季节性比较强。水利风景区和酒店等旅游企业都属于固定成本较大变动成本变化快的企业,必须依靠规模经济来抵偿旅游企业的沉没成本。

为了了解水利旅游供给部门对水利旅游产业链内部横向联动的意向,设计了问卷,在2008年11月对南京国家级水利风景区的旅游部门工作人员进行了访谈,发放了60份问卷,有效问卷52份,结果如下:

关于加入联合套票、公园年卡的意向,支持和反对的各占38.5%,中立的占23%。在做问卷调查前,这两个国家级水利风景区都没有加入任何的联合套票或公园年卡,当时关于是否要加入联合套票和公园年卡也是水利风景区内工作人员争论的焦点,问卷结果和实际情况一致。支持加入的观点是水利风景区是新兴景区,知名度较低,吸引水利旅游者较少,通过加入公园年卡能避免水利风景区景观、劳动力等资源闲置造成的浪费。反对加入联合套票和公园年卡的观点是,虽然吸引到的旅游者增加了,但门票等旅游收入增加得较少,所获得的效益不一定能支付因接待旅游者而付出的各项成本。最终结果是金牛湖国家级水利风景区选择加入2009年当地公园年卡,而截至2014年7月外秦淮河国家级水利风景区未加入南京市公园年卡。

水利旅游产业链横向联动过程中,水利风景区与其他旅游景区进行合作,考虑得最多的因素是什么,按照选项比例进行排序分别是"合作的旅游景区旅游资源品牌和服务质量"占33%、"吸引的游客数量多寡"占21%、"合作的旅游景区特色与水利风景区是否互补或雷同"占21%,"利润分成"占17%,"彼此距离远近"占3%。由此可以看出利润情况仅排在倒数第二位,水利旅游产业链横向联动过程中主要还是考虑合作景区的品牌以及是否能吸引到更多的旅游者作为首要考虑的两个因素。

水利风景区依托的是各种水利工程设施,这些水利工程设施归属于各级水利或水务行政管理单位,水利风景区从事水利旅游活动,拓展水利旅游客源市场,是否会受到这些水利或水务管理单位的行政干预呢?为此我们设计了一个问题:如果(水利风景区与其他旅游景区)合作,互推客源,您最愿意采取哪种方式?结果是选择"由政府牵线搭桥,例如水利主管部门、旅游局、园林局"等方式的占19%,选择"由旅行社组织设计旅游线路"占43%,选择"由本景区与有意向景区直接联系"的占33%,选择"都不愿意"的占5%。显然,对于水利风景区而言,更倾向于通过市场手段而不是政府手段处理水利旅游的事务。

从水利风景区管理者的角度来看,水利旅游发展最大障碍是水资源保护和旅游开发的矛盾(持此观点的占50%),这是因为所调查的水利风景区正在进行水库大坝加固维修,水利风景区的旅游接待锐减,尤其是在冬季,水库周围气温低风力大,水利旅游吸引的游客数目锐减,而其他旅游景区并不涉及景区内大规模的每年例行检修和加固,其他景区内大部分是不会产生风浪的小型人工湖,因此只要对水资源进行简单清理维护就可以,一般不会影响旅游者在冬季游览。水利旅游发展的其他障碍如水利旅游开发经验不足(持此观点的占17%)、经营权限过小(持此观点的占11%)、水利景观雷同(持此观点的占0%),其他(持此观点的占22%)等,一些文献指出水利旅游的障碍在于水利景观雷同,本次调查结果不支持。

三 水利旅游产业链纵向联动策略

这里的水利旅游产业链横向联动是指水利旅游食住行供给单位之间的协调联动。例如水利风景区管理机构对公园年卡或景区套票的持有者,在本系统内的酒店、饭店消费给予折扣优惠[①],互推客源,延长游客停留时间增加消费。

水利风景区与酒店的联动。由于水利旅游地更强调水生态环境和水安全,对水利旅游项目审批严格(《水利旅游项目管理办法》水综合[2006] 12 号),水利行政部门属于国家事业单位,新中国成立初期强调大单位小社会的模式,即大单位内部都建设医院、幼儿园、超市、招待所、食堂等附属机构,在方便内部职工生活安心工作的同时,也形成了单位内部的小社会,基本在单位内部也能满足各种社会服务的需要。在 20 世纪 90 年代中后期,行政机构和国有企业单位的精简运动,这些附属招待所、食堂被推向了社会或者自负盈亏或者采取承包租让的形式。水利系统也不例外,一些经营管理好的原招待所、食堂发展到现在已经是中高档酒店,从附近的大中型水库就近取材,发展水产海鲜特色餐饮、会展旅游服务。水利风景区内旅游活动受到一定限制,许多主管部门想出了依靠周围酒店(如过去的附属招待所、职工食堂)来对水利风景区中的水产品进行不同程度的加工,制作水利旅游餐饮和水利旅游商品,同时也解决部分住宿问题。典型代表如江苏泰州引江河国家级水利风景区附近的沃特龙大酒店,南京金牛湖国家级水利风景区附近的金牛湖宾馆。沃特龙大酒店在2004—2008 年之间,共接待了 300 多场会议旅游业务,主打水和水利文化品牌,不仅在菜肴上以引江河水产为主,还在酒店房间的命名上结合水特色,如观澜厅、沧海厅、滟波厅等等。水利风景区与附近旅游酒店、旅游交通、旅游商品等旅游业食、住、行、游、购、娱的相互配合,弥补了水利风景区中旅游活动有限的缺陷,提高旅游者满

---

① 游云飞:《国家森林公园年卡市场开发与营销策略——以福州国家森林公园为案例》,《林业经济》2007 年第 5 期。

意度,从而增强水利旅游地的吸引力,提高游客回头率。

水利旅游网站整合水利旅游供给企业,树立水利旅游品牌。建立水利风景区或水利旅游线路网站,便于旅游者向水利风景区或酒店等进行投诉、交流感言等,扩大水利旅游影响力。由于网站建设成本相对低廉,近几年各地水利旅游网站数量直线上升。如山东和河南整合各地水利风景区资源建设水利旅游网站,先后建立了河南水利旅游网、浙江水利旅游网、山东省水利风景区网等[1]。又如江苏水利旅游网站建设,江苏17个国家级水利风景区中,溧阳天目湖、江都水利枢纽、徐州云龙湖、淮安三河闸、泰州引江河、姜堰溱湖、南京金牛湖7个单位各自独立建设了水利风景区网站,占江苏国家级水利风景区总数的41%。

水利风景区与交通的联动。一些水利风景区为了提高本景区对目标客源市场的吸引力,提升水利旅游品牌形象,专门为自驾车游客设计旅游线路、停车地点、水利风景区最佳适游期、水产品特色美食餐馆、水利风景区附近的中高低档住宿设施等便利标识;同时也为一日游散客提供便利的旅游专线巴士,引导水利旅游中高端消费。例如本次案例地的金牛湖国家级水利风景区地处南京六合区,在长江北岸距离南京市区约50公里。2005年以来该水利风景区在晚报、电台、电视等大众媒体进行广泛宣传,同时在由市区通往景区的沿线,如长江大桥、浦口区十字路口、六合区三级公路出入口等地,都设置了显著的水利风景区广告牌,也印制了供自驾车游使用的手册。在2007年开通了六合区景点到金牛湖国家级水利风景区的旅游专线。这一系列措施使水利旅游需求吸引量显著提升,2008年南京六合区实现旅游收入16.8亿元,游览点接待人次142万人[2]。2014年8月1日南京江北地铁通车,直达金牛湖景区,加上是景区免费日,游人如织。

---

[1] 河南水利旅游网,http://www.hnslly.com;浙江水利旅游网,http://www.zjwater.com/jintaimulu/slly/slly.htm;山东省水利风景区网,http://60.208.113.73:8080。

[2] 六合区.文化旅游局:《六合区:2009年六合区旅游工作会议隆重召开》,http://www.nanjing.gov.cn/zwgk/qxdj/200904/t20090403_266549.htm.2009-04-01。

水利旅游地应建立合理的水利旅游收入结构。在保持水资源安全的前提下，加强地方特色，积极开拓除水利风景区外的其他水利文化衍生功能。例如江苏淮安是总理周恩来的故乡、苏杭大运河是漕运文化兴盛地，结合旅游特色优势开发旅游纪念品市场。黄河小浪底水利风景区2006年旅游总收入是6472.45万元，其中门票收入是1294.49万元，占20%[1]。门票消费多了，旅游者必然减少购物或旅游交通等其他消费，只有延长旅游者停留时间，才能增加旅游消费，使旅游者对水利风景区印象更深刻，才有助于提高重游率。在国外旅游发达地区，门票收入最多占其总收入的15%左右，大部分是旅游商品收入和旅游服务性收入。我国水利风景区也应该摒弃仅仅依赖门票收入的做法，调整水利旅游收入结构，利用水库中的水产品制作水利旅游餐饮，推出招牌菜肴吸引游客。或者将水库中的水产品、贝壳等制作成干制产品或装饰品，即使在水利旅游淡季新鲜水产品缺乏的条件下，也能保证水库旅游商品、水库旅游纪念品的供应。如果是依托大坝、水电站等水利旅游资源的水利旅游地或水利风景区，以门票为凭据，为旅游者提供即拍即得的大坝或水电站的全景照片，并进行具有水利设施或特色的包装，也能提高水利旅游者的满意度。

水利旅游收入来源无法多元化的原因：一方面是涉及水资源保护，水利风景区内开展旅游活动受到各方面限制和审批，导致景区管理办公室不敢越雷池一步。水利风景区管理办公室可以开展生态旅游活动，例如景区最佳观景点摄影、制作VCD光盘、水利知识有奖问答等。另一方面，部分水利风景区作为国家资源，已将门票收入纳入地方或行政部门财政，不顾旅游淡旺季之分，不愿降价。其实无论是水利风景区还是其他类型的旅游企业，旅游产品都有明显的季节性特征。如何在水利风景区生态、社会和经济承载力范围内，运用市场规律的价格调控，提升水利旅游需求吸引量，最大限度地减少水利旅游资源的闲置浪费，满足旅游者和市民对公共旅游资源的审美需求，达

---

[1] 王会战：《小浪底水利风景区旅游可持续发展研究》，青岛大学管理学院硕士论文，2007年，第14页。

到双赢至关重要。一边是水利风景区苦于养在深闺人未识，又设置门票高门槛；另一边是市民和旅游者的水利旅游需求得不到满足。双方矛盾激化的结果就是资源没有得到有效配置，水利旅游对供给方和需求方的吸引力明显下降，导致水利旅游萎缩。

本章小结

本章是根据第三、四、五、六章对水利旅游吸引系统测算的研究结论，提出相应的对策，以期为实践中的水利旅游供给方开发水利旅游提供部分参考，同时也为理论研究中的水利旅游吸引系统提出策略。本章围绕提升水利旅游吸引力、吸引半径、吸引量等提出相应策略：首先，根据水利旅游吸引力评价和吸引半径测算结果，不同水利旅游地找准各自目标客源市场，形成三级水利旅游品牌层次。一级水利旅游地可以开发省外长线型水利旅游客源市场，二级水利旅游地以开发省内短线型客源市场为主，三级水利旅游地开发本市游憩型普通民众市场即可。其次，根据吸引对象的特征，完善水利旅游服务，提升水利旅游吸引力。如重点开发青壮年客源市场和对水利工程熟悉的群体，对长线型旅游者注重旅行社的作用，短线型旅游者注重旅游交通和水利风景区形象宣传等。再次，从水利旅游产业联动的角度提出了水利旅游吸引系统的整体提升策略。水利旅游供给方以水利风景区为核心，水利风景区需要注重与其他类型景区、酒店、水产品加工企业、旅游交通企业等进行有效沟通、互动协调，即注重水利旅游产业链横向和纵向联动的协调性。

第八章　总结与展望

水利旅游吸引系统是一个富有挑战而又极有意义的研究题目，水利旅游作为新兴旅游形式，有着无限的发展潜力。但是限于水工程的正常运行、水安全的保护等约束，水利旅游发展的空间又相对有限。同时，限于区位优势，不同地区的水利旅游吸引客源的能力也有不同。因此水利旅游需要理性地引导、规划，选择出最具有发展潜力的水利旅游地，进行水利旅游开发。无吸引就无旅游[①]，水利旅游吸引力是水利旅游的基础研究。因此本书以水利旅游地作为水利旅游发生、发展的载体，对水利旅游系统中的吸引力、吸引半径、吸引量及吸引对象进行重点分析，以期为我国各地水利旅游开发提供一定参考。

第一节　主要结论

（1）界定水利旅游吸引系统相关概念（第二章）。水利旅游吸引系统是由水利旅游吸引力、吸引半径、吸引量和吸引对象组成的系统。水利旅游吸引力是包含了推拉两个方面的作用力。推力是指旅游者对水利旅游体验的心理动机，包括观赏水利工程景观、了解水利文化等的审美动机，这种审美动机推动旅游者向水利旅游地靠近；拉力是水利旅游地表现出来的水利旅游魅力，这种魅力向水利旅游地之外扩散，拉动旅游者来实现水利旅游活动。水利旅游吸引力是抽象的，需要行为化后才能显现出来，例如吸引半径、吸引量或吸引对象的感知。水利旅游吸引半径是以水利旅游地为中心，能够吸引到旅游者前

---

① 王海鸿：《旅游吸引力分析及理论模型》，《科学·经济·社会》2003年第4期。

来进行水利旅游活动的平均距离。水利旅游吸引量是水利旅游吸引力的衡量，受水利旅游的效用吸引，参与水利旅游供给或需求活动的个体集合。水利旅游吸引物的核心是水利旅游能给吸引对象带来的效用。

（2）水利旅游吸引力的产生需要旅游条件和水利条件的支撑（第三章）。随着我国经济快速发展，人们旅游需求日趋旺盛，大坝风光、湖库景致等水及水利景观，与国家森林公园的森林景观、国家自然保护区的生物景观，有显著的差异。这种差异是水利旅游吸引力产生关键所在。随着水利旅游需求逐渐旺盛，吸引了周边地区的旅游者、资金流、劳动力等，水利旅游在水利工程的多种经营中也占据了一席之地，但水利工程仍然担负着防汛抗旱、农田灌溉的基本任务，水资源安全也直接关系到居民生产生活，水利旅游必须在确保水安全和水利工程功能正常行使的前提下才能开发，否则水利旅游就无法开展，水利旅游也失去了吸引力。

（3）建立了水利旅游吸引力理论模型和实证评价（第三章）。限于市一级的数据获取难度较大，就用省一级的数据进行了各地水利旅游评价，测算结果表明：水利旅游吸引力地区发展不均衡，超过四成的省份水利旅游吸引力较弱，水利旅游吸引力较强的地区分布在我国的东部和中部地区，江苏、广东、山东、湖北、河南、浙江、湖南这7省的水利旅游吸引力较强，这7省省域相邻，是有可能产生水利旅游集聚效应的区域；水利旅游吸引力最弱的地区分布在我国版图中轴线附近及版图边界的省份。

（4）推导了水利旅游吸引半径理论模型和实证测算（第四章）。根据水利旅游吸引半径模型，来自吸引半径以内的旅游者，能获得大于或等于平均值的水利旅游效用。在参数 $\alpha/\beta = 1$ 等假设下，在水利旅游吸引力排名前1/3的地区吸引半径较大，宜开发长线型水利旅游客源市场，如江苏、河南等11个地区；水利旅游吸引力排名中间1/3的地区吸引半径局限在省内，宜开发省内一日游短线型水利旅游；排名最末的1/3的地区吸引半径更小，局限在水利风景区所在的市内，宜开发针对市民的游憩型水利旅游。当然，水利旅游地吸引半径也不是固定不变的，也存在波动性。

（5）建立了水利旅游吸引量的引力模型，并对水利旅游吸引量的影响因素进行了分析（第五章）。在第五章的季节性指数计算结果表明，水利旅游季节性波动明显，我国水利旅游人次呈增长趋势。在引力模型的基础上，对我国水利旅游需求吸引量进行了测算，结果表明水利旅游地的A级景区数量每增加1.557个百分点，或者水产品产量每增加1.896个百分点，或者客源地的出游量每增加0.534个百分点，或者人均年可支配收入每增加1.588个百分点，能使水利旅游需求吸引量增加1个百分点。客源地的距离每增加1个百分点，水利旅游需求吸引量会相应减少1.137个百分点。因此，在进行水利旅游宣传促销时，尽量倾向于人均可支配收入高、出游量大、距离近的客源地。同时水利旅游地尽量争取国家级景区品牌的评定，增加水产品产量，以此来增强水利旅游地的吸引力，从而增加水利旅游吸引量。

（6）以水利旅游需求方（旅游者）为视角，建立了水利旅游感知过程模型，提出了四个方面特征16个因素的感知假设，选择南京和衢州作为水利旅游吸引力感知的案例地点，用参数检验和非参数检验的方法对感知假设进行了检验（第六章）。水利旅游吸引力的感知是吸引力对象与水利旅游互动关系的体现。为此提出了吸引对象四个方面特征对水利旅游吸引力感知是否有影响的假设，在SPSS软件的参数和非参数检验下，有6个因素拒绝了原假设，结果表明：①人口学特征中年龄因素和居住地因素拒绝了原假设，这表明（就本次抽样而言）不同年龄段的人群和不同居住地的人群对水利旅游吸引力的感知是存在差异的。②旅行特征中的所有因素都接受了原假设，这表明（就本次抽样而言）吸引对象的旅行特征对水利旅游吸引力的感知没有显著性影响。③水利常识特征中水利工程了解程度因素也拒绝了原假设，这表明对水利工程了解程度的深浅不一，会造成水利旅游吸引力感知的差异，即对水利工程了解得越多，越容易感知到水利旅游吸引力，越容易萌发水利旅游需求，这部分对水利工程比较了解的人群，和青壮年年龄段的人群一样，是水利旅游供给方的重点开发对象。④在水利旅游特征中，水利旅游满意度也拒绝了原假设，这表明水利旅游满意度对水利旅游吸引力的感知有显著性影响。同时对水利旅游吸引力的感知不同，也对水利旅游花费和停留时间有显著性影响。

（7）提出了水利旅游吸引系统的提升对策。结合水利旅游吸引力和吸引半径的测算结论，要使水利旅游吸引系统得到提升，要找准各自目标客源市场，形成三级水利旅游品牌层次。结合水利旅游吸引量和吸引对象的实证结论，要提升水利旅游吸引系统，需要展开水利旅游营销，完善水利旅游服务，开发青壮年客源市场和对水利工程熟悉的群体等。最后，为了促进水利旅游吸引系统的整体提升，要注重水利旅游产业链的横向和纵向联动，因为水利旅游产业是以水利风景区为核心的，水利风景区需要加强与其他类型景区、酒店、水产品加工企业、旅游交通企业等的有效互动。

第二节 研究展望

（1）限于篇幅和个人能力有限，全文对水利旅游吸引系统的整体性考虑得还不够。例如对水利旅游吸引系统整体测算还未来得及探讨，主要是考虑到即使测算出各个地区水利旅游吸引系统的差别，也不如测算出水利旅游吸引力、吸引半径等各要素来得直观、便于指导实践。另外，也没有考虑外部宏观经济、政治、社会等波动情况对水利旅游吸引系统的影响，这是考虑到这些外部波动情况是水利旅游吸引系统无法掌控的，也无法拒绝其影响，而且外部波动情况有时候具有突发性，但是在一定周期内，外部宏观经济、政治和社会运动仍然是相对稳定的，因而文中的论述前提是认为外部环境是相对稳定的。

（2）由于各种渠道公布的数据资料不足，实证部分仍有待进一步完善。例如由于各地区水利旅游收入数据公布不完整，导致在第二章研究水利旅游竞争态时只能用很少的时间序列数据，而无法用同一时期的各地区截面数据。再如在第五章对水利旅游需求吸引量进行测算时，引力模型数据还没有收集到全国各个地区的数据。

（3）水利旅游吸引力评价体系和模型还有待进一步完善。

（4）水利旅游吸引半径的测算是在一系列假设的基础上进行推导和实证分析的，其中也存在不合理之处。例如同样的旅行距离旅行交通成本不等问题、吸引半径重叠问题和取经验值而缺乏一般性问题。

（5）水利旅游吸引对象感知是对某一个具体水利旅游地的吸引对象和水利旅游吸引力感知差异的分析。因此所得的问卷分析结论具有地域性，保守地看只对案例地识别目标客源市场特征和偏好有一定的指导意义。

以上这些不足仍需在未来的研究中，进行修正以促其完善。

附 录

附录 I：AHP 评价算法的标准化值

	北京	天津	河北	山西	内蒙古	辽宁	吉林	黑龙江	上海	江苏	浙江	安徽	福建	江西	山东
D1	0.04	0.04	0.39	0.36	0.61	0.21	0.39	0.36	0.07	0.57	0.54	0.43	0.18	0.46	0.93
D2	0.00	0.00	0.00	1.00	0.24	0.14	0.17	0.19	0.00	0.11	0.12	0.07	0.17	0.00	0.29
D3	0.10	0.16	0.16	0.33	0.82	0.15	0.46	0.29	0.14	0.21	0.32	0.20	0.15	0.33	0.29
D4	0.10	0.01	0.04	0.01	0.07	0.02	0.02	1.00	0.02	0.10	0.07	0.06	0.02	0.05	0.09
D5	0.22	0.45	0.26	0.27	0.16	0.07	0.09	0.06	0.22	0.09	0.05	0.05	0.01	0.03	0.18
D6	0.01	0.08	0.11	0.26	0.52	0.05	0.26	0.49	0.07	0.10	0.11	0.17	0.11	0.31	0.31
D7	0.02	0.11	0.08	0.09	1.00	0.04	0.17	0.61	0.00	0.15	0.06	0.08	0.03	0.10	0.21
D8	0.09	0.11	0.16	0.30	0.45	0.12	0.59	0.17	0.87	0.27	0.46	0.27	0.11	0.28	0.63
D9	1.00	1.00	0.71	0.50	0.72	1.00	0.42	0.36	1.00	1.00	0.88	0.08	0.00	0.79	0.52
D10	1.00	1.00	0.43	0.45	0.11	0.43	0.08	0.09	1.00	0.53	0.00	0.62	0.00	0.50	0.33
D11	0.02	0.09	0.13	0.01	0.03	0.20	0.05	0.11	0.05	0.97	0.26	0.56	0.22	0.61	0.38
D12	0.10	1.00	0.14	0.01	0.01	0.10	0.02	0.03	0.20	0.25	0.04	0.10	0.03	0.07	0.13
D13	1.00	0.08	0.00	0.11	0.00	0.17	0.03	0.08	0.03	0.59	0.22	0.06	0.00	0.03	0.23
D14	1.00	0.07	0.23	0.14	0.08	0.37	0.11	0.07	0.81	0.85	0.74	0.15	0.21	0.08	0.65
D15	0.58	0.42	0.35	0.63	0.41	0.61	0.39	0.48	0.63	0.64	0.63	0.59	0.43	0.70	0.77
D16	0.13	0.08	0.62	0.18	0.19	0.37	0.16	0.28	0.08	0.83	0.54	0.51	0.25	0.37	0.57
D17	0.07	0.01	0.43	0.16	0.12	0.14	0.07	0.13	0.01	0.44	0.33	0.11	0.09	0.05	0.82
D18	0.90	0.00	0.51	0.21	0.16	1.00	0.16	0.47	0.18	0.85	0.94	0.83	0.33	0.25	0.14
D19	0.01	0.01	0.09	0.06	0.04	0.08	0.14	0.06	0.08	0.36	0.42	0.26	0.85	0.54
D20	0.03	0.27	0.10	0.05	0.06	0.15	0.11	0.17	1.00	0.30	0.14	0.08	0.06	0.10	0.21
D21	0.07	0.14	0.05	0.05	0.05	0.07	0.06	0.05	0.07	1.00	0.11	0.08	0.03	0.02	0.11
D22	0.04	0.00	0.64	0.57	1.00	0.62	0.36	0.45	0.00	0.09	0.24	0.21	0.13	0.40	0.41

续表

	北京	天津	河北	山西	内蒙古	辽宁	吉林	黑龙江	上海	江苏	浙江	安徽	福建	江西	山东
D23	0.34	1.00	0.33	0.16	0.08	0.20	0.08	0.04	0.47	0.30	0.09	0.08	0.00	0.01	0.10
D24	0.11	0.18	0.41	0.28	0.22	0.33	0.31	0.42	0.17	0.64	0.42	0.39	0.03	0.16	0.26
D25	0.06	0.22	0.26	0.17	0.21	0.28	0.24	0.17	0.25	0.87	0.77	0.58	0.05	0.21	0.21

	河南	湖北	湖南	广东	广西	海南	重庆	四川	贵州	云南	陕西	甘肃	青海	宁夏	新疆
D1	1.00	0.29	0.54	0.14	0.11	0.04	0.00	0.21	0.32	0.32	0.36	0.46	0.14	0.11	0.57
D2	0.06	0.10	0.28	0.00	0.00	0.00	0.00	0.14	0.00	0.00	0.08	0.14	0.56	0.00	0.05
D3	0.31	0.14	0.25	0.02	0.06	0.23	0.00	0.06	0.26	0.21	0.30	0.57	1.00	0.71	0.89
D4	0.09	0.02	0.05	0.01	0.07	0.01	0.00	0.02	0.01	0.00	0.03	0.02	0.00	0.03	0.01
D5	0.16	0.02	0.03	0.01	0.01	0.02	0.00	0.01	0.02	0.01	0.07	0.16	0.02	0.99	0.05
D6	0.28	0.11	0.28	0.05	0.05	0.09	0.00	0.07	1.00	0.14	0.25	0.36	0.41	0.32	0.70
D7	0.23	0.06	0.13	0.06	0.07	0.04	0.01	0.03	0.06	0.05	0.12	0.19	0.28	0.22	0.31
D8	0.71	0.36	0.29	0.08	0.04	0.11	0.01	0.00	0.38	0.18	0.34	0.76	0.47	0.40	1.00
D9	0.93	0.89	0.31	0.80	1.00	1.00	1.00	0.86	0.80	0.50	0.73	0.93	0.25	0.25	0.59
D10	0.10	0.78	0.13	0.20	0.00	0.00	1.00	0.14	0.00	0.40	0.73	0.50	0.00	0.25	0.29
D11	0.15	1.00	0.57	0.98	0.34	0.08	0.06	0.31	0.03	0.08	0.02	0.00	0.00	0.02	0.03
D12	0.04	0.12	0.05	0.08	0.03	0.04	0.01	0.02	0.00	0.00	0.01	0.00	0.00	0.29	0.00
D13	0.46	0.32	0.03	0.27	0.00	0.03	0.03	0.00	0.03	0.02	0.11	0.15	0.01	0.06	0.03
D14	0.26	0.21	0.20	0.54	0.19	0.08	0.17	0.24	0.03	0.18	0.11	0.04	0.00	0.01	0.15
D15	0.60	0.46	1.00	0.54	0.47	0.34	0.50	0.54	0.71	0.33	0.07	0.49	0.00	0.59	0.50
D16	0.67	0.41	0.62	0.96	0.36	0.05	0.18	0.42	0.00	0.18	0.30	0.20	0.04	0.04	0.20
D17	0.46	0.16	0.16	1.00	0.06	0.00	0.05	0.36	0.06	0.24	0.11	0.02	0.00	0.00	0.07
D18	0.84	0.77	0.46	0.54	0.29	0.05	0.27	0.36	0.27	0.62	0.40	0.14	0.03	0.03	0.15
D19	0.20	0.50	1.00	0.60	0.38	0.09	0.25	0.59	0.17	0.47	0.09	0.03	0.01	0.02	0.04
D20	0.06	0.09	0.10	0.14	0.04	0.16	0.00	0.00	0.00	0.00	0.02	0.04	0.10	0.06	0.01
D21	0.05	0.16	0.07	0.18	0.02	0.00	0.02	0.09	0.01	0.07	0.04	0.04	0.00	0.01	0.01
D22	0.44	0.44	0.28	0.14	0.17	0.00	0.20	0.58	0.28	0.47	0.94	0.83	0.08	0.18	0.03
D23	0.11	0.06	0.01	0.13	0.02	0.04	0.08	0.03	0.01	0.01	0.00	0.06	0.00	0.78	0.02
D24	0.40	0.53	0.19	1.01	0.38	0.85	0.45	0.30	0.21	0.24	0.00	0.62	0.31	0.69	0.56
D25	0.27	0.44	0.17	0.98	0.31	0.32	1.00	0.47	0.18	0.21	0.00	0.25	0.20	0.26	0.25

附录 II：PCA 评价算法的标准化值/ 模糊 Boarda 法的隶属度 u_{ij}

	北京	天津	河北	山西	内蒙古	辽宁	吉林	黑龙江	上海	江苏	浙江	安徽	福建	江西	山东
D1	-6.57	-6.57	1.16	0.39	5.80	-2.71	1.16	0.39	-5.80	5.02	4.25	1.93	-3.48	2.71	12.75
D2	-3.41	-3.41	-3.41	22.80	2.83	0.23	0.96	1.45	-3.41	-0.49	-0.29	-1.59	0.96	-3.41	4.24
D3	-4.34	-2.96	-3.12	0.56	10.88	-3.36	3.37	-0.32	-3.39	-1.90	0.37	-2.15	-3.25	0.47	-0.31
D4	1.00	-1.89	-0.74	-1.92	0.07	-1.43	-1.62	28.08	-1.57	0.83	-0.08	-0.22	-1.45	-0.53	0.73
D5	2.49	9.10	3.64	4.08	0.83	-1.60	-1.03	-1.91	2.70	-1.06	-2.22	-2.20	-3.10	-2.61	1.47
D6	-5.53	-3.68	-3.06	0.65	6.94	-4.39	0.59	6.21	-4.09	-3.35	-2.96	-1.56	-3.06	1.72	1.80
D7	-3.67	-1.15	-1.97	-1.78	22.62	-2.96	0.34	12.22	-4.12	-0.11	-2.42	-1.97	-3.43	-1.52	1.61
D8	-5.05	-4.63	-3.63	-0.73	2.44	-4.43	5.37	-3.33	11.00	-1.28	2.59	-1.32	-4.63	-1.08	6.17
D9	5.41	5.41	0.37	-3.42	0.51	5.41	-4.89	-5.83	5.41	5.41	3.21	-10.90	-12.23	1.63	-3.09
D10	9.89	9.89	0.63	1.05	-4.52	0.63	-4.97	-4.85	9.89	2.26	-6.32	3.66	-6.32	1.79	-0.92
D11	-4.02	-2.76	-2.08	-4.17	-3.79	-0.84	-3.44	-2.31	-3.37	12.80	0.25	5.53	-0.46	6.37	2.46
D12	-0.01	26.16	1.11	-2.45	-2.41	-0.03	-2.26	-1.95	3.04	4.35	-1.74	0.06	-2.05	-0.81	0.83
D13	21.43	-1.39	-3.49	-0.87	-3.49	0.71	-2.70	-1.39	-2.70	11.20	2.02	-1.92	-3.49	-2.70	2.28
D14	14.46	-3.79	-0.76	-2.43	-3.64	2.14	-3.10	-3.74	10.64	11.44	9.26	-2.25	-1.17	-3.55	7.48
D15	1.73	-2.53	-4.69	3.33	-2.91	2.68	-3.53	-0.94	3.27	3.42	3.59	2.21	-2.41	5.30	7.31
D16	-4.61	-5.70	6.49	-3.51	-3.22	0.92	-3.93	-1.14	-5.72	11.10	4.74	3.86	-1.76	0.91	5.27
D17	-2.65	-4.10	5.48	-0.59	-1.51	-1.17	-2.75	-1.49	-4.10	5.58	3.24	-1.87	-2.30	-3.13	14.15
D18	8.62	-7.11	1.89	-3.45	-4.31	10.46	-4.37	1.07	-3.87	7.77	9.41	7.54	-1.28	-2.79	-4.56
D19	-4.86	-4.85	-3.14	-3.71	-4.15	-3.33	-2.26	-3.85	-4.86	-3.42	2.29	3.43	0.17	12.19	5.97
D20	-2.82	4.42	-0.66	-2.12	-1.86	0.76	-0.35	1.38	25.96	5.18	0.49	-1.27	-1.87	-0.57	2.62
D21	-0.65	1.42	-1.19	-1.34	-1.33	-0.56	-1.09	-1.32	-0.55	27.56	0.70	-0.24	-1.82	-2.05	0.51
D22	-5.85	-6.56	5.78	4.44	12.89	5.42	0.31	2.06	-6.53	-4.80	-1.98	-2.59	-4.10	1.14	1.31
D23	4.37	19.46	4.08	0.07	-1.81	0.99	-1.81	-2.55	7.25	3.32	-1.45	-1.83	-3.52	-3.27	-1.36
D24	-6.18	-4.46	1.03	-2.17	-3.37	-1.00	-1.39	1.12	-4.78	6.35	1.30	0.56	-7.99	-4.89	-2.47
D25	-5.52	-2.26	-1.44	-3.35	-2.39	-1.10	-1.82	-3.35	-1.65	11.34	9.20	5.23	-5.82	-2.55	-2.43

续表

	河南	湖北	湖南	广东	广西	海南	重庆	四川	贵州	云南	陕西	甘肃	青海	宁夏	新疆
D1	14.30	-1.16	4.25	-4.25	-5.02	-6.57	-7.34	-2.71	-0.39	-0.39	0.39	2.71	-4.25	-5.02	5.02
D2	-1.79	-0.68	3.87	-3.41	-3.41	-3.41	-3.41	0.23	-3.41	-3.41	-1.22	0.23	11.15	-3.41	-2.04
D3	0.21	-3.48	-1.20	-6.04	-5.28	-1.56	-6.46	-5.23	-0.86	-1.93	-0.18	5.69	14.71	8.63	12.42
D4	0.63	-1.34	-0.53	-1.71	-0.09	-1.66	-2.04	-1.39	-1.64	-1.94	-1.15	-1.54	-1.96	-1.03	-1.90
D5	0.94	-2.87	-2.70	-3.28	-3.30	-3.00	-3.40	-3.29	-2.83	-3.19	-1.42	0.86	-2.96	23.95	-2.10
D6	1.02	-3.14	1.18	-4.57	-4.61	-3.40	-5.69	-4.09	18.58	-2.40	0.33	2.96	4.15	2.09	11.37
D7	2.04	-2.48	-0.72	-2.63	-2.14	-2.83	-3.85	-3.42	-2.47	-2.88	-0.85	1.08	3.31	1.83	4.30
D8	7.71	0.47	-0.83	-5.20	-6.09	-4.63	-6.58	-6.85	0.95	-3.24	0.13	8.71	2.87	1.37	13.76
D9	4.20	3.45	-6.73	1.88	5.41	5.41	5.41	2.89	1.88	-3.42	0.59	4.15	-7.84	-7.84	-1.86
D10	-4.64	6.29	-4.29	-3.08	-6.32	-6.32	9.89	-4.00	3.41	0.16	5.47	1.79	-6.32	-2.27	-1.55
D11	-1.63	13.33	5.74	12.93	1.75	-2.91	-3.24	1.06	-3.89	-2.94	-4.04	-4.27	-4.33	-3.92	-3.82
D12	-1.60	0.80	-1.34	-0.54	-1.89	-1.75	-2.46	-2.32	-2.71	-2.67	-2.64	-2.74	-2.80	5.51	-2.68
D13	8.05	4.38	-2.70	3.33	-3.49	-2.70	-2.70	-3.49	-2.70	-2.96	-0.87	0.18	-3.23	-1.92	-2.70
D14	-0.03	-1.08	-1.32	5.51	-1.44	-3.68	-1.89	-0.53	-4.68	-1.73	-3.09	-4.39	-5.20	-5.08	-2.34
D15	2.41	-1.54	13.63	0.68	-1.20	-4.92	-0.31	0.83	5.45	-5.19	-12.34	-0.61	-14.41	2.06	-0.38
D16	7.53	1.77	6.33	14.07	0.60	-6.23	-3.38	2.05	-3.07	-3.43	-0.71	-2.96	-6.66	-6.58	-3.03
D17	5.97	-0.61	-0.66	18.28	-2.93	-4.32	-3.29	3.83	-2.98	0.99	-1.92	-3.90	-4.27	-4.32	-2.67
D18	7.60	6.47	0.95	2.32	-1.93	-6.17	-2.40	-0.77	-2.28	3.70	-0.14	-4.63	-6.61	-6.57	-4.51
D19	-0.90	5.14	15.15	7.08	2.67	-3.26	-0.06	6.80	-1.49	4.50	-3.26	-4.50	-4.74	-4.63	-4.14
D20	-1.82	-1.12	-0.68	0.47	-2.36	1.18	-3.61	-2.80	-3.65	-3.56	-3.11	-2.34	-0.72	-1.76	-3.42
D21	-1.38	2.18	-0.52	2.75	-2.14	-2.68	-2.09	-0.07	-2.60	-0.74	-1.59	-1.60	-2.77	-2.45	-2.35
D22	1.92	1.87	-1.09	-3.96	-3.32	-6.58	-2.67	4.61	-1.21	2.46	11.73	9.53	-5.08	-3.14	-6.01
D23	-0.95	-2.15	-3.27	-0.47	-3.09	-2.63	-1.77	-2.98	-3.44	-3.44	-3.59	-2.10	-3.51	14.52	-3.08
D24	0.70	3.75	-4.20	15.04	0.39	11.29	1.83	-1.60	-3.75	-2.91	-8.67	5.86	-1.43	7.49	4.54
D25	-1.20	2.30	-3.34	13.54	-0.44	-0.11	13.95	2.86	-3.05	-2.57	-6.84	-1.62	-2.66	-1.34	-1.56

附录Ⅲ：2004 年数据标准化值

	北京	天津	河北	山西	内蒙古	辽宁	吉林	黑龙江	上海	江苏	浙江	安徽	福建	江西	山东
D1	0.13	0.13	0.25	0.25	0.25	0.19	0.38	0.13	0.06	0.50	0.63	0.56	0.13	0.56	0.31
D2	0.00	0.00	0.75	0.08	1.00	0.13	0.13	0.00	0.00	0.08	0.03	0.31	0.00	0.88	0.06
D3	0.33	0.48	0.14	0.29	0.41	0.17	0.54	0.13	0.14	0.26	0.52	0.34	0.14	0.51	0.13
D4	0.56	0.03	0.08	0.01	0.09	0.05	0.04	1.00	0.03	0.25	0.23	0.24	0.04	0.18	0.09
D5	0.58	1.00	0.14	0.16	0.04	0.07	0.10	0.01	0.35	0.07	0.09	0.04	0.01	0.04	0.05
D6	0.03	0.37	0.06	0.15	0.21	0.05	0.37	0.08	0.03	0.08	0.12	0.34	0.04	0.48	0.09
D7	0.08	0.50	0.12	0.14	1.00	0.08	0.38	0.50	0.11	0.32	0.18	0.25	0.04	0.32	0.18
D8	0.18	0.35	0.28	0.19	0.04	0.07	0.34	0.02	0.39	0.40	0.34	0.43	0.05	0.13	0.13
D9	1.00	1.00	0.50	1.00	1.00	0.50	0.00	0.00	1.00	1.00	0.50	0.11	0.50	0.33	0.60
D10	1.00	1.00	0.50	1.00	0.00	0.08	0.00	0.00	1.00	0.63	0.60	0.67	0.00	0.44	0.40
D11	0.02	0.09	0.13	0.01	0.03	0.18	0.04	0.15	0.08	0.85	0.27	0.58	0.23	0.51	0.36
D12	0.17	1.00	0.11	0.01	0.01	0.10	0.01	0.02	0.63	0.17	0.06	0.07	0.03	0.05	0.09
D13	1.00	0.10	0.08	0.19	0.00	0.04	0.08	0.02	0.17	0.63	0.17	0.00	0.00	0.00	0.04
D14	0.37	0.03	0.10	0.05	0.02	0.14	0.04	0.03	0.34	0.34	0.44	0.04	0.11	0.02	0.17
D15	0.55	0.30	0.00	0.75	0.52	0.46	0.60	0.50	0.88	0.86	1.00	0.66	0.65	0.87	0.63
D16	0.08	0.04	0.61	0.17	0.14	0.36	0.14	0.26	0.05	0.76	0.55	0.48	0.24	0.36	0.48
D17	0.13	0.02	0.36	0.13	0.11	0.12	0.07	0.14	0.01	0.25	0.23	0.08	0.07	0.02	0.45
D18	0.56	0.39	0.22	0.04	0.05	0.21	0.09	0.10	0.39	1.00	0.52	0.23	0.21	0.09	0.30
D19	0.00	0.00	0.08	0.05	0.03	0.07	0.00	0.04	0.00	0.06	0.29	0.36	0.20	0.71	0.41
D20	0.03	0.27	0.10	0.05	0.06	0.15	0.11	0.17	1.00	0.30	0.14	0.08	0.06	0.10	0.21
D21	0.06	0.14	0.05	0.05	0.05	0.08	0.04	0.05	0.07	1.00	0.17	0.10	0.03	0.02	0.11
D22	0.07	0.00	0.67	0.52	0.97	0.64	0.37	0.30	0.10	0.09	0.25	0.12	0.13	0.38	0.42
D23	0.42	1.00	0.25	0.16	0.02	0.05	0.02	0.02	0.94	0.07	0.12	0.03	0.01	0.01	0.07
D24	0.05	0.09	0.68	0.63	0.10	0.22	0.09	0.52	0.09	0.08	0.16	0.89	0.21	0.10	0.25
D25	0.02	0.19	0.29	0.28	0.09	0.02	0.00	0.17	0.15	0.25	1.00	0.41	0.18	0.16	0.20

续表

	河南	湖北	湖南	广东	广西	海南	重庆	四川	贵州	云南	陕西	甘肃	青海	宁夏	新疆
D1	1.00	0.19	0.38	0.19	0.25	0.06	0.06	0.06	0.56	0.19	0.31	0.44	0.00	0.06	0.50
D2	0.11	0.13	0.25	0.50	0.08	0.00	0.25	0.00	0.07	0.00	0.17	0.33	0.00	0.25	0.42
D3	0.40	0.12	0.22	0.09	0.20	0.30	0.08	0.03	0.56	0.17	0.33	0.65	0.00	0.42	1.00
D4	0.27	0.04	0.11	0.04	0.36	0.04	0.01	0.02	0.07	0.01	0.08	0.05	0.00	0.05	0.02
D5	0.12	0.01	0.02	0.01	0.01	0.02	0.01	0.00	0.05	0.01	0.05	0.15	0.00	0.43	0.05
D6	0.25	0.07	0.14	0.04	0.09	0.09	0.02	0.03	0.84	0.07	0.11	0.44	0.00	0.12	1.00
D7	0.67	0.09	0.21	0.15	0.33	0.25	0.05	0.02	0.25	0.06	0.25	0.44	0.00	0.25	0.67
D8	1.00	0.15	0.13	0.03	0.11	0.03	0.04	0.02	0.16	0.03	0.28	0.28	0.00	0.15	0.57
D9	0.57	0.67	0.50	0.33	0.75	1.00	1.00	1.00	0.78	0.33	0.60	0.14	0.00	0.00	0.50
D10	0.40	0.67	0.33	0.00	0.00	0.00	1.00	0.00	0.67	0.33	0.60	0.43	0.00	0.00	0.25
D11	0.14	1.00	0.55	0.94	0.33	0.06	0.08	0.27	0.03	0.07	0.02	0.00	0.00	0.02	0.02
D12	0.02	0.10	0.04	0.08	0.02	0.03	0.02	0.01	0.00	0.01	0.00	0.00	0.00	0.18	0.00
D13	0.92	0.52	0.00	0.38	0.00	0.00	0.00	0.00	0.06	0.00	0.00	0.02	0.13	0.06	0.02	0.13
D14	0.09	0.11	0.07	1.00	0.08	0.03	0.06	0.09	0.03	0.04	0.05	0.02	0.00	0.00	0.07
D15	0.94	0.58	0.96	0.74	0.57	0.81	0.25	0.91	0.66	0.83	0.91	0.77	0.25	0.79	0.57
D16	0.64	0.41	0.64	1.00	0.35	0.03	0.15	0.42	0.17	0.16	0.28	0.17	0.00	0.01	0.17
D17	0.23	0.12	0.07	1.00	0.05	0.00	0.02	0.34	0.01	0.26	0.08	0.01	0.00	0.00	0.09
D18	0.26	0.23	0.21	0.64	0.07	0.05	0.06	0.09	0.07	0.11	0.07	0.01	0.01	0.00	0.06
D19	0.17	0.43	1.00	0.49	0.32	0.07	0.20	0.50	0.14	0.39	0.07	0.02	0.01	0.01	0.03
D20	0.06	0.09	0.10	0.14	0.04	0.16	0.00	0.03	0.00	0.00	0.02	0.04	0.10	0.06	0.01
D21	0.04	0.20	0.08	0.18	0.02	0.00	0.02	0.10	0.01	0.07	0.03	0.04	0.00	0.01	0.01
D22	0.46	0.51	0.28	0.14	0.15	0.00	0.20	0.55	0.28	0.43	1.00	0.84	0.08	0.17	0.01
D23	0.07	0.01	0.01	0.03	0.00	0.01	0.01	0.00	0.00	0.00	0.01	0.06	0.01	0.39	0.02
D24	0.55	0.17	0.34	0.18	0.04	0.36	0.00	0.07	0.04	0.10	0.09	1.00	0.77	0.14	0.23
D25	0.30	0.06	0.15	0.23	0.04	0.13	0.10	0.16	0.07	0.10	0.03	0.27	0.47	0.15	0.25

附录Ⅳ：水利旅游吸引力调查问卷

敬爱的女士们、先生们：

您好！欢迎您来到风景优美的水利风景区。为了解景区对您的吸引力大小，烦请您做出选择。非常感谢您的热心合作，附赠中国结，祝您游园愉快！学生：丘萍

1. 您性别：

A. 男；B. 女；

2. 您年龄：

A. 18 岁以下；B. 18—25 岁；C. 25—35 岁；D. 35—45 岁；E. 45—55 岁；F. 55 岁以上；

3. 您月收入：

A. 1000 元；B. 2000 元；C. 3000 元；D. 4000 元；E. 5000 元；F. 6000 元；G. 7000 元；H. 8000 元；I. 1 万元；

4. 您常住地：

A. 南京市内；B. 江苏省内；C. 沪、浙、皖、鲁、京、粤；D. 豫、鄂、冀、闽、湘、赣；E. 其他；

5. 您知道这是国家级水利风景区吗？

A. 非常清楚；B. 知道；C. 不确定；D. 不知道

6. 您玩过几次水利风景区：

A. 1—2 次；B. 3—5 次；C. 5 次以上；D. 经常玩

7. 您觉得门票：

A. 比较贵；B. 比较合适；C. 一般；D. 便宜；E. 比较便宜

8. 如果门票涨：

A. 0—10 元；B. 10—20 元；C. 20—40 元；D. 40 元以上；您就不来了。

9. 如果有实惠的年卡或多景区通票，您会：

A. 肯定买；B. 买；C. 不关心；D. 考虑；E. 不买

10. 景区最吸引您的是什么？（可多选）

A. 水库大坝景观；B. 江海湖泊；C. 文化历史遗迹等建筑；D. 特产美食；E. 名山古寺

11. 您来自：

A. 扬州、江阴、泰州、姜堰、南通市县；B. 南京、镇江、常州、江阴、无锡、苏州、宜兴市县；C. 连云港、盐城、淮安、宿迁市县；D. 北京、天津、河北、山西、内蒙古；E. 辽宁、吉林、黑龙江；F. 上海、浙江、安徽、福建、江西、山东；G. 河南、湖北、湖南、广东、广西、海南；H. 重庆、四川、贵州、云南、陕西、甘肃、青海、宁夏、新疆；I. 港、澳、台及国外

12. 您这次来玩，花了：

A. 300元以下；B. 300—600元；C. 600—1000元；D. 1000—2000元；E. 2000元以上

13. 您准备玩多久？

A. 半天；B. 一天；C. 两三天；D. 四五天；E. 一周左右

14. 您想买什么？

A. 水库的生态水产品，例如鲜鱼、螃蟹；B. 风光纪念册、好玩的小商品；C. 石玩玉器、吉祥符兽等工艺品；D. 当地特产；E. 其他；F. 什么都不买

15. 您感觉景区的吸引力：

A. 很大；B. 较大；C. 一般；D. 较小；E. 没有

16. 这次旅游中，您最不满意的是：

A. 导游、购物；B. 餐饮住宿服务；C. 旅游交通；D. 其他服务；E. 都不满意

17. 您的满意度是：

A. 非常满意；B. 满意；C. 一般；D. 不满意；E. 非常不满意

18. 南京公园年卡景区联票，您：

A. 每年都买；B. 买过几次；C. 买过1次；D. 准备买；E. 不买

19. 市内的水利风景区，每年您玩：

A. 1 次；B. 2—3 次；C. 4—10 次；D. 经常

20. ①水库型景观对您的吸引力：

A. 很大；B. 较大；C. 一般；D. 较小；E. 没有

②大型水利枢纽景观对您的吸引力：

A. 很大；B. 较大；C. 一般；D. 较小；E. 没有

③城市滨江开放式公园对您的吸引力：

A. 很大；B. 较大；C. 一般；D. 较小；E. 没有

④郊区天然河、湖型景观对您的吸引力：

A. 很大；B. 较大；C. 一般；D. 较小；E. 没有

⑤湿地公园对您的吸引力：

A. 很大；B. 较大；C. 一般；D. 较小；E. 没有

⑥水土保持型景观对您的吸引力：

A. 很大；B. 较大；C. 一般；D. 较小；E. 没有

⑦古今运河型景观对您的吸引力：

A. 很大；B. 较大；C. 一般；D. 较小；E. 没有

21. 您每年省外长途旅游：

A. 0 次；B. 一两次；C. 三至五次；D. 六至十次；E. 经常

22. 您每年省内短途旅游：

A. 一两次；B. 三至五次；C. 六至十次；D. 十至二十次；E. 经常

23. 您省内短途旅游花费：

A. 100 元以下；B. 300 元以下；C. 500 元以下；D. 800 元以下；E. 1000 元以上；

24. 您省外长途旅游花费：

A. 1000 元以下；B. 2000 元以下；C. 4000 元以下；D. 6000 元以下；E. 6000 元以上；

25. 您旅游的信息来源是：

A. 他人介绍；B. 互联网；C. 旅行社；D. 报纸；E. 电台；

26. 您了解水利工程吗：

A. 非常了解；B. 了解；C. 一般；D. 不确定；E. 完全不知道

27. 您知道水利的作用吗：

A. 非常清楚；B. 知道；C. 一般；D. 不确定；E. 完全不知道

28. 您了解 A 级景区吗：

A. 非常了解；B. 了解；C. 一般；D. 不确定；E. 完全不知道

参考文献

[1] 水利部综合事业局、水利部水利风景区评审委员会办公室：《水利风景区建设与水生态环境保护》，《社区》2006 年第 5 期。

[2] Rodrigo Maia1 and Andreas H. Schumann. DSS Application to the Development of Water Management Strategies in Ribera's do Algarve River Basin［J］. Water Resources Management. 2007 年第 5 期。

[3] 水利部综合事业局、水利部水利风景区评审委员会办公室：《水利风景区管理办法》，《社区》2006 年 7 期。

[4] 水利部综合事业局、水利部水利风景区评审委员会办公室：《水利风景区评价方法》，《社区》2006 年第 8 期。

[5] 水利部综合事业局、水利部水利风景区评审委员会办公室：《水利旅游项目管理办法》，《社区》2006 年第 7 期。

[6] 杨静、张世满：《山西水利旅游发展现状及其思考》，《山西科技》2006 年第 2 期。

[7] 琚胜利、陆林：《水利旅游开发研究—以淠史杭灌区为例》，《资源开发与市场》2007 年第 10 期。

[8] 王会战：《我国水利风景区旅游开发存在的问题及对策》，《经济与社会发展》2007 年第 1 期。

[9] 吴必虎：《区域旅游规划原理》，中国旅游出版社 2001 年版，第 10—20 页。

[10] Dallen J. Timothy, Political boundaries and tourism: borders as tourist attractions, Tourism Management, 1995, 16（7）.

[11] 王海鸿：《旅游吸引力及理论模型》，《科学·经济·社会》2003 年第 4 期。

[12] 廖爱军：《旅游吸引力及引力模型研究》，北京林业大学园林系硕士论文，2005 年，第 22 页。

[13] 吴殿廷、周伟、戎鑫、邢军伟：《水利风景区的旅游开发和规划若干问题》，《水利经济》2006 年第 5 期。

[14] 佘国云：《坚持科学发展观开发水利风景资源》，《中国水利》2004 年第

19期。

[15] 刘玉龙、甘泓、王慧峰：《水资源流域管理与区域管理模式浅析》，《中国水利水电科学研究院学报》2003年第1期。

[16] 黄显勇、毛明海：《运用层次分析法对水利旅游资源进行定量评价》，《浙江大学学报》（理学版）2001年第1期。

[17] 周玲强、林巧：《湖泊旅游开发模式与21世纪发展趋势研究》，《经济地理》2003年第1期。

[18] 刘静江：《探析江西省水利生态旅游开发模式》，《科技广场》2007年第12期。

[19] 樊志勇、孙建超：《水利与水利旅游区建设的互动关系研究》，《科技进步与对策》2003年第12期。

[20] 黄松：《清江高坝洲库区水利旅游开发构想》，《人民长江》2005年第1期。

[21] 吕青川：《水利旅游开发的乡村旅游模式探微——以库区整体搬迁的思南文家店镇为例》，《贵州大学学报》2005年第6期。

[22] 王烨、马辉：《册田水库发展水利旅游的对策思考》，《山西水利》2006年第10期。

[23] 冯联宏：《漳泽水库旅游风景区建设现状及前景展望》，《山西水利》2007年第1期。

[24] 金革穆：《水利旅游环境质量评价体系研究》，河海大学水资源环境学院硕士学位论文，2003年，第3页。

[25] Perez, J. A. Naranjo, M. E. Water economic value estimated using Delphi Method A case study: Chama River upper watershed, Merida, Venezuela [C]. World Water and Environmental Resources Congress 2003: 3097 - 3103.

[26] Null, S. Lund, J. R. Water supply implications of removing O'Shaughnessy Dam [C]. Proceedings of the 2004 World Water and Environmetal Resources Congress: Critical Transitions in Water and Environmetal Resources Management 2004: 3219 - 3228.

[27] C. Tafangenyasha Should Benji Dam be dredged? A preliminary impact assessment to dredging a water reservoir in an African national park [J]. The Environmentalist 1997, 17 (3): 191 - 195.

[28] M. S. Ross, D. L. Reed, J. P. Sah, P. L. Ruiz and M. T. Lewin. Vegetation: environment relationships and water management in Shark Slough, Everglades National

Park[J]. Wetlands Ecology and Management. 2003, (10): 291 - 303.

[29] David G. Silsbee1 and Gary L. Larson. Bacterial water quality: Springs and streams in the Great Smoky Mountains National Park [J]. Environmental Management, 1982, 6 (4): 353 - 359.

[30] 宋建平:《小浪底水利枢纽工程旅游开发与管理研究》,河海大学商学院硕士论文,2007年,第2—3页。

[31] 黄卫东:《对淮安水利枢纽旅游开发的思考》,《水利经济》2007年第2期。

[32] 廉艳萍、傅华、李贵宝:《水利风景区资源综合开发利用与保护》,《中国农村水利水电》2007年第1期。

[33] 田海军、田英军:《关于包头市水利风景区建设管理的思考》,《阴山学刊》2007年第9期。

[34] 张志国、宋绪国、姚秀英等:《国家级水利公园的建设与管理》,《海峡科学》2007年第9期。

[35] 许志英、巢建平:《发展水利旅游盘活水利资产》,《湖北水利水电》2006年第3期。

[36] 洪波:《看齐名牌旅游企业》,《加速水利旅游发展》,《湖南水利水电》2006年第1期。

[37] 苗德志、李松梧、徐瑶:《水利风景区建设与管理十忌》,《水利发展研究》2007年第6期。

[38] Tundisi Jose. Galizia. Matsumura-Tundisi Takako Integration of research and management in optimizing multiple uses of reservoirs: The experience in South America and Brazilian case studies [J]. Hydrobiologia, 2003, (1):231 - 242.

[39] Gunderson, Lance H. Spatial and temporal dynamics in the Everglades ecosystem with implications for water deliveries to Everglades National Park [D]. University of Florida. Biology, Ecology, 1992: 1 - 14.

[40] 李邦军、胡廷清:《昌乐县仙月湖水利风景区规划与建设的做法》,《世界地理研究》2003年第4期。

[41] 谢祥财:《蚌埠闸水利风景区总体规划方案》,《水利经济》2007年第3期。

[42] 乐付桃、张海兵、丁曰霞:《通榆河枢纽水利风景区建设与管理的探索》,《中国水利》2007年第6期。

[43] 林松熙:《福建省水利风景区建设与管理探讨》,《亚热带水土保持》2007年第2期。

[44] 康明宇:《水利水电工程景观设计研究》,《西安建筑科技大学环境学院》2007年第3页。

[45] 杨福喜:《山西水利风景区发展现状及对策》,《山西水利》2007年第6期。

[46] 赵敏:《关于库区发展水利风景区的若干问题探讨》,《生态经济》2007年第12期。

[47] 王新祝:《水电旅游城发展模式研究》,华中科技大学管理学院博士学位论文,2004年,第3页。

[48] 王世岩、彭文启、周怀东:《浅析水利风景区湿地保护对策》,《中国水利》2006年第13期。

[49] 苗晓芳、蒋琳、李乃文:《聊城市河道型水利风景区规划之管见》,《山东水利》2006年第8期。

[50] Turpie, J. Joubert, A Estimating potential impacts of a change in river quality on the tourism value of Kruger National Park: An application of travel cost, contingent and conjoint valuation methods [J]. Water SA, 2001, 27 (3): 387–398.

[51] Shi Qiang, Zheng Qun-ming, Zhong Lin-sheng. Integrated evaluation of recreation development effects on water quality - Take Zhangjiajie National Forestry Park as a study case [J]. Acta Scientiarum Naturalium Universitatis Normalis Hunanensis, 2002, 25 (12): 88–92.

[52] Herrera-Silveira, J. A., Medina-Gomez, I. Aranda-Cirerol, N. Zaldivar, A. Ramirez, J. Trejo. J Trophic status in coastal waters of the Yucatan Peninsula (SE, Mexico) using water quality indicators [J]. Environmental Studies Abbreviated, 2002, (8): 351–359.

[53] Willis, R. P. Martin, J. C. Ridout, K J Water quality improvements for estuaries and coastal waters, north Devon, England [J]. Water Science and Technology 1992, 25 (12): 13–22.

[54] Jagannatha, Er V. Chandala. D. N. Planning environmentally sound lake restoration-A case study of Mysore, India [C]. Italy: Remediation of Contaminated Sediments - 2003: Proceedings of the Second International Conference on Remediation of Contaminated Sediment, 2004: 101–108.

[55] 陈南江:《滨水度假区旅游规划创新研究》,华东师范大学资源与环境学院博士论文,2005年,第22页。

[56] J. P. Cárcomo Lobo Ferreira, Maria da Conceio Cunha, A. G. Chachadi . Aquifer

development planning to supply a seaside resort: a case study in Goa, India [J]. Hydrogeology Journal. 2007, 15 (6): 1147 – 1155.

[57] Darin Tyson-Chan Water park whets investor interest [J]. Money Management 2005, (8): 7 – 8.

[58] Saphier Adam D, Hoffmann. Tegan C. Forecasting models to quantify three anthropogenic stresses on coral reefs from marine recreation: Anchor damage, diver contact and copper emission from antifouling paint [J]. Marine Pollution Bulletin. 2005, 5 (1): 590 – 598.

[59] Perez, J. A. Naranjo. M. E. Water economic value estimated using Delphi Method B A case study: Chama River upper watershed, Merida, Venezuela [C]. World Water and Environmental Resources Congress, 2003: 3097 – 3103.

[60] Nagao, Yoshimi; Magoon, Orville T Coastlines of Japan II [J]. Coastal Zone: Proceedings of the Symposium on Coastal and Ocean Management 1993, (1): 19 – 23.

[61] 杨淑琼：《水利旅游的 SWOT 分析及发展战略》，《经济管理》2007 年第 5 期。

[62] Ning Baoying, He Yuanqing. Tourism Development and Water Pollution: Case Study in Lijiang Ancient Town [J]. China Population, Resources and Environment. 2007, 17 (5): 123 – 127.

[63] S. Go ssling The consequences of tourism for sustainable water use on a tropical island: Zanzibar, Tanzania [J]. Journal of Environmental Management. 2001, 6 (1): 179 – 191.

[64] 许峰：《可持续旅游开发多中心管理模式研究—以湖泊旅游为例》，《旅游学刊》2006 年第 10 期。

[65] A. Durie, John Donald, Edinburgh. Water is Best: The Hydros and Health Tourism in Scotland, 1840 – 1940 [J]. tourman, 2007, (11): 8.

[66] 艾学山、范文涛：《水库生态调度模型及算法研究》，《长江流域资源与环境》2008 年第 3 期。

[67] 何玉婷：《四川发展水利旅游的 SWOT 分析》，《科技前沿》2007 年第 2 期。

[68] 王会战：《水库型水利风景区旅游可持续发展指标体系及其评价模型—小浪底水利风景区的实证研究》，《三门峡职业技术学院学报》2008 年第 6 期。

[69] 陈岩英：《旅游地的吸引力系统及其管理研究》，《旅游科学》2004 年第

3 期。

[70] 刘滨谊:《旅游哲学观与规划方法论—旅游·旅游资源·旅游规划》,《桂林旅游高等专科学校学报》2003 年第 3 期。

[71] 谌贻庆:《旅游吸引力分析模型》,《企业经济》2005 年第 6 期。

[72] Mehmetoglu M., Abelsen B. Examining the visitor attraction product: a case study [J]. Tourism Analysis, 2005, (9): 269 – 284.

[73] Peypoch N., Robinot E., Solonandrasana B. Which sustainable development perspectives for an E-attraction destination? An overview of the economic impacts [J]. Tourism and Hospitality Planning & Development, 2005, (2): 207 – 212.

[74] Vaugeois, Nicole L. Mobility into tourism employment in a region experiencing economic transition [D]. Michigan State University, 2003:12.

[75] 车裕斌:《旅游目的地系统吸引力分析》,《咸宁师专学报》2001 年第 6 期。

[76] 车裕斌、黄晚意:《区域旅游系统吸引力预测研究——以鄂东南地区旅游系统为例》,《世界地理研究》2003 年第 4 期。

[77] 杨玲、胡小纯、冯学钢:《旅游地吸引力因子分析法及其数学模型》,《桂林旅游高等专科学校学报》2004 年第 1 期。

[78] Nicolas Peypoch and Bernardin Solonandrasana. On "E-Attraction" Tourism Destination-Extension and Application [M]. America, Physica-Verlag HD: 293 – 306.

[79] 游富相、吴三忙:《基于互联网的旅游吸引力分析方法研究》,《经济问题探索》2006 年第 11 期。

[80] 祝诚、陈启跃:《提高镇江旅游吸引力的对策研究》,《镇江高专学报》2001 年第 3 期。

[81] Wall, G. Tourism. attractions: Points, lines and areas [J]. Annals of tourism research, 1997.24, 240 – 243.

[82] 牟红:《旅游景区吸引力的符号化策划方法及实案研究》,《重庆工学院学报》2005 年第 6 期。

[83] 郑耀星:《打名人文化牌,加大两岸"五缘"旅游吸引力》,《经济地理》2003 年第 1 期。

[84] 邱明慧、广新菊:《差异形成旅游产品吸引力研究—以宁夏沙坡头市场营销为例》,《地理与地理信息科学》2004 年第 6 期。

[85] 李沐纯:《浅析主题公园与都市旅游目的地吸引力的互动》,《商业时代》

2006年第18期。

[86] 宋国琴:《海岛型旅游目的地吸引力影响因素探析》,《企业经济》2006年第5期。

[87] 刘静艳:《旅游目的地吸引力及其影响因素研究——以南澳岛为例》,《生态环境》2006年第2期。

[88] Michael G. Sorice, C. Scott Shafer, Robert B. Ditton. Managing Endangered Species Within the Use-Preservation Paradox: The Florida Manatee (Trichechus manatus latirostris) as a Tourism Attraction [J]. Environmental Management. 37, (1): 69 - 83.

[89] Andrew M. Turner, Nathan Ruhl. Phosphorus Loadings Associated with a Park Tourist Attraction: Limnological Consequences of Feeding the Fish [J]. Environ Manage, 2007, 39: 526 - 533.

[90] Orams MB. Feeding wildlife as a tourism attraction: A review of issues and impacts [J]. Tourism Manage, 2002, 23: 281 - 293.

[91] 保继刚、郑海燕、戴光全:《桂林国内客源市场的空间结构演变》,《地理学报》2002年第1期。

[92] 余向洋、沙润、胡善风等:《基于旅游者行为的游客满意度实证研究》,《消费经济》2008年第4期。

[93] 徐菊凤:《度假旅游者需求与行为特征分析——以中、俄赴三亚旅游者为例》,《旅游学刊》2007年第12期。

[94] 杨国良、张捷、刘波:《旅游流规模结构的Zipf特征与差异度对比研究》,《南京大学学报》(自然科学版)2007年第3期。

[95] 王玉明、白莹:《城镇居民旅游消费特征分析——以太原市为例》,《经济问题》2007年第9期。

[96] 李山:《旅游圈形成的基本理论及其地理计算研究》,华东师范大学商学院博士论文,2006年,第50页。

[97] 吴晋峰、包浩生:《旅游流距离衰减现象演绎研究》,《人文地理》2005年第2期。

[98] 王海江、苗长虹:《我国客运交通联系的距离衰减规律》,《经济地理》2008年第2期。

[99] Mark D. Mackenzie, Ryan Briggs. Modelling and Simulation - A Profitable Tool for all Phases of the Lifecycle [M]. Springer London, 2008: 691 - 699.

[100] 陈亮：《中国4A级旅游景区（点）的区域差异及其标准化建设路径研究》，华东师范大学商学院博士论文，2005年，第10页。

[101] Rafael Sardá, Joan Mora and Conxita Avila. Tourism development in the Costa Brava (Girona, Spain) – how integrated coastal zone management may rejuvenate its lifecycle [M]. German: Springer Berlin Heidelberg, 2005, 291–314.

[102] 许学强、周一星、宁越敏：《城市地理学》，高等教育出版社2004年版，第149—193页。

[103] 河南省水利万多种经营办公室.更新观念、开拓创新努力提高水利风景区建设管理水平，http://slfjq.mwr.gov.cn/tssj/sjyj/20//01/t20110119-252326.html.2003-12-29。

[104] 吴文征：《交通运输供给与需求均衡的理论研究与实证分析》，《长安大学》2005年，第7—10页。

[105] 余文学、赵敏、胡维松：《水利经济学——基本理论与政策》，河海大学出版社1995年版。

[106] 王建英：《发展水利经济之路》，黑龙江人民出版社1997年版。

[107] 陆孝平、赵广和、王淑筠：《建国四十年水利经济效益》，河海大学出版社1993年版。

[108] 朱卫东：《综合利用水利工程经济特征分析及管理体制研究》，河海大学商学院博士论文，2004年，第26—38页。

[109] 胡维松：《水利经济研究》，河海大学出版社1995年版。

[110] 杨志英：《社会经济可持续发展对水利需求的理论与实践》，河海大学商学院博士论文，2002年，第39—45页。

[111] 任贺靖：《长三角地区城市水利与经济协调发展研究》河海大学商学院博士学位论文，2007年，第10页。

[112] 黄建文、周宜红、李建林：《水利工程项目综合经济评价模型》，《中国农村水利水电》2007年第5期。

[113] 肖建红、施国庆、毛春梅：《水利工程对河流生态系统服务功能影响经济价值评价》，《水利经济》2008年第6期。

[114] 顾丽娜：《水利水电工程经济效益风险分析方法研究》，《水利水电技术》2005年第4期。

[115] K. John Holmes and M. Gordon Wolman. Early Development of Systems Analysis

in Natural Resources Management from Man and Nature to the Water Conservancy Project [J]. Environmental Management. 2001, 27 (2): 68 – 78.

[116] 王博、严冬、吴宏伟:《科技进步对水利经济增长速度贡献率的测算》,《中国农村水利水电》2006 年第 7 期。

[117] 水利部综合事业局、水利部水利风景区评审委员会办公室:《水利风景区建设与水生态环境保护》,《社区》2006 年第 10 期。

[118] 李娟:《发挥优势做好水利旅游大文章》,《陕西水利》2002 年第 6 期。

[119] Greg Richards. TOURISM ATTRACTION SYSTEMS Exploring Cultural Behavior [J]. Annals of Tourism Research, 2002, 29 (4): 1048 – 1064.

[120] Philip Feifan Xiea, Halifu Osumareb, Awad Ibrahim. Gazing the hood: Hip-Hop as tourism attraction [J]. Tourism Management 2007, 28: 452 – 460.

[121] 李建伟、崔琰、刘兴昌:《龙羊峡旅游资源评价与发展规划初探》,《唐都学刊》2004 年第 6 期。

[122] Leiper, N.. Tourist Attraction Systems [J]. Annals of Tourism Research, 1990, 17: 367 – 384.

[123] Leiper, N.. Big Success, Big Mistake, at Big Banana, Marketing Strategies in RoadsideAttractions and Theme Parks [J]. Journal of Travel and Tourism Marketing. 1997, (6): 103 – 110.

[124] Greg Richards. Tourism attraction systems: Exploring Cultural Behavior [J]. Annals of Tourism Research. 2002, (4): 1048 – 1064.

[125] L. Andries van der Ark, Greg Richards. Attractiveness of cultural activities in European cities: A latent class approach [J]. Tourism Management, 2006, (6): 1408 – 1413.

[126] Fodness, D., and B. Murray. Tourist Information Search. Annals of Tourism Research [J]. 1997, 24: 503 – 523.

[127] Caccomo J. L., Solonandrasana B. L'innovation dans l'industrie touristique: enjeux et strat'egies, Paris, L'harmattan [J]. Journal of Evolutionary Economics 2001, (2): 57 – 67.

[128] 许国志:《系统科学》,上海科技教育出版社 2000 年版。

[129] 尹虹潘:《城市规模、空间距离与城市经济吸引区》,《一个简单的经济地理模型》,《南开经济研究》2006 年第 5 期。

[130] 郭剑英、王乃昂、熊明均:《历史文化名城武威与敦煌的客源市场空间结

构比较分析》,《干旱区资源与环境》2005 年第 2 期。

[131] 李连璞、杨新军、赵荣:《"时空缩减"背景下客源市场空间分布及演变趋势分析》,《人文地理》2007 年第 1 期。

[132] 李锋、张德进:《浅谈我国发展水利旅游的四大基石》,《海河水利》2003 年第 3 期。

[133] 丘萍、章仁俊:《国家级水利风景区分布及影响因素研究——基于空间自相关和固定效应模型的实证》,《统计与信息论坛》2009 年第 5 期。

[134] 崔千祥、崔丽中、王福忠等:《发展山东省水利旅游的探索》,《山东农业大学学报》(自然科学版) 2005 年第 4 期。

[135] 徐明、崔延松:《水利经济技术管理概论》,河海大学出版社 2003 年版。

[136] 尹春华、阳成武:《邵阳水利经济发展重点及优劣势分析》,《湖南水利水电》2008 年第 6 期。

[137] 刘宏盈、马耀峰:《基于旅游流转移视角的云南入境旅游发展历程分析》,《旅游学刊》2008 年第 7 期。

[138] 李景宜、孙根年:《旅游市场竞争态模型及其应用研究》,《资源科学》2002 年第 6 期。

[139] 陶晓燕:《海滨旅游城市可持续发展指标体系研究》,河海大学商学院博士学位论文, 2006 年, 第 6 页。

[140] 李蓓、汪德根:《江苏省旅游资源竞争力区际比较研究》,《资源开发与市场》2006 年第 6 期。

[141] 吴瑕:《历史文化名城的保护与旅游开发研究中存在的几个问题》,《四川工程职业技术学院学报》2008 年第 1 期。

[142] Erik, Nir Avieli Cohen. Food In Tourism Attraction and Impediment [J]. Annals of Tourism Research, 2004, 31 (4): 755 – 778.

[143] Hjalager, A., and G. Richards, eds. Tourism and Gastronomy. [M]. London: Rout ledge. Press, 2008, 21 – 24.

[144] 毛明海、应丽云、杨秀石:《浙江省水利旅游资源潜力评价》,《科技通报》2002 年第 3 期。

[145] 毛明海:《浙江省水利旅游区主题提炼和开发研究》,《浙江大学学报(人文社会科学版)》2000 年第 3 期。

[146] 匿名:《水利风景区建设与湿地水环境保护专题宣传》,《社区》2008 年第 17 期。

[147] 葛云健:《创建盐城国家滨海湿地公园的构想——江苏淤泥质海岸生态旅游发展的新思路》,《资源科学》2007年第1期。

[148] 张维亚:《城市历史地段旅游开发中吸引力—承载力矩阵的应用—以南京内秦淮河历史地段为例》,《旅游学刊》2008年第3期。

[149] 李雪、董锁成、张广海:《山东半岛城市群旅游竞争力动态仿真与评价》,《地理研究》2008年第6期。

[150] 汪芳、郝小斐:《基于层次分析法的乡村旅游地社区参与状况评价——以北京市平谷区黄松峪乡雕窝村为例》,《旅游学刊》2008年第8期。

[151] 张文彤:《世界优秀统计工具SPSS11.0统计分析教程》(高级篇),北京希望电子出版社2002年版。

[152] 宋光兴、杨德礼:《基于决策者偏好及赋权法一致性的组合赋权法》,《系统工程与电子技术》2004年第9期。

[153] 陈伟、夏建华:《综合主、客观权重信息的最优组合赋权方法》,《数学的实践与认识》2007年第1期。

[154] 毛奇凰、真虹、冯嘉礼:《基于评判者心理偏好的动态组合赋权法》,《上海海事大学学报》2007年第4期。

[155] 毛红保、张凤鸣、冯卉:《一种基于区间估计的多属性决策组合赋权方法》,《系统工程理论与实践》2007年第6期。

[156] 李占国、高志刚:《基于组合评价的中国区域产业结构转换能力研究》,《经济问题探索》2007年第8期。

[157] 刘艳春:《一种循环修正的组合评价方法》,《数学的实践与认识》2007年第4期。

[158] 苏为华、陈骥:《模糊Boarda法的缺陷分析及其改进思路》,《统计研究》2007年第7期。

[159] 张义文、高新法、荣美娜:《河北省主要城市吸引范围》,《河北师范大学学报》(自然科学版)2001年第4期。

[160] 吴晋峰、包浩生:《旅游流距离衰减现象演绎研究》,《人文地理》2005年第2期。

[161] 王海江、苗长虹:《我国客运交通联系的距离衰减规律》,《经济地理》2008年第2期。

[162] Williams, R. Out, shopping: Problem or Opportunity? [J]. Arizona Business, 1981 (5): 8-11.

[163] William R. Black. An Analysis of Gravity Model Distance Exponents [J]. Transportation. 1973, (2): 299–312.

[164] John H. Niedercorn, Nabil S. Ammari. New Evidence on the Specification and Performance of Neoclassical Gravity Models in the Study of Urban Transportation [J]. The Annals of Regional Science, 1987, 21 (1): 56–65.

[165] Edward J. Mayo, Lance P. Jarvis, James A. Xander. Beyond the Gravity Model [J]. Academy of Marketing Science Journal of the Academy of Marketing Science. 1988, 16, (3–4): 023–029.

[166] 陈敦明:《铁路客流吸引半径的确定及营销对策研究》,《湖南大学学报》2001年第2期。

[167] Louis de Grange & Angel Ibeas & Felipe González. A Hierarchical Gravity Model with Spatial Correlation: Mathematical Formulation and Parameter Estimation [J/OL]. Networks and Spatial Economics. Springer Science + Business Media, LLC 2009.

[168] Kiyong Keum. Tourism flows and trade theory: a panel data analysis with the gravity model [J]. The Annals of Regional Science. 2008, 11: 7–21.

[169] Leonnie N Duffus, Attahiru Sule Alfa, Afifi H. The reliability of using the gravity model for forecasting trip distribution [J]. Transportation, 1987, 14: 175–192.

[170] 郑友强:《福建省九个地级市吸引范围的划分与确定》,《广西师范学院学报》2003年第20期。

[171] 伍世代、王荣:《沿海城市经济吸引范围及相应行政区划调整分析——以福建省为例》,《内蒙古师范大学学报》2008年第1期。

[172] 李新运、郑新奇:《基于曲边Voronoi图的城市吸引范围挖掘方法》,《测绘学院学报》2004年第3期。

[173] 王法辉、金凤君、曾光:《区域人口密度函数与增长模式:兼论城市吸引范围划分的GIS方法》,《地理研究》2004年第1期。

[174] 陈洁、陆锋、程昌秀:《可达性度量方法及应用研究进展评述》,《地理科学进展》2007年第5期。

[175] 陆化普:《交通规划理论与方法》,清华大学出版社2006年版。

[176] 杨兆升:《交通运输系统规划》,人民交通出版社1998年版。

[177] 延边新闻网.延吉市布尔哈.通河跻身国家级水利风景区 [EB/OL], ht-

tp://www.ybnews.cn/news/ybnewsbdnews/200810/71342.html2008 - 12 - 30。

[178] 百度百科：《六安》，http://www.luancts.com/zyjj.asp，2014 - 7 - 30。

[179] 保继刚、楚义芳：《旅游地理学》，高等教育出版社 2002 年版版。

[180] 都江堰市政府：《2008 年都江堰市国民经济和社会发展统计公报》[EB/OL]. http://hi.baidu.com/wanquan you/blog/item/5b72ebc42354c8a-18226ace2.html. 2009 - 04 - 27 11：06。

[181] 都江堰市旅游局：《都江堰市假日旅游指挥部办公室 2009 年"五一"假日工作总结》[EB/OL]，http://www.djyly.com.cn/article.php? content = 18949，2009 - 05 - 04。

[182] 李山：《旅游圈形成的基本理论及其地理计算研究》，华东师范大学商学院博士学位论文，2006 年，第 45 页。

[183] 靳诚、陆玉麒、徐菁：《基于域内旅游流场的长三角旅游空间结构探讨》，《中国人口·资源与环境》2009 年第 1 期。

[184] 张鹏、郑垂勇、丘萍：《基于引力模型的国内旅游研究》，《软科学》2008 年第 9 期。

[185] 郭为：入境旅游：《基于引力模型的实证研究》，《旅游学刊》2007 年第 3 期。

[186] 谢香君：《重力模型标定方法及应用研究》，《交通标准化》2008 年第 8 期。

[187] 褚琴、陈绍宽：《重力模型标定方法及应用研究》，《交通运输系统工程与信息》2003 年第 2 期。

[188] 吴必虎、徐斌、邱扶东等：《中国国内旅游客源市场系统研究》，华东师范大学出版社 1999 年版。

[189] 易丹辉：《数据分析与 EVIEWS 应用》，中国统计出版社，第 35—48 页。

[190] 陈德广：《旅游驱动力研究——基于开封市城市居民出游行为的微观分析》，河南大学商学院博士论文，2007 年，第 4 页。

[191] 孙瑞娟、任黎秀、王焕：《区域旅游贸易引力模型的构建及实证分析——以南京市国内客源市场为例》，《世界科技研究与发展》2007 年第 6 期。

[192] 高祥宝、董寒青：《数据分析与 SPSS 应用》，清华大学出版社 2007 年版。

[193] 刘顺忠：《数理统计理论、方法、应用和软件计算》，华中科技大学出版社 2005 年版。

[194] 张力：《SPSS 在生物统计中的应用》，厦门大学出版社 2006 年版，第 78—79 页。

[195] 黄燕玲：《基于旅游感知的西南少数民族地区农业旅游发展模式研究》，南京师范大学地理学院博士论文，2008 年，第 45 页。

[196] 应丽云、黄显勇、毛明海：《论浙江省水利旅游区的布局形式》，《浙江大学学报（理学版）》2002 年第 4 期。

[197] 崔千祥、崔丽中、王福忠等：《发展山东省水利旅游的探索》，《山东农业大学学报》（自然科学版）2005 年第 4 期。

[198] 杨淑琼：《湖南水利旅游发展前景及思考》，《湖南水利水电》2005 年第 1 期。

[199] 游云飞：《国家森林公园年卡市场开发与营销策略——以福州国家森林公园为案例》，《林业经济》2007 年第 5 期。

[200] 王会战：《小浪底水利风景区旅游可持续发展研究》，青岛大学管理学院硕士论文，2007 年，第 14 页。